COMO
CRIAR
FILHOS
PARA O
MUNDO

Esther Wojcicki

COMO CRIAR FILHOS PARA O MUND

**LIÇÕES SIMPLES
PARA RESULTADOS RADICAIS**

TRADUÇÃO GUILHERME MIRANDA

fontanar

Copyright © 2019 by Esther Wojcicki

O selo Fontanar foi licenciado para a Editora Schwarcz S.A.

Grafia atualizada segundo o Acordo Ortográfico da Língua Portuguesa de 1990, que entrou em vigor no Brasil em 2009.

TÍTULO ORIGINAL How to Raise Successful People: Simple Lessons for Radical Results

CAPA Diana Cordeiro

IMAGENS DE CAPA Coração © Marina Zezelina/ Shutterstock; Nuvens © examphotos/ Shutterstock

PREPARAÇÃO Carolina Falcão

ÍNDICE REMISSIVO Luciano Marchiori

REVISÃO Carmen T. S. Costa e Renata Lopes Del Nero

Dados Internacionais de Catalogação na Publicação (CIP)
(Câmara Brasileira do Livro, SP, Brasil)

Wojciki, Esther
  Como criar filhos para o mundo : Lições simples para resultados radicais / Esther Wojcicki ; tradução Guilherme Miranda. — 1ª ed. — São Paulo : Fontanar, 2020.

  Título original: How to Raise Successful People: Simple Lessons for Radical Results.
  ISBN 978-85-8439-163-9

  1. Crianças – Criação 2. Crianças – Desenvolvimento 3. Crianças – Educação 4. Crianças – Psicologia 5. Crianças – Relações familiares 6. Família 7. Pais e filhos 8. Papel dos pais I. Título.

20-32957   CDD-649.1

Índice para catálogo sistemático:
1. Educação de filhos : Educação familiar 649.1

Maria Alice Ferreira – Bibliotecária – CRB-8/7964

2ª *reimpressão*

Todos os direitos desta edição reservados à
EDITORA SCHWARCZ S.A.
Rua Bandeira Paulista, 702, cj. 32
04532-002 — São Paulo — SP
Telefone: (11) 3707-3500
facebook.com/Fontanar.br

Ao meu marido, Stan, minhas três filhas, Susan, Janet e Anne, meus nove netos e todos os outros membros da minha família, meu desejo de CRIAR em suas vidas e no mundo.

Sumário

Prefácio 9
Introdução 17

1. A infância que você gostaria de ter tido 33

   CONFIANÇA
2. Confie em si mesmo, confie em seu filho 59

   RESPEITO
3. Seu filho não é seu clone 97

   INDEPENDÊNCIA
4. Não faça pelos seus filhos o que eles podem fazer por conta própria 129
5. Dê garra ao seu filho 166

   AMPARO
6. Não imponha, colabore 197
7. As crianças escutam o que você faz, não o que você fala 230

RECIPROCIDADE
8. Dê o exemplo. É contagioso 261
9. Ensine seu filho a se importar 290

Conclusão 317
Agradecimentos 325
Notas 331
Índice remissivo 336

Prefácio

Susan, Janet e Anne Wojcicki

Como três cobaias de "Woj", pensamos que seria apropriado que as filhas dela fizessem o prefácio sobre como foi realmente serem criadas do jeito Woj. "Woj", claro, é o apelido carinhoso dado pelos alunos da nossa mãe décadas atrás — pegou —, e os métodos dela se focam em confiança, respeito, independência, amparo e reciprocidade (criar), os valores universais que ela explora nas páginas a seguir.

A vida trouxe todo tipo de surpresas, desde nossas carreiras no Google, YouTube, 23andMe e Centro Médico da UCSF até os desafios de criar nossos próprios filhos, um total de nove dividido entre as três. Seguimos os altos e baixos que surgem em qualquer vida, e boa parte da nossa capacidade de progredir se deve à maneira como nossos pais nos criaram.

Quando nossa mãe nos contou que estava escrevendo este livro, desenterramos nossas pilhas de diários do ensino primário até a faculdade. Nossa mãe, sempre a jornalista, achava que era uma excelente ideia fazermos diários de cada viagem, especialmente quando nos mudamos para a França em 1980. Embora haja muitas histórias divertidas de brigas e má-criação, há também alguns dos temas principais: independência, responsabilidade financeira, viabilidade, mente aberta, coragem e valorização da vida.

Uma de nossas maiores alegrias hoje é a sensação de independência. Nossos pais nos ensinaram a acreditar em nós mesmas e na nossa capacidade de tomar decisões. Eles confiaram em nós e nos deram responsabilidades desde muito cedo. Tínhamos liberdade para ir a pé sozinhas até a escola, andar de bicicleta pelo bairro e sair com os amigos. Desenvolvemos uma confiança que nossos pais reforçavam respeitando nossas opiniões e ideias. Não lembramos de nenhum momento em que nossas ideias ou pontos de vista tenham sido descartados só porque éramos crianças. Desde muito cedo, nossos pais ouviam e agiam em uma via de mão dupla de aprendizado. Aprendemos a nos defender, a escutar e a admitir quando podíamos estar erradas.

No ensino médio, Anne teve uma conversa esclarecedora na nossa sinagoga sobre relações entre pais e filhos. O pai que fez dupla com ela falou que era obrigação do filho escutar. Ela explicou que, na nossa família, nós debatíamos, mas que nossos pais sempre nos escutavam; eles nunca diziam: "Não, porque o pai aqui sou eu". Depois, ela escreveu no diário que era muito grata por ter pais que não educavam com autoridade. Quase nunca brigávamos. Discutir sim, mas brigar não. Por isso, somos extremamente gratas a eles pela independência que nos deram desde cedo.

Ao lado da independência está a liberdade financeira. Liberdade financeira não significa ser rico; significa ter cuidado com o dinheiro e se planejar para os itens ou aspectos da vida considerados essenciais. Nossos pais são extremamente disciplinados em relação a gastos e economias. Os dois cresceram como filhos de imigrantes e sempre nos lembravam de como as pessoas gastam com produtos desnecessários e depois sofrem por não conseguir pagar aquilo de que precisam. A importância disso vinha em lições diárias. Saíamos para jantar, mas nunca pedíamos bebidas ou aperitivos. Antes de irmos ao mercado, sempre recortávamos nossos cupons e líamos as propagandas nos jornais. Uma vez, minha mãe trouxe para casa a comida extra que tinha recebido no avião e serviu para Anne como jantar — os amigos de infância dela nunca se esqueceram disso!

Quando estávamos no ensino fundamental, nossa mãe nos mostrou um gráfico de juros compostos, e ficamos decididas a economizar pelo menos alguns milhares de dólares por ano. Tivemos cartões de crédito e talões de cheques antes mesmo de poder dirigir porque nossa mãe queria nos ensinar a disciplina de pagar nosso cartão todo mês e equilibrar nossos cheques. Também fomos incentivadas a abrir nosso próprio negócio desde pequenas. Vendemos tantos limões do limoeiro da vizinha que o bairro nos chamava de "meninas do limão". Susan tinha um negócio chamado "cordas de especiarias" (temperos amarrados em um barbante para pendurar na cozinha) e ganhava centenas de dólares já no sexto ano. A ideia foi dela, mas nossa mãe comprou os materiais e a apoiou saindo com ela para vendê-los. Vendemos centenas de biscoitos das escoteiras de porta em porta. E, quando ficávamos muito entediadas, embalávamos nossos brinquedos antigos e tentávamos vendê-los para os vizinhos, e olha que eles até compravam — às vezes.

Em família, viagem e educação eram nossas prioridades, e tudo o mais tinha recursos mínimos. (Observação: nosso pai usa o mesmo par de sandálias há sessenta anos.) Quando viajávamos, ficávamos no hotel mais barato, e sempre com um cupom de desconto. Gastar dinheiro era uma questão de fazer escolhas conscientes. Nunca fomos ricos, mas nossas decisões em relação a despesas nos davam a liberdade financeira para ter as experiências que queríamos na vida.

Nossa mãe é mestre em nunca procrastinar nem reclamar. Se algo precisa ser feito hoje, ela faz! Ela nos ensinou tudo sobre lavar roupas, limpar a casa, passar aspirador, dar telefonemas e praticar exercícios — tudo ao mesmo tempo em menos de uma hora. Nunca conhecemos ninguém tão eficiente quanto nossa mãe. Ela nos ensinou que cumprir as obrigações é menos indolor do que procrastinar, que o fim de semana pode ser muito mais divertido quando a lição de casa já foi feita na sexta-feira em vez de passar o fim de semana inteiro com aquilo na cabeça e só deixar para terminar no domingo.

Embora a filosofia da nossa mãe se concentrasse no desenvolvimento de habilidades, ela às vezes recorria a subornos. Um exemplo de que Susan se lembra anos atrás é o mau hábito dela de roer as unhas. Nossa mãe prometeu lhe dar um coelho se ela parasse. Depois de seis semanas em que Susan não roía mais as unhas (nossa mãe disse que era o período necessário para largar um mau hábito), ela trouxe um ratinho de estimação porque o dono da loja a convenceu de que os ratinhos eram animais de estimação melhores do que os coelhos. Na verdade, ela trouxe três ratinhos: Snowball, Midnight e Twinkle.

Nossa mãe é uma pessoa muito sociável: ela realmente gosta de estar cercada por todo tipo de gente e emana uma energia calorosa e acessível porque sempre tem a mente aberta para aprender coisas novas. É uma empreendedora natural, sempre aberta à mudança e à inovação. Não foi coincidência ou sorte que ela tenha conseguido incorporar a tecnologia em seus cursos e nas salas de aula enquanto o Vale do Silício ainda estava nascendo; ela ama inovar. Ela vive aprendendo com os alunos e, em parte, é por isso que eles confiam nela e a respeitam — porque ela acredita na visão de mundo deles (e cresce com ela). Muitos adultos são relutantes em mudar rotinas, o que torna difícil para eles interagir com adolescentes. Mas nossa mãe — agora na "terceira idade"! — é o completo oposto, e é por isso que os estudantes vêm atrás dela. Eles sabem que ela vai respeitá-los e vai estimular suas ideias, por mais malucas que sejam. Às vezes, parece até que ela prefere as ideias mais malucas! Sempre ficamos surpresas que nossa mãe, que já está na casa dos setenta, fique energizada (e nem um pouco cansada) depois de trabalhar até tarde (quase meia-noite) com adolescentes no jornal da escola.

Uma das melhores qualidades dela como professora e como mãe é de fato tentar entender o aluno como uma pessoa e trabalhar dentro dos interesses do aluno para que ele se sinta motivado em vez de obrigado a fazer algo. Se uma de nós chegasse em casa e dissesse que não gostava de uma matéria, ela perguntava o motivo. Ela tentava entender o que estava acontecendo: precisávamos da ajuda de um professor particular? Ou tivemos algum problema com um professor ou um colega de classe? Então tentava encontrar uma solução que se adequasse às nossas necessidades e ajudasse a resolver o problema. Da mesma forma, ela se esforçou para entender nossas paixões ao longo dos anos. Apoiou o interesse de Anne por patinação no gelo, o foco de Janet em estudos africanos e o empenho de Susan em seus projetos de arte. Ela nos inspirou com livros, artigos interessantes, palestras e cursos. Sempre deixou que os alunos escolhessem os temas do jornal da escola e defendeu a opinião deles. Quando conversamos sobre criação dos filhos, ela nos lembra que não se pode obrigar uma criança a fazer o que quer que seja: precisamos motivá-la a querer fazer aquilo por conta própria.

Também queremos enfatizar a bravura da nossa mãe, em particular na luta por justiça. Ela é sempre a primeira a apontar quando algo está errado. Não tem medo de falar o que pensa, de defender os oprimidos nem de desafiar o status quo. É uma característica essencial no contexto do jornalismo e da liberdade de imprensa. Janet lembra de estar na fila de uma loja em que estavam tentando nos vender algo de má qualidade e, claro, tivemos de pedir para chamar o gerente ou recorrer à ameaça de "fazer uma denúncia à defesa do consumidor". O mantra da nossa mãe sempre foi: "Se você não falar nada, não denunciar nem reclamar, a mesma coisa vai acontecer com outra pessoa". Outra memória de Janet: nossa mãe questionando o pediatra que queria prescrever antibióticos. "Ela precisa mesmo disso?", ela perguntava. "Posso olhar o ouvido dela também?" Convenções, autoridade e poder não eram para ser temidos. Por outro lado, nem sempre era divertido ter uma mãe que falava tudo o que vinha à cabeça para professores, pais de amigos, namorados etc. Depois de todos esses anos sendo criada por ela, é impossível pensar numa situação em que nossa mãe ficou sem graça ou relutou em expor sua franca opinião. Ela também não hesita em expressar ao secretário de Educação sua visão sincera sobre o sistema educacional. Esse tipo de postura diante do mundo promove um ambiente em que os jovens ganham força e resistência para seguir seus sonhos e interesses, sem desistir ou se deixar intimidar. Acreditamos que grande parte do nosso ímpeto e da nossa determinação vem desses primeiros exemplos da nossa mãe de se recusar a desistir ou ceder.

Por fim, e mais memorável do que tudo, ela nos ensinou a amar a vida. Ela é uma boba alegre. Faz piadas. Tem poucas formalidades e quebra estereótipos. Ama se divertir. Conheceu nosso pai (literalmente) enquanto descia a escadaria de seu dormitório em Berkeley dentro de uma caixa de papelão. Ela nos fez ser expulsos de restaurantes por causa do seu mau comportamento (e não das filhas)! Aos setenta e cinco anos, descobriu a Forever 21 e decidiu que era a melhor loja de roupas para ela. Dez anos atrás, ligou para Anne quando estava em Nova York com uma dezena de estudantes adolescentes de jornalismo atrás dela e disse: "Anne! Achamos uma promoção no aluguel de limusines e estamos andando por Nova York botando a cabeça para fora do teto solar! Que balada você sugere? Queremos dançar!". Nossa mãe celebra a aventura e a exploração. Seus alunos a amam porque ela equilibra sua capacidade de execução e seriedade com abertura e criatividade. Ela leva o ensino de jornalismo a sério, mas não vê problema se os alunos estiverem numa bicicleta ergométrica durante a aula. Enquanto escrevíamos isto, acabamos de ver nossa mãe postar fotos dela fantasiada de cachorro-quente numa loja. Podemos não usar roupas da Forever 21, mas sem dúvida aprendemos a ter uma atitude positiva e a encontrar a felicidade todos os dias graças a ela.

Nós três somos o produto original da filosofia da nossa mãe, mas, depois de nós, vieram muitos milhares de estudantes do seu curso de jornalismo. Em todo o mundo, encontramos pessoas que nos param para dizer: "Sabe, sua mãe mudou a minha vida. Ela acreditou em mim". Ela não apenas influencia as pessoas enquanto estão na aula dela. Ela as influencia pelo resto da vida.

Como filhas orgulhosas, queremos dizer apenas: obrigada, mãe, por nos criar do jeito Woj!

Introdução

Não existem prêmios Nobel para educação ou para a criação dos filhos, mas deveria haver. São as coisas mais importantes na nossa sociedade. A maneira como criamos e educamos nossos filhos determina não apenas as pessoas que eles vão se tornar, mas também a sociedade que estamos criando.

Todos os pais têm esperanças e sonhos para seus filhos. Querem que eles sejam saudáveis, felizes, bem-sucedidos. Também há medos universais: será que estarão seguros, vão encontrar seu propósito e sua realização, vão encontrar seu caminho em um mundo que parece cada vez mais dinâmico, competitivo e muitas vezes hostil? Lembro de como todas essas preocupações tácitas e em grande parte inconscientes encheram a sala de parto quando peguei minha primeira filha no colo.

Eu estava deitada na cama do hospital segurando Susan junto ao peito. A enfermeira a havia enrolado numa coberta cor-de-rosa e colocado uma touquinha amarela de crochê em sua cabeça. Meu marido, Stan, estava sentado ao meu lado. Nós dois estávamos exaustos e em êxtase e, nesse momento, tudo estava claro: amei minha filha desde o segundo em que a vi, e senti um desejo primitivo de protegê-la, de lhe dar a melhor vida possível, de fazer todo o necessário para ajudá-la a ter sucesso.

Mas logo começaram a surgir questionamentos e dúvidas. Eu não tinha ideia de como segurar Susan no colo e não sabia trocar fraldas. Fazia só três semanas que havia parado de lecionar, o que não me deu muito tempo para me preparar. E nunca entendi exatamente como deveria me preparar. O obstetra falou para pegar leve nas seis primeiras semanas do pós-parto. Meus amigos e colegas me ofereceram todo tipo de conselhos conflitantes. Falaram que o parto seria longo e doloroso, que amamentar seria difícil e limitante, que mamadeiras e fórmulas seriam melhores. Li alguns livros sobre nutrição para adultos (não havia nenhum título específico para crianças na época) e comprei um berço, algumas roupas e uma banheirinha de plástico. Então, de repente, lá estava Susan no meu colo, com seus olhinhos azuis arregalados e seu cabelo ralo e arrepiado, me olhando como se eu soubesse exatamente o que fazer.

Eu estava prestes a receber alta quando comecei a ficar preocupada de verdade. Isso foi em 1968. Na época, era possível ficar três dias nos hospitais norte-americanos depois que seu filho nascia. Agora, a maioria dos hospitais dá alta depois de apenas dois dias. Não sei como as mães de hoje conseguem.

"Posso ficar mais um dia?", supliquei à enfermeira, meio envergonhada, meio desesperada. "Não faço ideia de como cuidar da minha filha."

Na manhã seguinte, a enfermeira me deu um intensivo sobre cuidados com o recém-nascido, incluindo, felizmente, como trocar fraldas. Eram os tempos das fraldas de pano e dos alfinetes. A enfermeira me avisou para verificar se os alfinetes estavam fechados corretamente, senão espetariam a bebê. Sempre que Susan gritava, a primeira coisa que eu fazia era conferir os alfinetes.

Mesmo não sendo comum na época, eu estava decidida a amamentar, então a enfermeira me mostrou como posicionar a cabeça da bebê e usar o antebraço como apoio. A bebê precisava "pegar", e só então eu teria certeza de que ela estava sugando o leite. Não era tão simples quanto eu esperava e, às vezes, a pobre Susan levava uma esguichada no rosto. O plano era que seguisse um cronograma de quatro em quatro horas e concordei em obedecer da melhor maneira possível.

"Lembre-se de abraçar sua bebê" foi o último conselho que a enfermeira me deu. Depois disso, eu e Stan tivemos de nos virar sozinhos.

Assim como todos os pais, eu enxergava minha filha como uma esperança — esperança de uma vida melhor, de um futuro melhor, de que ela pudesse mudar o mundo para melhor. Todos queremos filhos felizes, independentes e dedicados. Todos queremos criar filhos que levem vidas de sucesso e realização. Foi o que senti no momento em que Susan nasceu, e é o mesmo desejo que une as pessoas de todos os países e de diferentes culturas. Graças à minha carreira longa e um tanto incomum como professora, participo agora de conferências em todo o mundo. Seja encontrando o ministro da Educação da Argentina, pensadores da China, seja pais preocupados da Índia, o que todos querem saber é como ajudar os filhos a levarem uma vida boa — a serem felizes e bem-sucedidos, a usarem seus talentos para tornar o mundo um lugar melhor.

Ninguém parece ter uma resposta definitiva. Os especialistas no assunto se concentram em aspectos importantes do cuidado com os filhos como sono, criação de vínculo ou disciplina, mas o conselho que eles oferecem é muitas vezes restrito e prescritivo. O que de fato precisamos não são apenas informações limitadas sobre o cuidado e a alimentação das crianças, por mais importantes que esses fatores sejam. Precisamos saber como passar para os nossos filhos os valores e as habilidades para terem sucesso quando adultos. Também temos de enfrentar as enormes mudanças culturais dos últimos anos — sobretudo as tecnológicas e como elas repercutem na criação dos nossos filhos. Como eles vão ter sucesso na era de robôs e inteligência artificial? Como vão prosperar na revolução tecnológica? Essas preocupações são velhas conhecidas dos pais de todo o mundo. Todos estamos sobrecarregados pelo ritmo da mudança e pelo desejo de que nossos filhos acompanhem esse ritmo. Sabemos que nossas famílias e escolas precisam se adaptar a essas mudanças, mas não sabemos como, e não sabemos como ser fiéis aos valores que mais importam para nós e como criar filhos que tenham sucesso.

Como jovem mãe, eu me sentia da mesma forma — alguns dos desafios podem ter sido diferentes, mas eram igualmente intimidantes. Peguei os poucos conselhos e orientações que consegui encontrar, mas, na maioria das vezes, decidi confiar em mim mesma. Talvez tenha sido minha formação como jornalista investigativa ou minha desconfiança da autoridade que surgia desde a infância, mas eu estava decidida a descobrir a verdade por conta própria. Eu tinha minhas próprias ideias sobre o que as crianças precisavam, e fui fiel a elas, independentemente do que os outros pensassem. O resultado foi — aos olhos de muitos — idiossincrático na melhor das hipóteses, ou apenas estranho. Eu conversava com as minhas filhas como se fossem adultas desde o primeiro dia. A maioria das mães busca naturalmente um linguajar infantil — a voz aguda, palavras mais simples. Eu não. Eu confiava nelas e elas confiavam em mim. Nunca as coloquei em perigo, mas também nunca impedi que vivenciassem a vida ou assumissem riscos calculados. Quando morei em Genebra, mandei Susan e Janet comprarem pão na padaria ao lado, sozinhas, quando tinham cinco e quatro anos. Respeitei a individualidade delas desde o começo. Minha teoria era que os anos mais importantes eram do zero aos cinco e que eu as ensinaria o máximo possível desde o início. O que eu queria mais do que tudo era primeiro torná-las crianças independentes e, depois, adultas capazes e independentes. Imaginei que, se conseguissem pensar por conta própria e tomar decisões sensatas, enfrentariam quaisquer desafios que surgissem pelo caminho. Eu não fazia ideia na época de que as pesquisas validariam as escolhas que eu havia feito. Seguia meus instintos e valores e o que via que dava certo na sala de aula como professora.

É bem estranho ser uma mãe "famosa" e ter sua família retratada nas capas de revistas. E definitivamente não reivindico todo o crédito pelo sucesso delas como adultas, mas as três se tornaram pessoas talentosas, atenciosas e capazes. Susan é CEO do YouTube, Janet é professora de pediatria na Universidade da Califórnia em San Francisco e Anne é cofundadora e CEO da 23andMe. Elas chegaram ao topo de profissões ultracompetitivas dominadas por homens e fizeram isso seguindo suas paixões e pensando com a própria cabeça. Ver minhas filhas encontrando seu caminho no mundo com garra e integridade é uma das maiores recompensas da minha vida. Fico sobretudo impressionada pela forma como elas competem e cooperam, concentrando-se não em serem a única mulher na sala, mas em encontrar soluções para os problemas que enfrentamos.

Paralelamente, como professora de jornalismo por mais de 36 anos, fiz algo parecido. Todo semestre, tenho cerca de 65 alunos, do primeiro ao último ano, e, desde o primeiro dia, trato-os como jornalistas profissionais. Eles trabalham em grupos e escrevem com prazos. Ofereço apoio e orientação quando precisam, mas descobri que a aprendizagem colaborativa baseada em projetos é a melhor maneira de prepará-los para os desafios que eles vão enfrentar no jornalismo e na vida adulta. Tive o privilégio de ver milhares de alunos se sobressaírem graças aos meus métodos de ensino, e o Facebook me ajuda a manter contato com eles — até com alunos da década de 1980. Eles alcançaram conquistas impressionantes e se tornaram pessoas incríveis. Tive o privilégio de ensinar literalmente milhares de jovens, incluindo meu primeiro editor-chefe do jornal estudantil, Craig Vaughan, agora psicólogo infantil do Stanford Children's Hospital; Gady Epstein, editor de mídia da *Economist*; Jeremy Lin, formado em Harvard e armador do time de basquete Atlanta Hawks; Jennifer Linden, professora de neurociência na University College London; Marc Berman, deputado estadual da Califórnia do distrito que inclui Palo Alto; e James Franco, ator, escritor e diretor premiado. Ouvi centenas de alunos me falarem que minha confiança neles e os valores que ensino na sala de aula fizeram uma diferença profunda em como se veem e em quem viriam a se tornar.

À medida que minhas filhas foram se destacando nos setores de tecnologia e saúde e que meu programa de jornalismo ganhou reconhecimento nacional e internacional, as pessoas começaram a notar que eu estava fazendo algo de diferente. Viram como minha forma de criar os filhos e meu método educacional poderiam oferecer soluções para os problemas que enfrentamos no século XXI e quiseram saber mais. Pais vivem me pedindo — às vezes implorando — conselhos sobre as estratégias que usei com as minhas filhas para que eles possam aplicar na criação dos seus. Professores fazem a mesma coisa, querendo saber como escapei de ser uma disciplinadora e, em vez disso, encontrei um jeito de guiar alunos genuinamente apaixonados pelo trabalho que estão fazendo. Percebi que, de maneira involuntária, dera início a um debate sobre como deveríamos criar os nossos filhos e como tornar a educação relevante e útil. O que ofereço, e o que tocou tantas pessoas em todo o mundo, é um antídoto para os nossos problemas educacionais, um jeito de combater a ansiedade, os problemas disciplinares, as lutas pelo poder, a pressão dos colegas e o medo de que a tecnologia possa afetar nosso bom senso e prejudicar os nossos filhos.

Um dos maiores erros que cometemos como pais é assumir responsabilidade pessoal pelas emoções deles. Como a dra. Janesta Noland, respeitada pediatra do Vale do Silício, argumenta: "Os pais são tão pressionados a manter a felicidade da criança [...] que se sentem responsáveis por ela e querem controlá-la". Fazemos de tudo para impedir que nossos filhos sofram ou enfrentem dificuldades, o que significa que eles nunca precisam lidar com as durezas ou adversidades da vida. Como resultado, não desenvolvem confiança ou independência e têm medo do mundo em volta deles em vez de se empoderarem para inovar e criar. Outro grande erro: nós os ensinamos a se concentrar quase exclusivamente em si mesmos e no próprio desempenho — porque eles devem ter notas perfeitas, entrar em uma grande universidade, encontrar um ótimo emprego. Eles ficam tão focados em si mesmos que raramente têm tempo para pensar em como podem ajudar e servir a outras pessoas. Generosidade e gratidão são muitas vezes negligenciadas, embora sejam as qualidades que, segundo pesquisas, os tornarão mais felizes na vida.

Existe também uma disfunção na sala de aula. Escolas e universidades ensinam no estilo do século xx basicamente preparando os alunos a seguir instruções para um mundo que não existe mais. O modelo expositivo, baseado na ideia de que o professor sabe tudo e que o papel do aluno é escutar em silêncio, anotar e fazer uma prova, ainda é predominante em todo o mundo, embora a tecnologia nos permita encontrar informações por conta própria — em um instante, com a biblioteca que temos no bolso: o celular. Os alunos aprendem sobre assuntos exigidos em vez de através do aprendizado baseado no interesse ou na experiência. Os currículos são voltados para exames e avaliações nacionais em vez de se basearem em projetos que ensinem habilidades do mundo real e que permitam que os alunos encontrem sua paixão. E as provas e os exames são as últimas coisas que promovem paixão ou envolvimento, que as pesquisas indicam serem a base da educação efetiva e da felicidade na vida. Acima de tudo, esse modelo antiquado nos ensina a obedecer — não a inovar ou a pensar de maneira independente. Quando chega a formatura, celebramos o fim do aprendizado! Deveríamos estar celebrando o domínio de habilidades que permitirão a todos continuar se educando ao longo da vida.

Não é nenhuma surpresa, considerando a forma como estamos ensinando e educando as crianças, que elas acabem deprimidas e ansiosas, completamente despreparadas para enfrentar os desafios normais da vida. De acordo com o Instituto Nacional de Saúde Mental, 31,9% dos adolescentes de treze a dezoito anos nos Estados Unidos sofrem de transtornos de ansiedade, e, quando os pesquisadores investigaram os problemas de saúde mental que ocorreram durante 2016, descobriram que 2 milhões de adolescentes vivenciaram um episódio depressivo. Um estudo brasileiro de 2016 relatou que quase 40% das meninas adolescentes e mais de 20% dos meninos adolescentes sofriam de transtornos mentais comuns como ansiedade e depressão. Na Índia, um estudo mostrou que um terço dos estudantes de ensino médio exibiam sintomas clínicos de ansiedade. Um estudo conduzido pelo Instituto Norueguês de Saúde Pública descobriu que, entre os participantes de catorze e quinze anos, mais de 50% relatavam se sentir regularmente "triste ou infeliz", e quase metade afirmou se sentir "inquieto". Essa epidemia é universal e deve ser um apelo para todos agirmos.[1]

Existe uma maneira melhor. Transformamos a educação dos filhos num esforço incrivelmente complicado e ilógico, cheio de medos e inseguranças. Ficamos estressados porque nos tornamos escravos da felicidade deles. Ficamos preocupados que não tenham sucesso neste mundo altamente competitivo em que vivemos. Ficamos chateados quando eles não entram em uma pré-escola prestigiosa ou ainda não sabem o alfabeto quando todas as outras crianças parecem saber. Somos nós que estamos criando esse mundo frenético e demasiado competitivo para nossos filhos. Na verdade, a educação é bastante simples — a partir do momento em que redescobrimos os princípios básicos que permitem que as crianças prosperem em casa, nas escolas e na vida. Durante as minhas décadas de experiência como mãe, avó e educadora, identifiquei cinco valores fundamentais que nos ajudam a nos tornar pessoas capazes e bem-sucedidas. Para facilitar, me refiro a eles como CRIAR:

Confiança, Respeito, Independência, Amparo e Reciprocidade

Confiança: Estamos numa crise de confiança universal. Os pais estão com medo, e isso deixa nossos filhos com medo — de ser quem eles são, de assumir riscos, de lutar contra as injustiças. A confiança precisa começar conosco. Quando somos confiantes nas escolhas que fazemos como pais, podemos confiar que nossos filhos darão os passos importantes e necessários rumo à autonomia e à independência.

Respeito: O respeito mais fundamental que devemos aos nossos filhos é em relação à sua autonomia e individualidade. Toda criança tem um dom, e é um dom para o mundo, e, como pais, é nossa responsabilidade cultivar esse dom, qualquer que seja. É o exato oposto de dizer aos filhos o que ser, que profissão seguir, como deve ser a vida deles: é apoiá-los à medida que identificam e seguem seus objetivos.

Independência: A independência tem por base um alicerce forte de confiança e respeito. As crianças que aprendem autocontrole e responsabilidade logo no início da vida são muito mais bem preparadas para enfrentar os desafios da vida adulta, além de ter as habilidades para inovar e pensar de maneira criativa. Crianças verdadeiramente independentes são capazes de enfrentar adversidades, contratempos e tédio, todos aspectos inevitáveis da vida. Elas se sentem no controle mesmo quando as coisas em volta delas estão um caos.

Amparo: Amparo e colaboração significam trabalhar juntos em família, em uma sala de aula ou em um ambiente profissional. Para os pais, significa ajudar os filhos a contribuir em discussões, decisões e até mesmo na disciplina. No século xx, quando a capacidade de seguir regras era uma das habilidades mais importantes, os pais estavam no controle absoluto. No século XXI, a imposição não funciona mais. Não deveríamos dizer a nossas crianças o que fazer, mas pedir ideias a elas e trabalhar juntos para encontrar soluções.

Reciprocidade: Estranhamente, temos a tendência de tratar aqueles mais próximos a nós sem a reciprocidade, a generosidade e a consideração que oferecemos a desconhecidos. Os pais amam seus filhos, mas estão tão acostumados a eles que muitas vezes subestimam o básico da reciprocidade. E nem sempre somos o modelo da generosidade como comportamento para o mundo, que envolve gratidão e perdão, ajuda aos outros e uma consciência do mundo externo. É importante demonstrar aos filhos que o mais estimulante e gratificante que se pode fazer é tornar a vida do outro melhor.

CRIAR são valores essenciais para famílias funcionais e são também a melhor solução para os desafios que enfrentamos no meio educacional. As salas de aula mais efetivas são baseadas em confiança e respeito, incentivam o pensamento independente e incluem a aprendizagem colaborativa baseada em projetos que simulam o trabalho no mundo real. Líderes educacionais estão finalmente começando a entender que a memorização mecânica e o método expositivo são de todo inadequados para o ensino de habilidades no século XXI. Passei mais de três décadas aperfeiçoando meu modelo de "aprendizado misto", um estilo de ensino que dá às crianças algum controle sobre sua educação e enfatiza o uso responsável da tecnologia. Professores em todo o país estão copiando meus métodos agora, e viajo com frequência pela Europa, Ásia e América Latina, conversando com líderes educacionais e ajudando a colocar em prática novas políticas governamentais baseadas nos valores centrais de confiança, respeito, independência, amparo e reciprocidade.

As empresas também estão reconhecendo o poder dos valores CRIAR e começando a adotá-los em sua cultura corporativa. Esses valores não servem apenas para criarmos filhos felizes e bem-sucedidos, mas com eles também tiramos o melhor de pessoas de todas as idades. As empresas buscam funcionários com garra, criatividade, habilidades de pensamento independente e capacidade de colaborar e se adaptar a um mundo em constante mudança. Quando a organização Educational Testing Service conduziu uma análise da Occupational Information Network, uma grande base de dados de emprego mantida pelo Departamento de Trabalho dos Estados Unidos, descobriu-se que as profissões atuais exigem cinco habilidades básicas que se originam dos valores de confiança, respeito, independência, amparo e reciprocidade: resolução de problemas, inteligência fluida, trabalho em equipe, realização/ inovação e comunicação. Pensamento flexível, resolução de problemas e inovação derivam de uma forte sensação de independência, a qual, por sua vez, se baseia em confiança e respeito. O trabalho em equipe e a comunicação não são possíveis sem a reciprocidade e generosidade e o espírito de amparo e colaboração necessários para levar em consideração as opiniões e ideias dos outros. É por isso que uma rede hoteleira global está usando esse método agora para treinar e capacitar seus funcionários. É por isso que os fundadores da Gap, a varejista de roupas mundial, marcaram recentemente uma reunião comigo e com a minha filha, na esperança de aprender a criar líderes empresariais mais bem-sucedidos como ela. E é por isso que tantas grandes corporações — como a grande empresa de consultoria internacional Deloitte; o Mercado Livre, a mais popular plataforma de comércio eletrônico da América Latina; a Panera Bread, famosa rede de padarias e cafés; e até o Walmart e o McDonald's — estão adotando filosofias como essa e estimulando a independência, a colaboração e a inovação entre seus funcionários.

Quando discursei na conferência Conscious Capitalism em 2017 para um salão repleto de líderes empresariais, o público ficou tão animado com a CRIAR que ninguém queria ir embora. Conversei com CEOS como John Mackey, da Whole Foods, e Daniel Bane, da Trader Joe's, ambas líderes de cadeias de supermercados conhecidas pela capacitação de seus funcionários. Amit Hooda, CEO da Heavenly Organics, uma fabricante de alimentos ecológicos, Jeffrey Westphal, da Vertex, fabricante de softwares fiscais, e muitos outros me falaram que queriam ajudar a difundir minha filosofia pelo mundo. Os valores da CRIAR permearam todas as discussões nessa conferência, porque precisamos dar voz às pessoas com quem trabalhamos e colaborar para fazer uma diferença real. Os líderes com quem me reuni falaram sobre treinar seus empregados para o século XXI por meio da aprendizagem prática baseada em projetos, exatamente como faço em sala de aula na Palo Alto High School.

O grande objetivo da CRIAR é formar pessoas responsáveis em um mundo responsável. É isso que estamos fazendo como pais, professores e empregadores — não apenas criando filhos ou gerenciando salas de aula e reuniões de conselho, mas construindo os alicerces do futuro da humanidade. Estamos evoluindo a consciência humana e fazendo isso de maneira mais rápida do que nunca.

Este livro é sobre como criar pessoas para viverem no mundo. Ele não apresenta mais uma modinha sobre educação nem uma receita precisa sobre como colocar o seu filho na cama — ele mostra aos pais como utilizar uma filosofia universal de comportamento humano para confrontar os problemas que enfrentamos hoje e para preparar nossos filhos para os muitos desafios desconhecidos que temos pela frente. Ele não oferece um novo currículo para a sala de aula, mas sim uma nova maneira de ensinar o currículo, uma nova filosofia de ensino (na escola e em casa) que leva à emancipação e à independência e sempre parte de uma base de confiança e respeito. Nos capítulos a seguir, apresento os princípios centrais que ajudarão você a criar um lar (ou uma sala de aula) que possibilite sucesso a você e aos seus filhos.

O que fiz como mãe não é diferente do que outros pais e mães fizeram no decorrer da história humana quando foram obrigados a confiar em si mesmos, valorizar a independência de seus filhos e enxergar a educação como uma ação comunitária. A melhor prova disso é que a ciência, assim como a formidável experiência coletiva dos pais, comprovou a eficácia dos meus métodos em todo o mundo. Eles foram usados nas minhas turmas nos últimos 35 anos e com as minhas filhas há cinquenta anos. A CRIAR de fato funciona para todos, qualquer que seja a idade, a cultura ou as circunstâncias. E nunca é tarde para começar. Você pode corrigir os erros e deslizes iniciais da educação, melhorando a sua vida e a do seu filho. O melhor de tudo: adotar a CRIAR tornará você o tipo de pai que quer ser e o ajudará a criar o tipo de filho que você quer ter por perto — um filho que também queira estar perto de você. O tipo de filho que os outros querem, precisam e valorizam, e o tipo de filho de que nosso mundo necessita para confrontar os desafios que enfrentamos como comunidades, como países e como mundo.

É um prazer e um privilégio compartilhar com você nas páginas a seguir as histórias e os princípios que derivam da CRIAR. Espero que eles o guiem de volta a uma confiança profunda em si mesmo e no seu filho, e sejam memoráveis para que você possa usá-los para se orientar. Você é o pai de que seu filho precisa e, com a sua confiança e o seu respeito, seu filho se tornará exatamente a pessoa que nasceu para ser.

1. A infância que você gostaria de ter tido

Todos temos a tendência de criar nossos filhos da maneira como fomos criados, mas, quando virei mãe, a única coisa de que eu tinha certeza era que não queria repetir os erros dos meus pais. Cada um de nós tem traumas e problemas da infância que influenciam a maneira como nos relacionamos com nossos filhos e, se não entendermos esses traumas, se não avaliarmos atentamente o que houve de errado, estamos destinados a repetir os mesmos erros. Não examinar nossos padrões e nossa programação inconsciente prejudica nossos melhores esforços de formar uma família com base na CRIAR. Como você verá pela minha história, não fui criada com esses valores fundamentais. Tive de aprendê-los da maneira mais difícil. Espero que, ao compartilhar minha experiência de infância e minha visão como mãe, você se inspire a explorar sua própria história, de maneira a entender o modelo que viveu e como foi ou não baseado na CRIAR.

A história da mãe que me tornei começa em um edifício residencial no Lower East Side, em Nova York. Eu morava em um apartamento minúsculo de um quarto com os meus pais, imigrantes judeus russos que migraram para os Estados Unidos sem nada. Minha mãe, Rebecca, era de Krasnoyarsk, na

Sibéria, um lugar que me parecia insuportavelmente frio e distante quando eu era pequena. Ela me contava que lá nevava tanto que toda a casa ficava coberta. Eles precisavam escavar túneis para sair. Ela era incrivelmente linda — todos comentam quando veem as fotos — e tinha um sotaque que ninguém conseguia identificar, uma mistura de iídiche e russo que puxei, mas que acabei perdendo quando entrei para a escola. Meu pai, Philip, era um artista especializado em aquarela e desenhos em carvão e chegou a ganhar uma bolsa no Instituto Politécnico Rensselaer. Infelizmente, não pôde aceitar porque precisava sustentar a mim e a minha mãe. Ele e sua família tinham fugido das perseguições na região de Chernivtsi, na Ucrânia, fazendo todo o trajeto a pé até Viena, onde conseguiram pedir documentos para os Estados Unidos. Por muitos anos eu duvidei da história de que tinham caminhado uma distância tão grande. Ele me contava que puseram todas as suas posses em uma carroça e a puxaram até as mãos sangrarem. Parecia um exagero impossível — até eu ler sobre a crise de refugiados sírios e como eles caminham centenas de quilômetros para fugir da guerra. Ainda me arrependo de nunca ter agradecido ao meu pai pelo que fez.

Estávamos sempre à beira da falência. Tirando a arte, meu pai tinha poucas habilidades — não estávamos exatamente vivendo o Sonho Americano. Então, quando acabaram os bicos que ele fazia para nos manter, ele foi seduzido pela onda de migração para o Oeste e decidiu tentar a sorte na Califórnia. Parecia a terra do sol, do lazer e da oportunidade. Parecia possível criarmos uma vida inteira lá. Infelizmente, nem tudo ocorreu como o planejado.

Ainda não sei por que meus pais escolheram Sunland-Tujunga, uma comunidade agrícola no nordeste do vale de

São Fernando. A serra de São Gabriel se elevava ao longe, e as ruas eram largas e de terra. Alguns anos depois, eu e o meu irmão abrimos um negócio resgatando carros que atolavam na areia. Acontecia com frequência, e eu ficava felicíssima em ganhar um dólar toda vez. Havia videiras por toda parte, assim como pedras cinzentas que desciam rolando das colinas. Morávamos em uma casinha construída com essas mesmas pedras e, logo atrás de nós, ficava o córrego Tujunga, um afluente do rio Los Angeles onde cascavéis se escondiam entre os pedregulhos gigantes ao longo da margem.

Meu pai tentou todo tipo de trabalho de arte comercial na Califórnia, e até procurou emprego na indústria de entretenimento, sem sucesso. Por fim, foi obrigado a aceitar um emprego como entalhador de lápides, o qual manteve pelo resto da vida. Ainda é possível ver as centenas de lápides que ele entalhou nos cemitérios de toda Los Angeles — o único legado artístico que deixou. O trabalho era exaustivo e pagava mal e, à noite, ele chegava em casa, batia a porta e ficava andando em círculos pela pequena casa, sem dizer nada. Isso sempre me dava medo. Aprendi a ficar longe dele. Se não ficasse, me tornaria vítima da sua fúria. "Quem não bate estraga o filho" era algo que ele me dizia bastante, e ele falava sério. Minha mãe fazia de tudo para me proteger dos acessos de fúria dele e até comprava às vezes algumas das minhas comidas favoritas — gelatina verde e damascos enlatados —, guloseimas raras que se tornaram nosso segredo. À noite, eu me sentava no quarto e fica ouvindo os dois brigarem. Sempre, sempre era sobre dinheiro.

A parte mais difícil da minha vida era lidar com a tradição ortodoxa que considerava os homens como os membros mais importantes da família. E não só da família: os homens eram os membros mais importantes da sociedade.

Toda a comunidade era centrada nos homens. O kadish, a oração para os mortos, só pode ser lida por homens; a Torá, nossos livros sagrados da Bíblia, só pode ser segurada e lida por homens. Essencialmente, se você quer falar com Deus, você deve ser um homem. Acho que é por isso que os homens ortodoxos acordam todas as manhãs e agradecem a Deus por não terem nascido mulheres.

Eu passava os sábados em uma pequena sinagoga onde ficava no andar de cima junto com as mulheres e as crianças. Era sempre quente, mas as mulheres usavam mangas compridas e cobriam o cabelo como a religião exige — como mandava a tradição, mas não era nada confortável. Eu gostava de lá porque podia ficar cochichando com as outras crianças enquanto os homens rezavam no andar de baixo. Eles pareciam existir em outro mundo, um lugar em que eu sabia que nunca poderia entrar.

As mulheres na tradição judaica ortodoxa têm um papel claramente definido: mães de família. Isso significa que as mulheres não precisam de educação formal. Precisam apenas saber cuidar dos filhos e do marido e manter a casa. Enquanto crescia, me dei conta de que todas as mulheres ao meu redor ficavam em posições subservientes. Minha mãe sempre tinha de baixar a cabeça para o meu pai. As mulheres na sinagoga obedeciam a seus maridos. Meu avô paterno, Benjamin, que tinha sido rabino, controlava toda a família. O plano era eu me casar com um judeu rico quando fizesse dezoito anos e ter muitos filhos. O fato de que eu tinha outras metas na vida causou uma ruptura na minha relação com o meu avô, uma ruptura que durou até sua morte.

A importância dos homens me foi explicada de maneira marcante quando meu irmão Lee nasceu em 23 de maio de 1945, três dias antes do meu aniversário de cinco anos. Meus pais o trouxeram para casa no meu aniversário, e mal pude conter a euforia quando meu pai abriu a porta e guiou minha mãe para dentro. Ele estava segurando um cesto e, dentro do cesto, estava meu irmãozinho caçula. Eu o via como um presente especial para mim. Corri para a frente, querendo vê-lo de perto, mas meu pai me pegou pelo ombro e me empurrou para trás. "Não chegue muito perto do bebê", ele repreendeu. "Você pode deixá-lo doente." Parei no meio do caminho, mais confusa do que magoada. Minha mãe permaneceu lá, em silêncio. Em seguida, meu pai disse algo que me espanta até hoje. "Seu irmão Lee é um menino", ele disse categórico, "e, em nossa família, os meninos são mais importantes." Ele deu essa notícia sem ter ideia de como isso poderia me afetar. Até hoje, é difícil para mim imaginar alguém dizer isso a uma menina pequena. No começo, não entendi direito o que ele quis dizer — que agora eu estava em segundo plano —, mas sabia que não era algo bom. Antes do nascimento de Lee, eu era a queridinha da família, a filha única e o centro das atenções, mesmo que essa atenção às vezes fosse negativa. Mas logo descobri como seria. As necessidades de Lee eram mais importantes do que as minhas. Ele ganhava dezenas de brinquedos enquanto eu não ganhava nenhum. Ele ganhava roupas novas em vez das que vinham de segunda mão dos nossos primos de Nova York. Ele podia comer o quanto quisesse no jantar, enquanto eu era repreendida por comer demais.

Lembrando agora, percebo que não fiquei tão chateada quanto se pode imaginar. Parte do que me ajudou a lidar com isso foi o amor constante da minha mãe; ela era paciente, nunca me criticava e fazia eu me sentir importante apesar do que o meu pai tinha dito. Além disso, eu gostava muito de Lee. Era um bebê muito fofo e eu achava divertido brincar com ele. Ele era como um boneco em tamanho real para mim, e eu adorava ajudar minha mãe e me sentir como um membro útil da família. Conforme fui crescendo, passaram a esperar que eu fizesse quase tudo sozinha porque os recursos eram escassos e toda a atenção se concentrava em Lee. Mas até isso foi uma bênção disfarçada porque, mesmo que não fosse a intenção, desenvolvi minha autonomia a partir de tanta independência. Aprendi a lavar roupa, louça, limpar a casa, cozinhar para Lee, cumprir tarefas na rua, fazer a cama e varrer os pisos e carpetes (não tínhamos um aspirador de pó). Cresci com a ideia de que era capaz de fazer tudo. Enquanto isso, Lee cresceu achando que sempre precisaria de ajuda e apoio. Ele foi mimado a ponto de paralisar, uma consequência involuntária de toda aquela devoção.

Minha independência, porém, não era aprovada na escola. Lá, o aprendizado acontecia através da força e da obediência rigorosa. Eu sempre tinha sido uma estudante contestadora e cheguei a sofrer com a palmatória do diretor algumas vezes. A punição física ainda é permitida pela lei em dezenove estados dos Estados Unidos — fui apenas uma das muitas crianças que foram submetidas a essa tática desumana. Muitas vezes, os professores pareciam não ter ideia do que fazer comigo. Quando eu estava no segundo ano, minha professora me jogou para debaixo da mesa dela quando descobriu que eu estava ajudando outros alunos em vez de ficar olhando para o nada depois de ter completado a tarefa. Ela ficou ainda mais brava quando acenei para os meus colegas de lá debaixo. Recebi um "Insatisfatório" em "Comportamento", a única nota com que meu pai se importava. Como você deve imaginar, ele não ficou nada contente comigo.

A biblioteca pública era meu santuário. Eu adorava calçar os patins, ir até a pequena biblioteca de Sunland-Tujunga e ficar sentada com uma grande pilha de livros. Ler me ajudava a pensar com a minha própria cabeça e me permitia ver outros mundos, mundos muito diferentes dos meus. Em um verão, cheguei a ganhar um prêmio por ler mais livros do que qualquer outro aluno da cidade. Também vendi mais biscoitos das escoteiras do que qualquer outra menina em Sunland-Tujunga. Eu não tinha aulas, nem atividades depois da escola, nem nenhum evento especial, mas a escola pública me emprestou um violino e pratiquei obedientemente todas as noites no meu quarto. A música era e ainda é uma grande paixão para mim. No quinto ano, eu estava boa o bastante para participar da orquestra da escola, e tive o prazer de tocar durante todo o ensino médio. Mesmo na época, eu parecia entender que a música tornava a vida de uma pessoa pobre mais fácil.

Em 1948, meus pais tiveram outro filho, David, o que aumentou ainda mais as dificuldades financeiras da família. Ele era um bebê lindo de cabelos loiros e olhos azuis translúcidos. Lembro que ele era muito curioso e chorava bastante. Minha mãe ficou sobrecarregada por cuidar de três filhos pequenos e não conseguia atender as necessidades de David. Fiz o possível para ajudá-la. Eu brincava com ele, o pegava no colo e o carregava pela casa e pelo quintal. Mostrava minha aroeira favorita perto do córrego e dizia que, dali a alguns anos, o ensinaria a escalar a árvore.

Um dia, quando David tinha dezesseis meses, estava brincando no chão da cozinha e encontrou um frasco de aspirinas. Pensou que fosse um brinquedo e começou a chacoalhar. Dezenas de comprimidos saíram voando (na época, não havia tampas de segurança), e ele engoliu todos antes que a minha mãe visse o que tinha acontecido. Ela ligou para o consultório médico e a enfermeira a aconselhou a colocar David na cama e ver como ele estaria dali a algumas horas (tínhamos apenas um carro, que estava com meu pai no trabalho). Desconfio que a enfermeira não deu uma resposta melhor porque não tínhamos como pagar o valor total na clínica. Minha mãe seguiu o conselho à risca. Algumas horas depois, David acordou vomitando.

Nós o levamos para o hospital municipal, onde fizeram uma lavagem gástrica e deram alta para ele. O estado dele se agravou. Nós o levamos de volta. Disseram que "não havia leitos disponíveis" (código para "sem comprovação de pagamento"). Em seguida, o levamos para o Huntington Memorial, onde também alegaram não haver leitos, e depois para outro hospital, o St. Luke's; a essa altura, ele estava tão mal que os médicos aceitaram tratá-lo. Mas já era tarde demais: David morreu naquela noite. Quando penso na minha infância, a emoção mais forte que tenho é a dor dessa perda, como cobriu nossa casa feito uma nuvem negra, como meus pais nunca se recuperaram de verdade, sobretudo minha mãe. A morte de David me impactou como nenhum outro acontecimento na minha infância. Exceto um.

Alguns meses depois da morte de David, meu irmão Lee, que tinha cinco anos na época, desmaiou e caiu no chão da sala. Minha mãe o pegou e o sacudiu, mas ele não acordava. Em poucos minutos, comecei a me sentir fraca também. A essa altura, minha mãe foi inteligente o bastante para sair correndo da casa, mas me disse para não me mexer. "Deita na cama e já venho te buscar", ela disse, levando Lee para fora às pressas. Eu estava zonza e desorientada, mas me recusei a obedecer. Meu ceticismo já falava mais alto. Eu me apoiei nas paredes e, assim que saí de casa, deitei-me no cascalho do quintal da frente e comecei a recuperar os sentidos. Vi minha mãe sentada com Lee na trilha de concreto da garagem. Ele também tinha acordado. Mas ainda não fazíamos ideia do que estava acontecendo. Minha mãe ligou para um vizinho e, depois de mais algumas horas, descobriram que nosso aquecedor defeituoso havia enchido a casa de monóxido de carbono. Lee era o menor e o mais vulnerável, por isso foi o primeiro a desmaiar. Eu teria sido a próxima e, se tivesse ficado na cama como me mandaram, não teria sobrevivido.

Esse incidente, somado à tragédia da morte de David, me colocou em um caminho que influenciou muitíssimo o resto da minha vida. Solidificou minha decisão de pensar por conta própria independentemente das circunstâncias. Eu sempre me perguntava o que era lógico, mesmo que parecesse bobagem, mesmo que tivesse de confrontar meus pais ou professores. Sentia que precisava disso. Caso contrário, poderia me machucar ou até morrer — era muito sério isso para mim. Eu não culpava minha mãe por ela ser submissa. Não era culpa dela que David tinha morrido, ou que ela não tenha pensado em tirar todos da casa no momento óbvio do perigo. No entanto, em certo sentido, era culpa dela sim, ao menos era o que eu pensava na infância. Ela era uma vítima da pobreza e uma imigrante de pouca instrução. Nunca tinha sido ensinada a pensar em todos os aspectos e confiava cegamente na autoridade por causa da tradição em que havia sido criada, assim como muitos na época. Mas ouvir, obedecer e não pensar de maneira crítica causou a maior perda que uma mãe pode sofrer. Decidi que queria levar uma vida em que pudesse tomar decisões inteligentes e não precisasse me preocupar com dinheiro. Queria sair do mundo em que havia nascido e decidi fazer isso pensando por mim mesma.

E de fato saí, oito anos depois. Ganhei uma bolsa de estudos integral na Universidade da Califórnia em Berkeley

— eu não teria como bancar a faculdade de outra forma, já que meu pai havia me deserdado financeiramente. Segundo ele, eu deveria me casar com um judeu rico, não ir à faculdade. Em agosto de 1959, entrei em um ônibus da Greyhound para Berkeley com minhas duas maletas de mão e nunca mais olhei para trás. Durante meu segundo ano, conheci meu futuro marido, Stan, um físico experimental. Eu estava escorregando por um lance de escadas numa caixa gigante de papelão — uma noite de segunda-feira normal no alojamento cooperativo Sherman Hall — e fui parar bem na frente dele. Nós nos apaixonamos. Percebi que ele também tinha certo ceticismo em relação ao mundo. Ele cresceu em Cracóvia durante a Segunda Guerra Mundial, bem ao lado dos trilhos de trem que levavam judeus para Auschwitz. Os nazistas ocuparam parte do apartamento da família dele, obrigando-os a se recolher em dois cômodos pequenos. Ele, o irmão e a mãe sobreviveram apenas porque eram católicos. Seu pai trabalhava exilado no governo polonês em Londres. Depois da guerra, Stan fugiu para a Suécia, com a mãe e o irmão, escondendo-se debaixo de compartimentos de carvão em um navio cargueiro. Em uma reviravolta trágica, disseram para seu pai que não havia espaço suficiente no navio e para ele ir no próximo. Não houve próximo. Ele foi preso no convés pelas novas autoridades comunistas. Foi mantido como prisioneiro político até 1955, ano da morte de Stálin. Por motivos óbvios, Stan tinha uma forte desconfiança das autoridades e do governo, e também era profundamente cético em relação a documentos históricos, algo em que eu nunca havia pensado. Ele sabia por experiência própria que os governos mudam a história para refletir as visões do vencedor. Faz sentido ele ter dedicado a vida a estudar neutrinos, as menores partículas elementares, e a contestar as teorias de Einstein. Ele buscava as origens do universo, tentando, de alguma forma, encontrar sentido no mundo.

Depois que nos casamos, Stan recebeu uma bolsa da Fundação Nacional da Ciência e passamos alguns anos morando em Genebra e Paris. Primeiro, me matriculei na Universidade de Genebra na Faculdade de Relações Internacionais e, depois, na Sorbonne, em Paris. Adorei morar em Genebra e em Paris e adorei aprender a falar francês. Depois disso, nos mudamos de volta para Berkeley e, um ano depois, para Palo Alto, quando ofereceram a Stan uma vaga de professor assistente de física em Stanford. Não pretendíamos passar muito tempo porque não seria um cargo titular, mas, em 1967, ofereceram um cargo de titular para ele. Ficamos supercontentes. Em 1968, viramos pais. Nenhum de nós sabia realmente no que estávamos nos metendo. Foi incrível me tornar mãe, claro, mas era muito mais difícil do que eu imaginava. Stan se concentrou em ser o provedor e garantir estabilidade e estrutura para a família. Seu trabalho como professor em Stanford era extremamente exigente. Ele vivia sob a pressão de "publicar ou perecer" e trabalhava o tempo todo. Ele também viajava pelo mundo para conferências e apresentações acadêmicas. Sua paixão era a física de partículas, o que implicava visitas a laboratórios de pesquisa de Brookhaven, em Nova York, o Fermi Lab, em Chicago, e a Organização Europeia para a Pesquisa Nuclear, em Genebra. Ainda temos um mapa-múndi na parede da sala com um alfinete para cada lugar que Stan visitou. São centenas de alfinetes. Quando estava em casa, ele era um bom pai — mas quase nunca estava em casa. Embora eu me sentisse frustrada, e às vezes desejasse ter mais apoio, aprendi a aceitar.

Coube a mim criar nossas três filhas sozinha. Tive muita ajuda profissional dos médicos do hospital Kaiser em Redwood City, na Califórnia, mas eles não davam conselhos sobre como educar as crianças. Os conselhos das minhas amigas não atendiam muito às minhas necessidades. Nenhum dos livros que li fez sentido até eu encontrar o dr. Spock, o guru dos pais da década de 1960, e seu livro icônico, *Meu filho, meu tesouro: Como criar e educar os filhos*. Sua mensagem me tocou desde o começo. Ele falou comigo e com milhares de outras mães de primeira viagem:

> Você sabe mais do que pensa [...]. Você quer ser a melhor mãe possível, mas nem sempre está claro o que é melhor. Para todo lado que você olhe, há especialistas dizendo o que fazer. O problema é que eles nem sempre concordam entre si. O mundo é diferente do que era vinte anos atrás, e as respostas antigas podem não funcionar mais.

Li essa passagem e senti que ele falava diretamente comigo. As respostas antigas não funcionavam para mim. A religião e a cultura com as quais cresci não me valorizavam como ser humano. Os especialistas e as figuras de autoridade não tinham os meus interesses em vista. Eu era a única que sabia o que era melhor para minhas filhas, o que era certo para mim.

Muitas mães leram o dr. Spock, mas poucas criaram seus filhos como criei as minhas. Encontrei meu próprio caminho, acima de tudo me rebelando contra minha própria infância. Eu tinha medo de cair nos padrões do passado. Sabia que, se não tomasse cuidado, poderia expor minhas filhas aos comportamentos e valores que me causaram tanto sofrimento quando criança. Eu queria recriar com as minhas filhas o forte laço físico e emocional que tive com a minha mãe, mas as semelhanças acabaram aí. De alguma forma, percebi que, se queria fazer as coisas de outra forma, precisaria tratar minha infância de maneira consciente. Não li sobre isso. Não foi o dr. Spock quem me ensinou nem nenhuma outra pessoa. Apenas parecia fazer sentido. Para mudar, eu não poderia estar no piloto automático, criando minhas filhas como tinha sido criada. Precisaria ser reflexiva em vez de reativa. Precisaria de muita paciência e de força de vontade.

Descobri que minha visão intuitiva é explicada pelo campo de pesquisa do apego. O apego foi descrito pela primeira vez por John Bowlby, um cientista britânico cuja pesquisa dos anos 1950 gerou uma nova visão sobre as relações humanas. A teoria do apego de Bowlby sugere que a maneira como interagimos com nossos pais quando crianças ajuda a determinar nossas relações interpessoais como adultos, influenciando fortemente o modo como nos relacionamos com as outras pessoas e, mais importante, com o nosso cônjuge e com os nossos filhos.

Nos anos 1970, L. Alan Sroufe, psicólogo e pesquisador da Universidade de Minnesota, começou a coletar dados para o Minnesota Longitudinal Study of Parents and Children. Sroufe se inspirou na obra de Bowlby e queria saber se os padrões de apego da infância poderiam prever o comportamento na vida adulta. Os resultados desse estudo contínuo sugerem que o apego da infância influencia, sim, o nosso comportamento como adultos, em particular nas categorias de autoconfiança, regulação emocional e competência social. Sroufe e seus colegas descobriram que "as experiências de apego proporcionam certos componentes atitudinais, motivacionais e emocionais básicos que são uma plataforma para entrar no mundo dos pares e lidar com os desafios que surgirão".[1] Em outras palavras, suas experiências de apego na infância serão uma espécie de bússola para orientar sua vida. Pegue a autoconfiança como exemplo. O estudo de Sroufe mostrou que crianças de até cinco anos com padrões de apego ansiosos e esquivos eram mais dependentes de seus professores. Outra análise do mesmo estudo mostrou que crianças vinculadas de maneira segura eram consideradas mais sociáveis por seus professores do ensino fundamental, tinham mais amigos aos dezesseis anos e eram mais capazes de resolver conflitos em seus relacionamentos românticos na fase adulta.[2]

Esses achados confirmam o que todos sabemos ser verdade: as experiências da infância nos afetam profundamente na vida adulta. Mas é aqui que as coisas de fato ficam interessantes. Outra psicóloga pesquisadora, Mary Main, questionou se esses padrões poderiam mudar no decorrer da vida e, se sim, de que forma. Para descobrir isso, ela desenvolveu um questionário chamado "Entrevista de apego adulto". Durante essa entrevista, um adulto falaria sobre suas experiências na infância com um pesquisador, respondendo a perguntas como: "Você se sentia mais próximo do seu pai ou da sua mãe e por quê?", "Quando ficava triste na infância, o que fazia e o que acontecia?" e "Como você acha que essas experiências gerais da infância afetaram sua personalidade adulta?". Os resultados foram revolucionários. Main descobriu que os adultos são sim capazes de mudar e de rever seus padrões de apego no decorrer da vida. Podemos passar do apego inseguro para o seguro. Mas como? Descobriu-se que as relações positivas com pessoas além dos nossos pais (que nos introduzem a outras formas de apego) ajudam, mas de igual importância foi a reflexão consciente sobre a própria infância. A análise de Main mostrou que os participantes que tinham narrativas coerentes sobre o que havia acontecido com eles na infância, que falavam de maneira refletida sobre seus pais e sobre suas dificuldades, foram associados ao apego seguro — independentemente de terem sofrido dificuldades, traumas ou perdas na infância. As pessoas com narrativas menos coerentes, desdenhosas ou contraditórias foram associadas ao apego ansioso ou inseguro que havia persistido na vida adulta.

Acho que todos sabemos disso instintivamente. Tendemos a criar os filhos da mesma maneira como fomos criados, sobretudo porque esse é o único modelo que temos. Os valores familiares que aprendemos na infância podem nos influenciar tão profundamente que talvez nem sempre consigamos sentir ou entender o grau dessa influência. Muitas vezes nos pegamos dizendo ou fazendo coisas que nossos pais faziam e nos perguntando como nossos pais entraram tanto na nossa cabeça e na nossa pele. Em algumas famílias, existem ciclos de violência e de abuso intergeracional, com pessoas que parecem presas dentro dos mesmos padrões disfuncionais por gerações. Um estudo mostrou que um terço das crianças abusadas acaba por se tornar pais negligentes e abusivos.

A primeira coisa que todo pai e mãe deve fazer, portanto, é refletir sobre suas experiências. Parece simples, mas não costumamos fazer isso. O psiquiatra e pesquisador da UCLA Daniel J. Siegel escreve, em *O poder da visão mental*: "O melhor previsor da segurança de apego de um filho não é o que aconteceu com seus pais na infância, mas sim como seus pais refletiram sobre essas experiências da infância". Siegel, Main e outros pesquisadores discutem como essa experiência de refletir sobre a própria vida resulta em "apego conquistado". Todos temos a capacidade de "conquistar" a segurança através da autorreflexão consciente, a qual podemos então passar para os nossos filhos.

Gostaria de saber tudo isso antes. Queria que alguém tivesse me dito *como* refletir, que perguntas fazer, que respostas buscar. De alguma forma, acabei descobrindo por conta própria. Para começar, eu tinha o meu próprio laboratório. O que quer que eu estivesse fazendo estava dando certo: minhas filhas eram felizes, prósperas, capazes. Mas foram muitos os desafios que não tive como prever.

O que descobri, através de muito esforço consciente, é que sermos pais nos dá talvez a oportunidade mais profunda de crescer como seres humanos. Como o dr. Siegel alerta em *Parenting from the Inside Out* [Criando filhos de dentro para fora]: "Quando os pais não assumem responsabilidade por seus próprios problemas mal resolvidos, eles perdem uma oportunidade não apenas de se tornar pais melhores, mas também de dar continuidade a seu próprio desenvolvimento". Em outras palavras, se você não agir como seu próprio terapeuta e questionar a sua infância, você não será o melhor pai que pode ser. Como pais, conseguimos entender as dificuldades que nossos pais enfrentaram que podemos não ter reconhecido quando crianças. A perspectiva infantil é míope, e era impossível para nós na infância entender todos os fatores que influenciaram o comportamento dos nossos pais.

Nossas memórias também podem ser distorcidas. Quando adulta, voltei para aquela casa de pedras em Sunland. Na minha lembrança, era uma casa grande com um quintal nos fundos que se estendia até os sopés das montanhas. Mas, quando voltei a vê-la, fiquei chocada com como era pequena. Eu não conseguia acreditar que nós cinco tenhamos morado ali. O quintal dos fundos era um lote estreito que se estendia só até a próxima fileira de casas pequeninas de um único andar. Os eventos trágicos que aconteceram ali tiveram uma importância tão profunda em minha vida e minha visão de mim mesma que eu havia criado uma casa gigante na minha cabeça, e, na realidade, havia apenas essa casinha humilde de pedras para uma família de poucos recursos. Ver a casa me ajudou a reconhecer as dificuldades que meus pais deviam ter sofrido. Vi meu pai em parte como vítima de suas circunstâncias, como tantos outros pais imperfeitos. Ele tinha uma vida de trabalho árduo combinado com raiva contra um mundo que nunca o apoiou. Por nós, ele desistiu do seu sonho de ser artista. Veio de uma cultura que moldou seu comportamento autoritário. Entender isso me permitiu perdoá-lo. Eu havia sido bem-sucedida apesar das ideias que ele tinha para a minha vida e, no fundo, sabia que perdoá-lo me daria a chance de seguir em frente.

É através da criação dos filhos que a cultura é transmitida para a próxima geração. Essa é a sua chance de passar adiante seus princípios e valores básicos e de usar toda a sua sabedoria e discernimento a fim de melhorar a vida de outra pessoa. É também sua chance de causar um impacto na eternidade. Lembro de uma das minhas frases favoritas sobre a arte do ensino: "Os professores afetam a eternidade; eles nunca saberão onde acaba a sua influência". O mesmo vale para a educação dos filhos. Você nunca sabe como a sua paternidade vai influenciar as gerações futuras.

Acho que a questão mais importante que precisamos nos perguntar é se os princípios e valores que estamos passando para os nossos filhos são éticos e se são visões que queremos perpetuar na sociedade. Somos todos parte de uma comunidade, parte de um país, parte de um planeta. Você está ensinando aos seus filhos as coisas que quer vê-los ensinar aos filhos deles? Isso vai melhorar a vida deles, a cultura, o mundo?

Mesmo depois de abandonar a tradição ortodoxa, continuei sofrendo discriminação de gênero — como repórter, não fui aceita no Clube de Imprensa de San Francisco porque eles só aceitavam homens. Não podia ter um cartão de crédito em meu nome nos anos 1970. Era fácil para mim querer um caminho diferente para minhas filhas, um caminho em que elas pudessem ser quem gostariam, um caminho em que não fossem subservientes a seus maridos, em que tivessem voz ativa e uma paixão na vida. Eu queria que minhas filhas tivessem algum controle desde cedo e estava determinada a desenvolver suas habilidades de tomada de decisões. Sempre perguntava: "Quer uva ou maçã?", "Quer fazer artesanato ou brincar lá fora?". Eu as ajudei a serem boas em tomadas de decisões desde pequenas e, agora, cerca de quarenta anos depois, fico maravilhada ao vê-las tomarem algumas das decisões mais complicadas e impactantes nos ramos da saúde e da mídia. O que isso tem a ver com você, caro leitor? O principal objetivo deste livro é ajudar você a entender, refletir e colocar em prática estratégias efetivas de educação que vão afetar positivamente você, seus filhos, sua família, a sociedade e as gerações futuras.

Eu sabia que não seria fácil chegar lá, mas queria tentar mesmo assim. Contudo, sabia que a cultura familiar pode ser algo difícil de mudar ou de rever. Os valores familiares que aprendemos na infância podem nos afetar tão profundamente que nem sempre conseguimos notar ou entender o grau dessa influência. Uma criança autônoma e com propósito tem uma influência positiva sobre você, sua família, sua comunidade e o mundo todo. É um forte efeito cascata, que começa dentro de casa.

QUESTIONÁRIO CRIAR

Posso ter aprendido tudo por conta própria, mas sou a primeira a admitir que a educação das minhas filhas teria sido muito mais fácil com um pouco de orientação. Portanto, é isto que gostaria de oferecer a você — orientação. A seguir, você vai encontrar uma série de perguntas para ajudar a pensar sobre suas experiências e de que forma elas se alinham aos valores que levam ao sucesso ao longo da vida. Também vai olhar para os valores do seu parceiro e os da sua comunidade, ambos capazes de influenciar profundamente a maneira como você cria seus filhos. Esse tipo de reflexão pode ajudar em todos os estágios da criação dos filhos, quer você esteja esperando seu primeiro bebê, confrontando problemas com um adolescente rebelde ou tentando recuperar uma relação com um filho adulto. Também pode ser útil se você for educador, avô ou avó, ou outro responsável pelo bem-estar de crianças. Todos precisamos de confiança, respeito, independência, amparo e reciprocidade, e todos precisamos nos conscientizar desses valores importantes a fim de colocá-los em prática.

Use as questões a seguir conforme avança pelos próximos capítulos. Minha esperança é que, ao respondê-las, você descubra quais aspectos da sua infância deseja manter e quais pretende abandonar. Você pode querer refletir sobre eles, anotar em um diário ou discuti-los com seu parceiro ou com um amigo de confiança.

1. SUA FAMÍLIA

Os valores de CRIAR eram estimulados ou desestimulados em sua família? O que poderia ser melhorado ou revisado?

Confiança: Sua casa era um ambiente de confiança? Você confiava nos seus pais quando era criança? Eles confiavam em você? Como a confiança era demonstrada em sua família? Houve alguma quebra de confiança? Se sim, como foi resolvida? Como você pode melhorar o que aprendeu sobre confiança quando era pequeno? Que tipo de ambiente de confiança quer criar para os seus filhos? Quais são as pequenas coisas que você pode fazer para ajudar a desenvolver confiança em seus filhos? Faça uma lista.

Respeito: Você se sentia respeitado quando era pequeno? As suas ideias e opiniões eram levadas em consideração? Você se sentia um membro importante da família? Sentiu-se desrespeitado em algum momento? Se sim, conseguiu recuperar o respeito? De que maneira? Como você pode aprimorar o que aprendeu sobre respeito quando era criança? Quais são as pequenas coisas que pode fazer para ajudar a mostrar aos seus filhos que os respeita? Pode ser tão simples quanto deixar que vistam o que quiserem em uma ocasião especial ou deixar que ajudem a criar o cardápio para o jantar. Faça uma lista.

Independência: Você tinha uma forte sensação de independência quando era criança ou dependia dos seus pais para atividades diárias como refeições, limpeza e lição de casa? Que atitudes seus pais tomavam para estimular sua independência? Como você pode melhorar o que aprendeu sobre independência na infância? O que pode fazer para ajudar a promover a independência de seu filho?

Amparo: Havia um ambiente colaborativo em sua casa? Como seus pais estimulavam você a ajudar? Você se sentia como se sua família funcionasse como uma equipe, ou normalmente havia uma única pessoa no comando? Como você pode melhorar o que aprendeu sobre amparar os outros quando era criança? Que pequenas coisas você pode fazer para estimular a colaboração? Que tal fazer seus filhos trabalharem em um projeto comunitário da escolha deles?

Reciprocidade: Como a reciprocidade era demonstrada em sua casa? Você foi ensinado a valorizar e ser grato pelo que tinha? Foi criado com uma noção de servir aos outros em sua comunidade? Como pode melhorar o que aprendeu sobre generosidade e reciprocidade na infância?

2. SUA CULTURA

A sua comunidade, sua cultura e sua religião também influenciam profundamente a maneira como você cria seus filhos.

Quais são os pressupostos sobre criação de filhos em sua comunidade e sua religião (se você tiver uma)?

Com o que você concorda? Com o que você não concorda?

Quais práticas estão evoluindo e quais precisam ser contestadas? Por exemplo, os pais superprotetores, que eliminam todos os obstáculos para seus filhos, nunca os expondo a nenhum tipo de risco. Como você pode introduzir experiências que ensinem às crianças garra e independência? O que em sua cultura os detém?

Quais práticas e crenças se alinham aos valores de CRIAR? Quais não?

3. A FAMÍLIA E A CULTURA DO SEU PARCEIRO

Se estiver criando seus filhos com um parceiro, vocês devem responder a essas perguntas juntos para determinar como vão agir em equipe. Sugiro que tenham uma conversa (e não uma briga) sobre os prós e contras de diferentes formas de educar os filhos — e é melhor que façam isso o quanto antes. Quais são os melhores aspectos da forma como vocês foram criados? Que ideias e práticas do seu parceiro podem ajudar seu filho a ter sucesso? Vocês conseguem encontrar uma filosofia que combine os pontos fortes de cada estratégia? Eu e Stan não fazíamos ideia de que tipo de pais seríamos. Descobrimos que tínhamos estilos muito diferentes de educação, o que não surpreende, considerando que ele cresceu em uma cultura muito diferente da minha, com o pai exilado em Londres. Ele, a mãe e o irmão ficaram no interior da Polônia, rezando para evitar bombardeios. Então, quando começamos a criar nossos filhos, Stan tinha algumas ideias polonesas um tanto rígidas sobre como fazer nossas filhas se comportarem. Palmadas eram consideradas normais na cultura polonesa. Mas, tendo apanhado na infância, eu não achava isso aceitável nem benéfico. Sei que é difícil resistir às palmadas porque, mesmo com minha atitude positiva, eu às vezes lutava para resistir ao impulso. Mas queria ter uma relação emocional com as minhas filhas. Queria tratá-las com carinho. (Ganhei a discussão em parte porque Stan vivia longe: vitória por W.O.) As diferenças na criação dos filhos são um dos principais fatores da tensão nos relacionamentos e podem até resultar em divórcio. Procurem entender os valores e as bases da infância e da cultura um do outro. A CRIAR não é uma abordagem específica de alguma cultura. São valores universais que existem em todas as culturas do mundo e são cada vez mais considerados como a base da saúde, da felicidade e do sucesso no mundo de hoje — e de amanhã.

OBSERVAÇÃO FINAL: ACEITE-SE — NINGUÉM É PERFEITO

Os pais são humanos: apesar de toda reflexão e planejamento, você *vai* cometer erros. Eu cometi vários. Castiguei a filha errada por algo que outra havia feito, ou fiquei brava sem motivo, ou usei o xampu errado que acabou entrando no olho delas. Em uma viagem de trailer pelo interior de Palo Alto até Chicago, Anne parecia que tinha picadas nas pernas e no corpo todo, então fiquei borrifando repelente nela, achando que ela havia sido picada por pernilongos. Passei dias fazendo isso até descobrir que ela estava com catapora!

Nós nos mudamos para Genebra, na Suíça, quando minha filha Anne era bebê e Janet estava com apenas três anos. Janet teve muita dificuldade para se acostumar com a irmãzinha nova — ela ficava me perguntando se levaríamos Anne de volta para o hospital! "Cansei de brincar com ela, mamãe", ela dizia. Ela também foi confrontada por uma nova cultura (a suíça) e uma nova língua (o francês). O que ela mais precisava naquele período era segurança e, no entanto, seu mundo havia mudado num piscar de olhos. Subestimei o quanto isso seria difícil para ela e para todos nós. Entretanto, como em todas as famílias, fizemos a melhor escolha que podíamos na época, e quem vai dizer que essas experiências não a ajudaram a desenvolver garra e independência?

Minhas filhas adultas ainda fazem piadas sobre o que eu e Stan fizemos de errado como pais. Anne deveria ter feito mais aulas de tênis, Susan deveria ter feito mais aulas de arte, e Janet deveria ter feito mais aulas de piano. Elas sempre falam que deveríamos ter adotado outro cachorro. (Tudo bem, essas são piadas de adultas felizes e bem-sucedidas. Cometi erros sérios também, acredite em mim.)

Nossa intenção não é criar um ambiente sem estresse ou dificuldades para os nossos filhos. É através das experiências dolorosas e difíceis que crescemos. Nossa intenção não é remover essas dificuldades e, junto com elas, o crescimento dos nossos filhos — o erro fatal dos pais-helicópteros —, mas ajudá-los a enfrentar as dificuldades e aprender a partir delas. Não precisamos ser perfeitos, mas devemos garantir que nossos filhos possam usar os valores da CRIAR para perseverarem mesmo diante da adversidade.

Não existe pai, esposo ou filho perfeito. Cada um dá o melhor de si. O que você deve fazer é usar os valores da CRIAR de forma coerente e não desistir. Não se recrimine quando cometer erros. A primeira pessoa que você precisa perdoar é você mesmo. A vida pode ser complicada e difícil. Se fizer algo contraproducente como pai, reconheça o erro e tente evitá-lo no futuro. É possível que o cometa de novo. E de novo. Leva tempo para aprender quando somos pais, assim como leva tempo para os nossos filhos aprenderem. Concentre-se em desenvolver relações íntimas com os seus filhos e educá-los com os valores da CRIAR para que tenha orgulho das pessoas que eles venham a se tornar. Todos queremos educar bons seres humanos.

Cada um de nós tem uma história. Todos sofremos traumas e, em muitos casos, tragédias. Decidi fazer o melhor possível para não recriar minha infância, mas também entendi que as minhas filhas enfrentariam dificuldades por mais que eu tentasse evitá-las. Não era minha função ser perfeita ou tornar a vida delas perfeita, mas sim fazer minha própria reflexão e poupá-las de qualquer sofrimento desnecessário. Aconselho que, à medida que formos explorando os valores neste livro, você continue questionando e examinando suas próprias experiências. Pense no que poderia ser melhorado e de que maneira. E esteja disposto a mudar: por você, por seus filhos e pelo mundo.

CONFIANÇA

2. Confie em si mesmo, confie em seu filho

Ser pai ou mãe é difícil. Ser avó também não é brincadeira.

Era de manhãzinha em San Francisco, e o trânsito estava intenso. Eu cuidava dos meus netos durante a semana enquanto minha filha Janet trabalhava com nutrição infantil em Ruanda e no Quênia. Minha primeira tarefa era levar as crianças para a escola, o que parecia bastante simples, se não fosse pelo trânsito na área da baía de San Francisco. E pelo fato de que eles frequentavam escolas em lados opostos da cidade. E pelo fato de que eu tinha acabado de deixar um deles na escola quando descobri que tinha de voltar para a escola do outro para levar a lição de casa que ele havia esquecido no quarto.

Às dez horas eu não precisava mais dirigir, mas era hora de levar o cachorro para passear, dar os antibióticos para os dois gatos da família, que haviam contraído uma infecção assim que Janet saiu de viagem, e lavar a louça do café da manhã. Eu me perguntei mais uma vez como ela conseguia dar conta de tudo isso diariamente. Por si só, o trânsito já era o bastante para acabar comigo. É por isso que a maioria dos pais por ali medita — ou todos estaríamos enfrentando processos de violência no trânsito.

Minhas filhas iam a pé para a escola sozinhas, mas os tempos mudaram.

No dia seguinte, sábado, o caos foi ainda maior, mas era de outro tipo. Eu estava ajudando minha filha Susan, além de cuidar dos filhos de Janet. Susan me pediu para levar suas filhas para a Target para comprar material escolar. O filho de Janet precisava cortar o cabelo.

Já tinha passado da hora: ele estava parecendo um cachorro desgrenhado.

O trânsito estava um pouco melhor no bairro residencial de Los Altos, mas, com tantas tarefas diante de nós, decidi que esse sábado em particular seria uma excelente oportunidade para transformar um dia de motorista em um dia de aprendizado.

Por que não mostrar às crianças que eu confiava nelas? Menos trânsito. Mais confiança. Mais diversão para elas. Todo mundo sairia ganhando.

Levei meu neto (de doze anos) ao salão de cabeleireiro e deixei que cuidasse do corte sozinho. Ele sabia exatamente o estilo que queria e fazia um ano que frequentava o mesmo salão de tempos em tempos. Em seguida, levei minhas duas outras netas (as duas de oito anos) à Target. No caminho, repassamos a lista dos materiais de que precisavam, a qual elas salvaram no celular. O plano era que me encontrassem no caixa dali a uma hora e me mandassem mensagem. Eu entraria e pagaria com o meu cartão de crédito, mas era responsabilidade delas não deixar faltar nada da lista. Se precisassem de mim, me ligariam. Mas eu tinha certeza de que elas ficariam bem. Eu já tinha feito compras com as duas dezenas de vezes. Tinha lhes ensinado como se comportar em lojas, usar um carrinho de compras, permanecer juntas e encontrar o que precisavam. Tinha ensinado as mesmas habilidades para as minhas filhas. Elas haviam aprendido a fazer compras desde cedo no bazar Patterson na California Avenue, a cerca de um quilômetro e meio da nossa casa em Palo Alto. Elas iam sozinhas de bicicleta e agonizavam — por horas — sobre qual brinquedinho ou doce comprar com sua mesada. Elas tinham de garantir que suas compras custassem menos de um dólar, o que envolvia contas minuciosas e decisões difíceis. Voltavam para casa muito orgulhosas de si mesmas, radiantes e carregando seus saquinhos de papel cheios de mercadorias. Talvez eu sempre tenha sido uma professora no fundo, e sempre vi as compras como uma oportunidade de capacitar as crianças, além de elas se divertirem um pouco. Por que não ajudá-las a aprender as habilidades para a vida desde pequenas? E por que se estressar sobre as tarefas que você tem de fazer quando pode transformar cada trajeto em uma pequena aventura?

Fiquei olhando minhas netas atravessarem as portas de vidro da Target, sentindo o mesmo orgulho que sentia com as minhas filhas anos antes. Voltei de carro até o salão de cabeleireiro. Meu neto estava me esperando, como planejado, com o cabelo comprido e desgrenhado transformado em um corte curto que o fazia parecer um homenzinho elegante. De volta à rua, ouvimos Beyoncé no rádio e, no fundo da minha mente, fiquei pensando no que comeríamos no jantar. Tínhamos acabado de chegar à Target quando meu celular tocou.

Era Susan. Contei sobre o lindo corte novo do meu neto, e ela perguntou onde as meninas estavam.

"Estão fazendo compras na Target", respondi.

"Você deixou as duas sozinhas? Como pôde fazer isso?"

Fiquei surpresa com o espanto dela. Ela estava falando da Target como se fosse um lugar perigoso, onde as crianças nunca deveriam ser deixadas sem supervisão.

"É a Target", eu disse. "É uma loja bem administrada."

"Mas mãe..."

"E as meninas sabem fazer compras sozinhas. Vão me mandar mensagem quando acabarem."

Susan foi educada — *controlada* pode ser uma palavra melhor — mas ficou brava. Entrei no estacionamento e vi as meninas esperando lá dentro. Desligando o motor, disse a Susan que elas estavam bem.

"Você não deveria tê-las deixado lá", ela disse. "Não é seguro."

"Bom", eu disse, caminhando em direção à entrada com meu neto, "para mim elas parecem bem seguras."

No fim, deu tudo certo. Susan ficou estressada por alguns minutos — muito estressada —, mas liguei para ela enquanto estávamos no caixa para confirmar que as crianças estavam bem e tinham feito um ótimo trabalho na escolha do material escolar. Minhas netas adoraram, aliás. Elas tinham se divertido muito fazendo compras sozinhas e se sentiram independentes. Susan teve uma espécie de revelação também: as crianças eram mais capazes do que ela imaginava.

Não estou sugerindo que todos larguem seus filhos imediatamente sem supervisão em qualquer loja do mundo — mas a questão de onde nossos filhos estão seguros, e onde não estão, é importante. Assim como o grau em que podemos confiar que se resolvam sozinhos. Essas listas de compras de volta às aulas (motivo de estresse para pais de todo o mundo) são um ótimo ponto de partida.

A CRISE DE CONFIANÇA

Todos os pais e mães precisam entender o seguinte: a era digital e a facilidade de transmissão de informações resultaram em uma crise de confiança que está afetando a forma como vivemos e como criamos nossos filhos. Não confiamos em nós mesmos nem em nossos instintos, temos dificuldade para confiar em nossos parceiros e filhos, e muitos vivem com medo de seus vizinhos e concidadãos. Mas viver sem confiança é terrível. Nos torna desajustados. Ficamos tão apavorados e nervosos — e o que fazemos? Passamos esse medo e essa ansiedade para os nossos filhos. Eles crescem nervosos e com medo, assim como nós, e nos perguntamos por que cada vez mais as crianças são incapazes de fazer a transição para a vida adulta. Se você acha que essa é uma questão que afeta apenas as famílias, está enganado. A erosão global de confiança é ruim para a saúde mental, para os relacionamentos, para as empresas e para as relações internacionais, e é sobretudo ruim para a democracia.

A desconfiança entrou em todas as esferas da nossa vida. O Edelman Trust Barometer, um índice da confiança média do público em geral nas instituições, verificou que os Estados Unidos caíram nove pontos na Escala de Confiança Global, a maior queda em confiança já medida no país. A Itália caiu cinco pontos, e a Irlanda, a África do Sul, a Polônia e a Rússia ficaram em último lugar em termos de confiança pública. O mesmo acontece com as nossas vizinhanças. Um relatório recente da Pew Research verificou que apenas 52% dos norte-americanos confiam em todos ou na maioria de seus vizinhos. Ainda mais perturbador, apenas 19% dos *millennials* acreditam que é possível confiar na maioria das pessoas — uma porcentagem mais baixa do que em todos os outros segmentos da população.

Aqui em Palo Alto — talvez um dos lugares mais seguros dos Estados Unidos —, quase nunca vejo crianças brincando na rua ou indo a pé para a escola. Na época em que as minhas filhas eram pequenas, havia crianças por toda parte. Tínhamos uma placa na rua que dizia "Devagar, crianças brincando" para alertar os motoristas. Essas placas não existem mais. As crianças brincam nos quintais ou, com mais frequência, dentro de casa em frente ao celular. Quando se trata dos filhos, não confiamos nos nossos vizinhos e definitivamente não confiamos nas creches. É por isso que os blogs sobre criação de filhos estão cheios de posts como "Você pode confiar na sua babá?" e "Dez coisas que sua creche não quer que você saiba". Devemos instalar câmeras para monitorar a situação. Fazemos isso até com creches para cães!

Os efeitos nas escolas são igualmente perturbadores. Os professores não têm permissão de ficar numa sala a sós com um aluno. Recebemos ordens de nunca abraçar os alunos. Quase tive problemas na Palo Alto High School por dar uma carona — até se provar que o aluno em questão era meu neto que tinha ido assistir a minha aula naquele dia. Não confiamos que os professores cumpram seu trabalho. É por isso que os enchemos de exames estaduais. Ninguém parece ter confiança que os professores estão ensinando o que devem ensinar, de modo que, quando um aluno vai mal na prova, acredita-se que a culpa seja do professor, e não do currículo ultrapassado ou da falta de recursos. Os pais não confiam em ninguém na escola — administradores, professores, nem mesmo em outros alunos e seus pais. Quase 50% dos professores abandonam a profissão depois de cinco anos. Eles citam a falta de confiança e de respeito como um dos principais motivos para abandonar a profissão. Em muitos estados, temos uma grande escassez de professores, o que parece estar se agravando.

Ora, também estou exposta ao ciclo de notícias 24 horas por dia, como todo mundo. O tempo todo ouço histórias que me assustam e entendo que os pais tenham medo. Ter medo é normal, ainda mais em um mundo com tanta desconfiança, tanta incerteza. Dia desses, inclusive, encontrei uma ex-aluna com seu bebê de dois meses e, enquanto conversávamos, ela comentou do seu receio de ter um filho neste mundo sem segurança. Isso foi em Palo Alto, por favor. Estamos exagerando a partir do que lemos na internet. Estamos lendo muitas coisas assustadoras, assistindo a muitos noticiários assustadores. Como já morei na França e na Suíça, e por ter viajado por todo o mundo para dar palestras, tenho a impressão de que os norte-americanos são mais medrosos do que a maioria das pessoas. Por isso, é importante que olhemos de verdade para as estatísticas e questionemos nossas ideias de quão perigosa de fato é a nossa vida. No livro surpreendente de Steven Pinker, O novo Iluminismo: Em defesa da razão, da ciência e do humanismo, ele aborda diretamente essas suposições. Sobre nossos medos de que o mundo esteja ficando menos seguro, menos previsível, menos acolhedor, ele afirma:

> Ao contrário da impressão que os jornais podem dar — de que estamos vivendo em um tempo de epidemia e guerra e crime —, as estatísticas mostram que a humanidade está ficando melhor, que estamos vivendo mais, que estamos combatendo menos guerras, e que menos pessoas estão sendo mortas nessas guerras. Nossa taxa de homicídio é baixa. A violência contra mulheres é baixa. Mais crianças estão frequentando a escola, incluindo meninas. A maior parte do

mundo é alfabetizada. Temos mais tempo de lazer do que nossos ancestrais. As doenças estão sendo dizimadas. As fomes estão ficando mais raras, então quase tudo que poderia medir o que se poderia chamar de bem-estar humano melhorou não apenas ao longo dos últimos dois séculos, mas também ao longo das últimas décadas.[1]

Nossas instituições também refletem isso. Dados do FBI e do Bureau of Justice Statistics mostram que os crimes violentos e contra propriedades caíram desde 1990, embora a maioria dos norte-americanos — seis em cada dez — acreditem que a taxa de criminalidade esteja crescendo a cada ano. O Office of Juvenile Justice and Delinquency Prevention declara que, entre 1999 e 2013, tanto a taxa de crianças desaparecidas como o número de denúncias de desaparecimentos de crianças para a polícia diminuíram. Os relatórios de pessoas desaparecidas e não identificadas do National Crime Information Center mostram que o número de crianças desaparecidas com menos de dezoito anos caiu de 33 706 em 2016 para 32 121 em 2017. Além disso, o National Center for Missing and Exploited Children confirma que os casos de rapto parental e fugitivos são muito mais comuns do que os de sequestros por estranhos, o tipo mais temido.

O que Steven Pinker argumenta ao longo de centenas de páginas, e o que todos os dados mostram, é que existe uma tendência clara de redução da violência ao longo do tempo. Sim, sei que estamos saturados por tiroteios em escolas e julgamentos de pedófilos e uma miríade de outras notícias que podem aterrorizar você como pai ou mãe. Na imprensa, as más notícias vendem melhor do que as boas, e cada tiroteio pode se tornar uma matéria enorme na câmara de eco das redes sociais. Pode ser muito difícil aceitar que o mundo está mais seguro do que nunca quando ouvimos uma história assustadora após a outra. Mas é verdade. Todos precisamos respirar fundo. Aqui vão algumas frases simples que você deve ler e repetir consigo mesmo:

A maioria das pessoas é confiável.

A última coisa que você quer ensinar para o seu filho é que não se pode confiar nas pessoas em geral ou superprotegê-lo a ponto de que ele não tenha a independência necessária para sobreviver por conta própria. E o que queremos não é que os nossos filhos tenham uma mente aberta para o mundo em vez de se fecharem para as possibilidades da vida?

Precisamos começar em algum lugar. Temos de combater todos esses medos e restabelecer a confiança em nós mesmos e no mundo ao nosso redor. A solução começa em casa, o que significa que começa com você.

CONFIE EM SI MESMO

Uma cultura de confiança em sua família pavimenta o caminho para todos os valores subsequentes que vamos explorar. Como já afirmei, talvez nem todos consigamos confiar no condicionamento dos nossos pais — ou seja, podemos não querer repetir tudo da forma como fomos criados. Mas, se você e seu parceiro fizerem o trabalho de examinar seu passado e honrarem os valores humanos fundamentais representados pela CRIAR, pode confiar em seus instintos sobre a criação dos filhos.

Não só pode como deve. Por quê? Porque você é a única pessoa que realmente sabe o que funciona melhor para a sua família. Você pode descobrir, como eu, que a filosofia de criação dos filhos em sua cultura não é uma boa opção. Tampouco é o que o seu pediatra lhe fala para fazer, ou o que todos em sua vizinhança estão fazendo. Você é o principal especialista em sua família, o que significa que sabe melhor do que todos os outros especialistas em educação, incluindo eu. Estou escrevendo um livro sobre educação, mas não conheço você nem seus filhos. Apenas você pode determinar a melhor maneira de aplicar os princípios que descobri. Minha intenção aqui é oferecer as diretrizes — não recomendações prescritivas — e permitir que você confie no seu próprio conhecimento, porque, se não confiar em si mesmo, não vai conseguir inspirar confiança em seus filhos.

Contudo, sei como isso é difícil. Do ponto de vista social, pode ser desafiador não seguir as regras e fazer o que todos ao seu redor estão fazendo, ainda mais quando seus filhos não se enquadram nessas regras. Ainda mais quando surgem problemas. Temos medo de que nossos filhos fracassem, e os fracassos deles serão culpa nossa. Somos dominados pelo receio de não saber o que estamos fazendo, mas temos certeza de que, o que quer que escolhamos, vamos estragar tudo.

A cultura nos treinou a pensar que precisamos consultar um especialista para cada problema ou dificuldade. Quando o assunto são crianças, há especialistas em transtorno do déficit de atenção com hiperatividade, em autismo, psicólogos, psiquiatras e diversos tipos de médicos. Algumas famílias têm tutores para cada criança, cada série, cada assunto em particular. Todos esses conhecimentos específicos e especializados comprometem nossa capacidade de pensar por conta própria como pais e tomar as melhores decisões para os nossos filhos. De alguma forma somos convencidos de que todas essas outras pessoas sabem mais do que nós.

Mas não é verdade.

Você precisa confiar que sabe o que é melhor para o seu filho e para a sua família.

COLOQUE EM PRÁTICA

Meu neto Ethan ainda não falava aos dois anos e meio. Ele andava e dormia a noite toda e sabia suas comidas prediletas, mas não queria falar. Pode ser estressante para os pais quando um filho fica para trás na curva de desenvolvimento natural, e é importante investigar e questionar. No entanto, é normal que algumas crianças desenvolvam habilidades mais tarde do que outras. Alguns de nós adultos também. Na maioria dos casos, isso não diz nada sobre a nossa inteligência ou sobre as nossas capacidades — apenas acontece dessa forma. Foi o que minha filha Janet pensou — pelo menos no começo. Mas, com o passar do tempo, nos questionamos quando Ethan começaria a falar e ficamos um pouco preocupadas. Por isso, Janet o levou ao pediatra, que recomendou um especialista, dizendo que não era nada com que se preocupar, muitas crianças precisavam de terapia fonoaudiológica. E foi o que fizemos. Ethan cooperou, de certa forma, mas ainda não falava mesmo depois de várias sessões.

Seus pais decidiram cuidar da questão por conta própria. Liam livros para ele toda noite, todo fim de semana, depois de toda soneca. Compraram um gravador, fones de ouvido e alguns audiolivros infantis (e até gravaram algumas histórias com a própria voz). Ethan simplesmente adorou essas histórias. Ele se sentava na sala de estar com os fones, só escutando no começo. Adorava andar de carro e fazer caminhadas — sempre usando os fones de ouvido. Nós nos tranquilizamos com a certeza de que não existe cronograma para o desenvolvimento exceto em livros sobre educação — e esses livros as crianças não leem.

Descobri que Albert Einstein só começou a falar aos três anos de idade.

Ethan estava em boa companhia.

Levou mais três meses até Ethan finalmente começar a falar e, quando começou, em vez de falar palavras únicas, falava frases inteiras. Ele sempre foi obcecado por elevadores, e uma das primeiras coisas que disse foi: "Quero andar de elevador". Ele continuou ouvindo suas histórias gravadas por anos depois disso, e ainda hoje adora audiolivros. Agora, é um leitor voraz, representante de turma e participa da equipe de debate.

Às vezes, você questiona suas capacidades porque seu filho não está se desenvolvendo como você gostaria. Uma coisa que não fiz foi ensinar boas maneiras à mesa quando minhas filhas eram pequenas. Eu ficava adiando. Quando era hora de ensinar boas maneiras? Não fazia ideia. Bom, acabei descobrindo que elas aprendem boas (ou más) maneiras desde o começo. Não existe comportamento "infantil", e se você permite que elas se comportem mal no começo, vão pensar que é assim que se comporta à mesa. Mudar um mau hábito é mais difícil do que criar bons hábitos logo de cara. Queria ter descoberto a importância de ensinar boas maneiras desde o começo — levei um bom tempo para corrigir esse erro.

Nossos jantares nos anos 1970 eram um verdadeiro caos cheio de choradeiras — o bastante para me deixar maluca! Restaurantes eram o pior, ainda mais quando morávamos na Suíça e na França. Eu olhava para as outras mesas com crianças perfeitamente comportadas e pensava: "O que foi que eu fiz?". Os suíços e franceses não aceitam desaforo dos filhos. Aquelas crianças ficavam sentadas pacientemente entre um e outro prato. Seus pais definitivamente não pareciam sofrer como eu. Alguns anos depois, em um restaurante italiano em Mountain View, minhas filhas começaram a atirar ervilhas uma na outra. Uma ervilha acertou a testa de Stan e cometi o erro de dar risada — porque foi muito engraçado —, e fomos logo expulsos de lá. Evitamos esse restaurante por anos. Minhas filhas acabaram aprendendo boas maneiras com o passar do tempo, e passei a entender que o comportamento delas não era motivo para não confiar em mim mesma como mãe. Era um sinal de que ainda havia lições a serem aprendidas.

Aqui vai outro desafio: quantos de nós cresceram em um ambiente cheio de confiança? Não muitos. Eu com certeza não. Como disse, meu pai estava no controle absoluto da família, e eu e a minha mãe vivíamos com medo de irritá-lo. Muitos de nós têm dificuldade de desenvolver confiança, e podem ser mais suscetíveis à raiva, à frustração e à depressão. Às vezes parece impossível confiar em nós mesmos, que dirá em nossos filhos.

Se isso lhe soa familiar, sugiro que anote todas as coisas negativas que seus pais diziam, todas as coisas ruins que aconteceram com você, todas as quebras de confiança que sofreu. Em seguida, analise cada uma delas. Não vai ser fácil, mas vai ajudar. Pergunte a si mesmo: o que seus pais diziam era de fato verdade ou era um comentário provocado por uma raiva que não tinha nada a ver com você? Você era culpado pelos erros da sua infância ou apenas fazia parte de um sistema familiar disfuncional, sem ter culpa nenhuma? Por que essas quebras de confiança aconteceram? Foi porque seus pais foram criados em um ambiente sem confiança?

Como adultos, temos a capacidade de olhar para trás e ver como as falas dos nossos pais eram falhas e entender que sofremos pelas deficiências emocionais dos outros. O simples ato de fazer esse trabalho de desenterrar memórias dolorosas nos ajuda a enxergar o passado com mais clareza e a ter mais confiança em nós mesmos como pais.

Escrever uma lista de coisas que você faz bem ajuda. Parece simples, mas anotar pode aumentar sua confiança depressa. Todos fazem algo muito bem — todos, sem exceção. Uso esse exercício com os meus alunos no começo do semestre. Eles se entrevistam entre si e são incumbidos de descobrir algo especial sobre o outro, algo em que ele se destaca. Pode parecer simples, mas é muito difícil na realidade. No começo, ficam tímidos — tanto os entrevistados como os entrevistadores. Alguns estão convencidos de que não fazem nada bem, o que é um reflexo bastante trágico das experiências que tiveram na escola e em casa. Mas, se os entrevistadores persistirem e forem criativos em suas perguntas, podem descobrir todo tipo de talento especial: malabarismo, levar o cachorro para passear, ser uma boa irmã, saber ouvir.

Essas conversas desenvolvem a confiança na sala de aula e ajudam os alunos a se sentirem bem em relação a si próprios e à sua capacidade de sucesso. Pode ser muito útil para pais e mães encontrarem pessoas que confiem em suas capacidades, assim como meus alunos confiam uns nos outros. Quem apoia você e entende que está fazendo o melhor para sua família? Cerque-se de pessoas que vão aumentar sua confiança, mesmo quando as coisas derem errado, o que inevitavelmente vai acontecer.

Não importa quais desafios vamos enfrentar como pais, podemos enxergar as evidências diante dos nossos olhos.

Olhe para os seus filhos. Observe-os. Converse com eles. Eles estão felizes? Estão progredindo? Somos sujeitos a tantas influências — sobretudo às opiniões dos outros — que esquecemos de apenas olhar para a nossa família e ver o que está ou não dando certo. Se algo não estiver funcionando, você pode mudar. Avalie a situação honestamente, sem se culpar ou ficar inseguro. Todos os pais e mães passam por dificuldades. Mas as dificuldades não significam que devemos perder a confiança, e sim que precisamos acreditar ainda mais em nós mesmos.

DESENVOLVA CONFIANÇA NO SEU FILHO

Você precisa só de uma pessoa, apenas uma pessoa que confie e acredite em você, e assim vai sentir que é capaz de tudo. Infelizmente, muitas crianças não têm sequer uma pessoa. Michael Wang, meu ex-aluno, era uma dessas crianças. Ele foi editor-chefe do *Campanile*, jornal da Palo Alto High School, em 2013, e suas dificuldades representam as de tantos dos meus alunos lá na escola, e alunos de todo o país e do mundo. Para Michael, as pressões e expectativas começaram cedo.

"Tive pais muito rígidos", Michael diz. "Eles me diziam que, se eu não fosse bem na escola, viraria um sem-teto."

Seus professores do ensino fundamental também não o estimulavam muito. Michael agora sabe que passava a impressão de estar sempre triste e cansado, mas era extremamente difícil para ele acordar às sete horas, e ele vivia achando que seu cérebro não funcionava. Ficava olhando para o papel, sabendo que não conseguiria ler, não conseguiria discernir o significado, e se resignava ao fracasso. O fato de as pessoas interpretarem mal seu comportamento e suas motivações era algo comum em sua vida.

"Eu era repreendido", ele diz, "pelos colegas e professores me falando que, se seguisse as regras e prestasse atenção, era óbvio que me sairia melhor. Era quase parte de mim ser essa pessoa que era pisoteada, tudo que eu fazia se transformava numa espécie de deficiência moral."

Quando entrou na minha turma, Michael se descreveu como "totalmente incendiado como um monte de cinzas". O jornal da escola era a única coisa em que ele encontrava algum sentido, e ainda assim mal conseguia ter força de vontade para ir. Mas ele ia. Era um menino muito inteligente, mas desconectado: chegava à aula e não fazia ideia do que queria fazer, do que queria escrever. Tinha mais de um metro e oitenta, era alto, e você se destaca quando é tão alto e completamente inseguro.

Já vi muitos alunos assim. Eles são receosos, mas também rebeldes. Não cooperam. São difíceis, até agressivos, e isso porque se sentem mal em relação a si mesmos. Eles têm uma autoestima tão baixa que reagem com agressividade, mas isso é para tentar provar a si mesmos que são melhores do que os outros pensam.

Durante uma das nossas noites de produção do jornal da escola, Michael estava com dificuldade em sua tarefa de teoria musical. "Eu estava exausto, tentando entender o dever", ele diz, "e estava fazendo de qualquer jeito. Alguns colegas metidos à besta se acharam no direito de dar conselhos que eu obviamente nunca tinha escutado antes: segura a onda, estuda mais."

Outros alunos zombaram dele por suas dificuldades, e ele pensou consigo mesmo, como pensava com frequência: "É isso mesmo, não dou conta".

Vi o que estava acontecendo, fui até aqueles alunos e disse: "Ele está demorando mais porque é inteligente". Michael era um escritor talentoso — só precisava de mais tempo para se concentrar em seu trabalho. E eu sabia que no fundo ele queria fazer do jeito certo, sem pressa.

Essa foi a primeira vez que um adulto dizia que suas capacidades e sua inteligência estavam sendo vistas e respeitadas. "Ouvir uma confirmação externa de que alguém confiava em mim", Michael diz, "mesmo na presença de outros alunos que não confiavam, foi incrível. Aquilo me ajudou a não desmoronar."

Esse dia foi um ponto de virada para Michael. Na verdade, ele era inteligente, só tinha um problema de comportamento. Pela primeira vez, começou a confiar em si mesmo e recorreu a essa confiança recém-encontrada em todos os seus anos de graduação sempre que encontrava obstáculos ou que alguém dizia a ele que nunca teria sucesso. Por acaso, ele havia encontrado uma pessoa que acreditava nele, e isso fez toda a diferença.

Os pais e professores precisam saber que uma palavra, sentença ou frase é capaz de dar força a uma criança, salvar a sua vida — ou destruir a sua confiança. Esquecemos como somos importantes na vida dos nossos filhos, do controle que temos na formação da sua confiança e sua autoimagem. E tudo começa com a confiança, acreditar que seu filho é capaz, apesar dos percalços e das surpresas e de todas as complicações que podem surgir durante o seu crescimento.

Confiar é dar forças na sala de aula e no mundo como um todo — e esse é um processo que começa antes do que você imagina. A teoria do apego, já mencionada, estuda se os pais são cuidadores confiáveis. Bebês com apego seguro — isto é, bebês que sentem que podem confiar e depender dos pais — evitam muitos dos problemas comportamentais, sociais e psicológicos que podem surgir mais adiante na vida. A sensação fundamental de segurança do seu filho no mundo tem por base que você seja um cuidador confiável.

É por isso que as crianças são tão sintonizadas com os seus ambientes. Elas são programadas para entender em quem podem confiar, identificar a pessoa que vai responder a elas e atender às suas necessidades. Estudos mostram que crianças de quatro anos conseguem identificar corretamente adultos confiáveis e buscar sua ajuda mais à frente. Vejo isso com a minha neta de três anos, Ava, o tempo todo. Quando entro pela porta, ela sorri, mas às vezes foge e se esconde. Ela me conhece, mas está sempre me avaliando para ver se pode ou não confiar em mim.

Lembre-se, a confiança é mútua. O grau em que seus filhos podem confiar em você será refletido na sua própria capacidade de confiança. Quando as crianças não sentem confiança e segurança, elas enfrentam todo tipo de dificuldades. Estudos mostram que as crianças consideradas menos confiáveis por seus professores exibem níveis mais altos de agressão e mais baixos de "comportamento pró-social" como colaboração e compartilhamento. A desconfiança em crianças também foi associada à retração social e à solidão.

Se não nos sentirmos dignos de confiança na infância, isso não é superado. Crescemos achando que não somos confiáveis, e aceitamos isso como um traço da nossa personalidade. Nossas relações ficam de pernas para o ar. Nós nos tornamos o que pensamos ser e sofremos por conta disso.

Então, como vamos desenvolver confiança nos nossos filhos? Achamos que confiar é dar as chaves do carro para o adolescente ou deixar o filho de doze anos sozinho em casa pela primeira vez. Mas subestimamos o poder das crianças

— sobretudo dos bebês. A confiança precisa começar quando elas nascem. Normalmente nem pensamos em confiar em bebês, mas deveríamos. Eles são mais inteligentes e muito mais perceptivos do que imaginamos. Seu filho observa você desde o primeiro dia.

Confie em mim. Seu bebê está atento a todos os seus movimentos. Está aprendendo a conseguir o que precisa de você. Ele sabe exatamente o que faz. Toda vez que você se atrapalha com a fralda, ele vê. Ele sabe como fazer você sorrir. Sabe como fazer você chorar. Pode ser dependente de você para tudo, mas é muito mais inteligente do que você imagina. Você precisa responder às suas necessidades, especialmente no começo, mas essa também é uma época fantástica para ensinar ao seu filho algumas das lições mais importantes da vida.

Vamos, então, falar sobre sono.

E confiança.

E de que maneira, como pais, podemos usar a confiança para resolver aqueles problemas de sono constantes.

Dormir era muito importante para as minhas filhas quando elas eram bebês, e era importante para mim e para o meu marido — sabíamos que não sobreviveríamos a anos sem dormir. Não somos vampiros! É algo importante para todos os pais e se tornou um problema internacional. Existem livros inteiros dedicados a pôr o filho para dormir. Eu via o sono como uma questão essencialmente de confiança, e como uma habilidade possível de ser ensinada. Desde o primeiro dia, crianças aprendem sobre o mundo, seus ritmos circadianos estão se adaptando e, embora minhas filhas parecessem ter relógios biológicos ajustados para outro continente, elas precisavam aprender sua habilidade mais importante como bebês: dormir. Nunca passou pela minha cabeça que elas teriam dificuldades para dormir depois das primeiras seis semanas. Por que não conseguiriam? É uma das três coisas que elas conseguiam fazer desde que nasceram: comer, fazer cocô e dormir. Elas crescem enquanto dormem; seus cérebros se desenvolvem enquanto dormem. O sono é um estado natural para os bebês e para as crianças pequenas. Eu imaginava que elas tinham esse conhecimento inato e, se precisassem de algum conforto, eu estaria lá para ajudar.

Não tínhamos muito dinheiro quando as meninas eram pequenas. Susan tinha um berço e uma caminha que criei a partir de um cesto de roupas de vime com um colchãozinho bonito (Susan usa o mesmo cesto até hoje, ainda que não para dormir). A intenção era mantê-las seguras e próximas. Elas dormiam em seus próprios berços e seus próprios quartos desde o começo (exceto quando estávamos em nosso apartamento em Genebra, onde não havia quartos suficientes — depois Anne dormia perto de nós, numa caixinha com cobertores). Tivemos a sorte de não precisar lidar com cólicas ou doenças, o que obriga os pais a ficarem mais alertas para manter a segurança do filho. Ainda assim, acho que o que fiz vai funcionar na maioria dos casos. Eu apenas as colocava de barriga para baixo, acariciava suas costas, sentava com elas por alguns minutos e deixava que dormissem por conta própria. Se ficassem agitadas e começassem a resmungar ou a chorar, confirmava que não estavam com fome nem precisavam ser trocadas, e então as tranquilizava com um tapinha ou massagem nas costas e elas voltavam a dormir. Claro, agora sabemos que a posição mais segura para os bebês dormirem é de costas; nesse caso, os pais podem acariciar a barriguinha do bebê. Os bebês têm ciclos de sono curtos e tendem a acordar e a chorar ou a choramingar, mas em geral conseguem voltar a dormir sozinhos. Eu sempre estava lá para tranquilizá-las, mas nem sempre era necessário pegá-las no colo. Eu confiava que elas pegariam no sono por conta própria, e era o que acontecia. Quando tinham três meses de idade, elas já dormiam durante a maior parte da noite. A partir de um ano, dormiam doze horas, das sete da noite às sete da manhã. Seus hábitos de sono eram um presente enorme para mim e para Stan. Todos os pais precisam de um tempo para ficar juntos.

Por instinto, eu sabia confiar nas minhas filhas, mas percebo que é difícil para os pais projetar uma sensação forte de confiança que dê independência para os seus filhos. O que eles costumam projetar é medo. Eles pensam que o filho vai ter medo de dormir sozinho, que ele precisa dos pais, que não consegue fazer isso sozinho. Por que você acha que as crianças passam a ter medo de dormir? Exatamente por causa desse tipo de raciocínio dos pais.

Não estou aqui para culpar ninguém. Só quero explicar como as nossas ideias afetam os nossos filhos. Muitos pais agem a partir das próprias dúvidas e inseguranças: será que o filho não precisa deles? E, se não precisar, que tipo de pais eles seriam? Você vai ouvir esta mensagem em alto e bom som ao longo deste livro: você quer que seu filho *queira* estar com você, não que *precise* estar com você. O primeiro lugar em que surge essa tensão é o sono. Seus filhos podem e vão dormir por conta própria se você acreditar que eles podem, e se lhes ensinar como. As camas deles podem ser um santuário em vez de um lugar assustador. As crianças aprendem a se tranquilizar — quando têm a chance — chupando o dedo ou usando uma chupeta ou brincando com brinquedinhos. Minhas filhas sempre tiveram bichinhos de pelúcia na cama. Às vezes eu acordava e encontrava Susan conversando com o seu ursinho. Janet costumava cantar na cama.

Todas se sentiam à vontade lá. Tínhamos criado uma relação de confiança, e elas aprenderam que conseguiam se entreter e atender às próprias necessidades — o que significava que eu e Stan podíamos dormir! Todos saíam ganhando.

Conforme as crianças crescem, elas podem ter mais e mais oportunidades de desenvolver sua autoconfiança. Lembre-se: as escolhas que você faz com o seu filho vão ditar a cultura da família. Você sempre deve se perguntar se está desenvolvendo confiança ativamente ou se está ignorando seu filho. No caso de crianças pequenas, toda conquista mínima desenvolve a confiança delas. Elas amarram o próprio sapato e dá certo! Vestem-se por conta própria e dá certo! Vão a pé à escola e também dá certo! Elas conseguem enxergar os resultados tangíveis dos seus esforços. Você não pode confiar que uma criança pequena faça escolhas inteligentes, mas pode ajudá-la a considerar as opções e a escolher a melhor. Se eu der um pirulito ao meu neto de nove anos e falar para ele não chupar, sei que ele vai chupar mesmo assim. Mas, se explicar por que ele não deveria chupar, que o açúcar não é saudável — que pode dar cáries — e que comer antes do jantar vai estragar seu apetite, ele pode aprender a fazer escolhas melhores. Certo, é possível que ainda assim ele acabe chupando o pirulito, mas, se trabalharmos nesse tipo de decisão ao longo do tempo, ele passará a desenvolver as habilidades para levar uma vida saudável. E então eu poderia confiar que ele se cuidaria.

Cada idade traz seus próprios exemplos de confiança. A alimentação é outra oportunidade. Sempre que possível, eu dava às minhas filhas comidas que elas pudessem comer com as mãos, assim que estavam prontas para a comida sólida. Isso lhes permitia se alimentarem sozinhas. Ainda me lembro de como elas faziam a "limpeza" quando tinham acabado de comer, o que significava jogar a comida que não queriam no chão. Certo, o chão ficava imundo, mas elas eram capazes de se alimentar sozinhas e saber quando estavam satisfeitas. Um pouco mais adiante, quando tinham por volta de cinco anos, eu podia perguntar se estavam com fome e acreditava no que respondiam. Mesmo assim, levava todo tipo de lanchinho para caso julgassem mal sua fome. Eu era conhecida por carregar potinhos de iogurte sempre que saíamos de casa. Quando elas tinham fome, até potinhos de iogurte morno eram bem-vindos. E, se estivéssemos em uma viagem longa de carro e elas não quisessem comer, eu explicava que demoraria algumas horas para pararmos em outro restaurante e, então, deixava que decidissem o que fazer. Eu confiava a elas as próprias decisões alimentares.

No caso dos adolescentes, os pais podem desenvolver a confiança em uma série de passos. Por exemplo, aqui vai como desenvolver a confiança com compras, uma das minhas atividades educacionais preferidas: 1) os pais fazem tudo (escolhem e compram os itens necessários); 2) confie no seu filho para ir com você à loja e tomar a maior parte das decisões de compra (dar aos filhos um orçamento específico é uma forma maravilhosa de ensinar a responsabilidade financeira); 3) agora o seu filho é capaz de escolher os produtos sozinho, e você pode encontrá-lo depois no caixa — a tempo — e fazer as compras finais em conjunto; 4) depois de ter desenvolvido uma base de confiança e ensinado o seu filho a ser responsável com dinheiro, dê seu cartão de crédito e deixe que ele faça a compra por conta própria. Claro, lembre-se de verificar as cobranças e ensinar seus filhos a verificar a fatura do cartão de crédito no fim do mês também.

Você também pode avaliar a confiabilidade do seu filho adolescente testando se ele é fiel à sua palavra. Ele disse que estaria em casa às oito horas da noite. Ele obedeceu? Se demorou, telefonou para avisar? Se ele se mostrar confiável, continue aumentando as liberdades e responsabilidades dele. Se, no entanto, ele precisar aprender a chegar em casa na hora, tenha uma conversa sobre o que houve de errado e busquem encontrar uma solução juntos para a próxima vez. Alguns adolescentes apenas têm dificuldade de ser pontuais. Não desista. Dê mais oportunidades para eles aprenderem. O controle do tempo é uma habilidade que muitos adultos não têm. É por isso que existem tantos livros de autoajuda sobre gestão do tempo. É uma das habilidades mais importantes para vencer na vida.

Se as crianças não ganharem o poder da confiança, se não se sentirem confiáveis, vão ter muita dificuldade para se tornar independentes. O maior problema é que elas não aprendem a confiar em si mesmas e a se respeitar. Quando somos medrosos e ficamos rondando nossos filhos, eles também ficam com medo. No entanto, os filhos precisam assumir riscos. As crianças copiam de fato o modelo que damos a elas. Tenho medo de altura, mas quis garantir que as minhas filhas não tivessem, portanto tomei cuidado para não demonstrar meu medo perto delas. Deixava que subissem em todos os brinquedos do parquinho — mas ficava longe. Minhas filhas, porém, eram completamente destemidas.

Aqui vai outro mantra simples para você: as crianças precisam correr riscos. Talvez você precise repetir isso para si mesmo em várias ocasiões. Muitos pais têm o instinto de resistir a essa ideia.

CONFIANÇA EM AÇÃO

Você vai se surpreender com as possibilidades. Durante dezesseis anos, levei grupos de 52 alunos em excursões para Nova York. A intenção era visitar editores das principais publicações nacionais e aprender sobre jornalismo no mundo real. Encontramos funcionários do *New York Times*, do *Wall Street Journal*, da *Vanity Fair* e da *Sports Illustrated*, além de David Remnick, editor da *New Yorker*, e outros jornalistas importantes como Anderson Cooper. Cada ano era diferente, e todo ano era incrível. As crianças adoravam, eu adorava, e isso se tornou lendário em Palo Alto. Todos queriam participar da excursão para Nova York. Uma das minhas motivações era oferecer um pouco de liberdade para os alunos, deixar que descobrissem a cidade, uma das mais incríveis dos Estados Unidos, e convencê-los de que eles eram capazes de muito mais do que pensavam. Essa era a lição mais valiosa que poderia ensinar a eles antes de terminarem o ensino médio e irem para a faculdade — acreditar que eram capazes de se orientar em uma cidade grande. Também queria que se divertissem, e acho que ninguém nessas viagens nunca reclamou de não se divertir o bastante.

De manhã, visitávamos as redações e conversávamos com os editores, e os alunos se orientavam comigo no metrô — isso quando eu mesma não me perdia. Metade do tempo, eu não sabia aonde estava indo, e os alunos se sentiam mais capazes ao me guiarem. Eles eram muito melhores em ler os mapas (nos anos 1990) e usando seus celulares (a partir de 2000) do que eu. Também me viam me perder e me localizar. Perder-se não é um problema, desde que você não se estresse. Eu nunca me estressava, nem no dia em que peguei o trem com metade dos meus alunos e vi a outra metade do grupo passar voando na direção oposta. Houve alguns minutos de frustração, mas eles usaram seus celulares e chegaram ao destino, apesar do desvio inesperado. Em todos esses anos, nunca perdi um aluno. Cheguei a perder, porém, uma supervisora, que quase perdeu o voo de volta para San Francisco, mas nenhum aluno.

À tarde, eles ficavam livres para explorar a cidade em grupos de quatro alunos. Achava que tinha lhes ensinado como se orientar e que se virariam bem sozinhos. Eu estava certa. Também dei aos meus alunos um certo controle no planejamento das excursões. Eles podiam decidir o que faríamos à noite. Infelizmente, a maioria das escolas hoje não permite nenhuma excursão que inclua nem sequer um passeio sem supervisão — os adolescentes podem precisar aprender a se orientar em uma cidade grande, mas não vão aprender isso pela escola.

QUEBRA DE CONFIANÇA

Não importa o que você faça, seu filho vai acabar quebrando sua confiança em algum momento. Faz parte da vida e do processo de aprendizagem. Um aluno me falou que iria ajudar um amigo que "teve um dia ruim". No começo, pensei: "Que gentil da parte dele". Depois descobri que ele estava no Town & Country Village, o shopping do outro lado da cidade, e tinha passado a tarde não ajudando um amigo, nem participando da minha aula, mas comendo cookies!

Bom, precisei confrontá-lo. Quando ele voltou no dia seguinte, falei que sabia que ele tinha ido ao Town & Country. Também falei que a primeira coisa que ele precisava fazer era me comprar um cookie! Uso o bom humor para muitas situações como essa, sempre que a infração não é terrivelmente grave. Era importante chamar a atenção dele, e era importante lhe dar uma tarefa ainda que leve. As crianças devem dar um passo ativo para reparar a confiança quebrada. Ajuda que elas entendam o impacto do que fizeram. Mas não sou maldosa em relação a isso. Ter senso de humor me impede de romper a relação. Sim, fico chateada e, sim, há uma punição — confiar não significa deixar de responsabilizar a criança —, mas a punição não é revogar a confiança. É impor a confiança *ainda mais*.

Sempre digo que a falta de confiança e respeito é a causa do problema, e esses valores também são a solução. Use a confiança para ganhar confiança. Em vez de ficar com raiva e romper uma relação quando a confiança é violada, conserte o erro. Veja todos os casamentos que poderiam ser salvos se os casais dialogassem. Os alunos querem minha confiança — mesmo quando fazem besteira. Minhas ações mostraram a esse aluno em particular que ele era importante para mim, embora eu estivesse desapontada com seu comportamento. Dei a ele a chance de corrigir as coisas para que eu pudesse continuar acreditando nele. E algo incrível aconteceu: ele nunca mais fez besteira.

Isso vale também para infrações mais graves. Certa vez, descobri que alguns dos meus alunos armazenavam cervejas na sala escura de fotografia e bebiam dentro da área da escola. Eles passavam horas lá — pensei que estavam revelando fotos. Mas, um dia, ouvi uma conversa sem querer e descobri o que de fato estava acontecendo. Depois de observar a situação por alguns dias, eu os chamei até a minha sala. Foi uma conversa bastante tensa. Percebi que eles estavam assustados.

Não gritei com eles, mas deixei bem claro que estava decepcionada, que eles haviam violado minha confiança e colocado todo o jornal em risco. Infelizmente, se há uma violação grave, como consumo de álcool ou drogas na escola, bullying ou qualquer tipo de assédio sexual, a questão escapa do meu controle. Sou obrigada a relatar à administração. Isso vale para a maioria das escolas dos Estados Unidos. Por isso, denunciei os alunos, e eles foram suspensos por uma semana (a suspensão também foi anotada em suas fichas). Não publiquei nenhuma matéria deles na edição daquela semana do jornal.

Felizmente, nenhum deles voltou a fazer isso. Eles estavam tristes e arrependidos pelo que tinham feito. E entenderam por que precisei denunciá-los, afinal, havíamos conversado sobre isso e eu tinha explicado o meu lado da situação. Como em muitas coisas quando o assunto são adolescentes, tudo não passou de falta de discernimento da parte deles. Eu os perdoei, eles aprenderam a lição e todos conseguimos restaurar a confiança que é tão importante na sala de aula.

Outra verdade inevitável da criação dos filhos é que, em algum momento, por mais que você se esforce, eles podem perder a confiança em você. Isso aconteceu — rapidamente — comigo e se tornou uma das nossas histórias familiares mais famosas. O problema era que tínhamos três filhas adolescentes que queriam dirigir na mesma época. Nada fácil para uma família com poucos recursos. Susan herdou nosso Volvo de 1963 — com câmbio manual! — que havíamos comprado quando morávamos na Europa e enviado para a Califórnia. Eu pensava que os Volvos eram os carros mais seguros na estrada e perfeitos para as motoristas iniciantes da família: qualquer pessoa em um acidente com um Volvo perderia. Eles têm a constituição de um tanque — puro aço, nada de plástico. Quando demos o carro para

Susan, ele estava com uns 500 mil quilômetros rodados, mas ainda firme e forte. Quando ela fez o teste de direção nele, o avaliador pareceu apavorado! Ela passou com notas altíssimas, talvez porque ele estivesse louco para sair daquele Volvo antiquíssimo.

O caso de Susan estava resolvido, mas eu ainda precisava descobrir o que fazer com Janet e Anne. Não podíamos bancar mais dois carros, e então me deparei com uma oferta: outro Volvo confiável, um sedã de quatro portas naquele tom suave de marrom que é a cara dos anos 1970. Adoro ofertas e adoro Volvos. Então comprei e cheguei a uma solução criativa da qual dou risada até hoje. Primeiro, dei o carro para Janet, que estava no primeiro ano de Stanford. Ela queria deixar o carro na universidade, mas eu disse com sabedoria que havia problemas de estacionamento no campus e que era caro, e que ela deveria deixar o carro em casa. Ela concordou. Mas, como o carro vivia parado lá, decidi "dá-lo" também para Anne, que ainda estava no ensino médio. As duas meninas pensavam nele como "seu carro". Uma mentirinha inocente.

Sei que parece maluquice, mas funcionou por mais de um ano. Até que, um dia, elas descobriram que ambas tinham "ganhado" o mesmo carro. Como é de imaginar, elas não ficaram nada contentes com isso. Melhor dizendo, ficaram furiosas. Pedi mil desculpas e tentei me explicar. Depois de um tempo, elas escutaram. Falei que entendia que elas se sentissem traídas, e expliquei que minha motivação tinha sido dar às duas o presente que elas queriam. No fim, elas me perdoaram, em parte porque concordei em comprar outro carro usado, mas também porque escutei as duas. Ouvir faz uma diferença enorme. Além disso, pudemos rir da situação. Depois de um tempo. Ainda hoje, elas comentam sobre essa história. Pelo menos, agora reconhecem minha criatividade: nunca deixo de ser criativa. Sempre que dou um presente para Anne, ela me pergunta se é mesmo para ela ou se é o mesmo presente que dei para Janet!

Quando seus filhos forem para o mercado de trabalho, a capacidade deles de confiar em si mesmos, em suas próprias ideias e em seus colegas vai ser uma vantagem enorme. Jovens destemidos têm a melhor chance de ter sucesso — sobretudo se forem inovadores. Lembro dos primeiros dias do Google quando Larry Page e Sergey Brin passavam dia e noite na garagem de Susan, debruçados diante de dezenas de computadores. Ela havia alugado a garagem e os três quartos e dois banheiros do térreo para ajudar a pagar a hipoteca. Parecia uma ótima ideia, e Larry e Sergey estavam obviamente criando algo interessantíssimo, mas ela não imaginava que eles ficariam lá *o tempo todo*. Cabos subiam e desciam pelos corredores, o que me fazia tropeçar toda vez que eu a visitava. Havia um computador até na pia do banheiro.

Tê-los na casa era empolgante, mas também havia algumas desvantagens. Uma era que eles ficavam com fome à noite (o que não era nenhuma surpresa porque eles nunca paravam de trabalhar), e a comida mais próxima ficava na geladeira de Susan — a qual não fazia parte do aluguel. Quando você está morrendo de fome às duas da madrugada, você pega a comida "emprestada" e depois planeja substituir no dia seguinte. Mas, quando Susan descia de manhã para tomar café, sua comida tinha desaparecido. Depois de um tempo, ela comprou uma geladeira para eles. Isso resolveria o problema — desde que eles se lembrassem de mantê-la cheia. Agora, há comida disponível 24 horas por dia para os mais de 60 mil funcionários do Google, e isso pode ter sido inspirado por todas aquelas noites em claro na casa de Susan.

Larry e Sergey eram inteligentes o bastante para entender que deviam se concentrar em seu produto — o Google — e que isso era mais do que um simples trabalho em período integral. Quando começaram a contratar pessoas, eles foram incrivelmente seletivos, e depois se dispuseram a delegar e a passar enormes responsabilidades aos seus funcionários. É assim que as start-ups funcionam: os funcionários têm diversas funções porque não existem pessoas suficientes para preencher cada cargo. É estimulante, mas também exaustivo. O modelo de negócios deles girava em torno de contratar os melhores e mais inteligentes profissionais que encontravam e confiar que essas pessoas dariam conta do recado. Por sorte, contrataram excelentes pessoas, e sua confiança e fé nessas pessoas as capacitaram para criar soluções ótimas para os problemas enfrentados. Claro, esse processo era muitas vezes caótico, cheio de erros e deslizes, e exigia que eles confiassem na equipe. Estavam criando algo novo — aquele era um território inexplorado. Eles rejeitavam completamente a ideia de que o sucesso tinha a ver com perfeição e ordem e certeza, e essa visão fez toda a diferença.

Quando Larry e Sergey se mudaram para lá, Susan estava trabalhando na Intel, com relógio de ponto e um supervisor olhando por cima do seu ombro. Não exatamente um local de trabalho com confiança. Na verdade, eles não confiavam nada em seus funcionários. Tudo era monitorado. Mas, quando ela aproveitou a chance e entrou para o Google como a 16ª funcionária, recebeu depressa responsabilidades colossais, incluindo o marketing do Google e a criação de vários produtos de consumo importantes, como o Google Imagens e o Google Livros. Larry e Sergey estavam focados na ferramenta de busca e em tornar as informações do mundo pesquisáveis e úteis para todos. O objetivo deles não era ganhar dinheiro; era criar a melhor ferramenta de busca, o que não era uma tarefa simples. Susan estava acostumada a confiar em si mesma e a assumir grandes desafios, e adorava a atmosfera de liberdade e confiança, apesar de todo o caos. Essa cultura empresarial gerou algumas das políticas mais famosas do Google, incluindo a política de 20% do tempo, que se baseava na confiança e no respeito pelos interesses do funcionário. Os funcionários tinham 20% do seu tempo para trabalhar em projetos individuais que se relacionassem de alguma forma com os objetivos do Google. Eles podiam escolher qualquer coisa que os interessasse. O Gmail, por exemplo, surgiu de um projeto de 20%, assim como muitos outros programas e conceitos inovadores. Era um exemplo perfeito do papel da confiança na inovação e continua existindo até hoje. O Google é sempre votado como o lugar número um para se trabalhar. E a empresa continua a nos mostrar que o trabalho pode ser um lugar para confiar e respeitar um ao outro no processo.

Não seria bom oferecer esse mesmo tipo de confiança para os nossos filhos? É claro que queremos preparar os nossos filhos para trabalhar em um ambiente onde eles sintam confiança e sejam respeitados, e não onde sejam monitorados o tempo todo. Se fizermos isso, se os nossos filhos tiverem a confiança para prosperar na linha de frente, eles serão as pessoas que empresas como o Google vão buscar. E serão eles que realizarão o próximo grande avanço.

Em 1998, viajei meio mundo para Joanesburgo, na África do Sul, a fim de visitar minha filha Janet. Na época, a cidade era considerada uma das mais perigosas do mundo fora de zonas de guerra ativas graças ao alto índice de criminalidade. Janet havia chegado lá um ano antes e ministrava antropologia social na Universidade de Witwatersrand. Ela não parecia se incomodar com essa estatística, mas eu sim. Coisa de mãe. Que tipo de mãe gostaria que a filha morasse sozinha em um ambiente perigoso? Eu não. Para ser sincera, eu estava apavorada. Antes de Janet sair da Califórnia, tentei ser lógica. "Por que Joanesburgo? Por que agora? Não existe outro lugar aonde você possa ir, algum lugar um pouco mais seguro?" Mas eu sabia que não tinha como impedi-la. E, mesmo se tentasse lutar contra a decisão dela, sairia perdendo.

No meu segundo dia lá, ela perguntou se eu queria ficar em casa ou ir ao trabalho com ela. Sem nunca querer recusar uma aventura, concordei em acompanhá-la até a clínica em Soweto — do inglês South Western Township, bairros do sudoeste —, parte de Joanesburgo (1,8 milhão de habitantes) que foi criada durante os anos do apartheid para separar e abrigar a população africana. Janet não havia me contado muito sobre seu trabalho lá ou sobre Soweto, uma região em que tanto Nelson Mandela quanto Desmond Tutu viveram.

Atravessamos as ruas de Joanesburgo no Volkswagen vermelho de Janet, subimos a rodovia e entramos em Soweto. É uma região heterogênea, composta de bairros de classe média com casas maiores e assentamentos informais com casas feitas de placas de ferro sem água corrente ou eletricidade. Janet me explicou que a população que ela atendia eram profissionais do sexo e mulheres soropositivas. A pobreza assolava partes de Soweto, e algumas mulheres foram obrigadas, pela falta de oportunidades de emprego, a vender o corpo por dinheiro, o que havia contribuído para a epidemia de HIV. Janet tinha sido levada para estudar a epidemia e para fazer algo a respeito. Parecia um trabalho nobre, mas perigoso também. Eu não parava de pensar: "Onde Janet foi se meter?".

Janet sempre tinha sido apaixonada pela cultura africana. Em Stanford, participou de um programa de estudos no exterior no Quênia por um semestre, e depois fez mestrado em estudos africanos pela UCLA. Em seguida foi para Joanesburgo para lecionar na Universidade de Witwatersrand. Ela havia encontrado sua vocação, uma maneira de usar seus talentos e paixões específicas, e, por mais que eu temesse pela segurança dela, não queria impedi-la.

Estacionamos na frente da clínica. Hesitei por um segundo, mas Janet fez sinal para eu sair e foi direto para a porta. Ela parecia tão confiante, tão competente naquele lugar tão diferente de onde havia crescido. Ela estava em seu ambiente. Eu ainda não conseguia entender, mas queria apoiá-la, e queria saber mais.

Dentro da clínica, tinha uma grande sala de espera cheia de mulheres, algumas com roupas africanas tradicionais — saias e xales de estampas coloridas —, sentadas em cadeiras e no chão. Havia dezenas de crianças também. No centro, uma mesa grande improvisada, feita com uma porta em cima de blocos de cimento. Janet cumprimentou as mulheres em inglês e em zulu e me apresentou, a nova convidada, como sua mãe. As mulheres se levantaram de repente, começaram a falar animadas, e muitas me abraçaram. Elas foram tão gentis, tão entusiasmadas. Depois, viemos a descobrir que levar a mãe para conhecer seus amigos é a mais alta honra naquela cultura. E algo digno de celebração. Muitas das mulheres voltaram correndo para suas casas e prepararam pratos com a pouca comida que tinham. Em pouco tempo, a mesa improvisada na clínica estava cheia de alimentos sul-africanos tradicionais — ensopados de legumes, abóbora assada, feijão e arroz amarelo. A comida era uma delícia, e fiquei impressionada com o que essas mulheres tinham feito para celebrar a mim e a minha filha. A experiência foi mais intensa do que qualquer Dia das Mães que eu já havia passado. E, enquanto nos deliciávamos com aquele banquete dentro da clínica, os homens estavam lá fora, lavando o carro de Janet. De novo, para homenagear a mim, a mãe dela!

Saí de lá com um grande apreço pelo povo de Soweto e também respeito e orgulho por minha filha. Eu tinha ensinado a ela a ser destemida e a viver com um propósito, e lá estava ela, contribuindo para o mundo, transformando-o em um lugar melhor dia após dia.

Agora, não estou dizendo que o trabalho de Janet não me deixava nervosa. Deixava, e ainda deixa, mas quem sou eu para dizer a ela o que fazer? Meu nervosismo tem a ver com meu medo, não com o dela. E aprendi ao longo dos anos que não posso e não devo projetar meu medo nas minhas filhas, apesar de elas parecerem estar o tempo todo testando esse meu sentimento. Quando Susan morou na Índia depois da faculdade, ficou extremamente doente e foi obrigada a tomar Cotrimoxazol, um antibiótico fortíssimo. Ela só me contou quando voltou para casa, mas bastou ouvir isso para me dar pesadelos. As pessoas podem morrer pelo tipo de infecção gastrintestinal que ela teve. Mais tarde, Janet levou uma mordida na bunda de um cão raivoso no Quênia (em sua primeira viagem para a África)! Ela também não me contou. Nem tinha como. Estava em uma região afastada e não havia celulares na época. Só descobri depois que ela havia passado por todo o protocolo antirrábico sozinha, e fiquei impressionada com como ela sabia se virar sozinha. Do mesmo modo, minha filha Anne uma vez me falou que estava fazendo "um tour" partindo de Istambul pela Rússia no Expresso Transiberiano. Mais tarde, descobri que ela estava fazendo um tour de uma pessoa só — ou seja, fez toda a viagem sozinha. Depois de meses sem notícias, comecei a entrar em desespero. Sabia que ela estava visitando Krasnoyarsk, a cidade natal da minha mãe na Sibéria, então decidi descobrir a localização dela. Fazia anos que eu não falava russo, mas você ficaria surpreso com as coisas de que é capaz quando acha que seu filho pode estar em perigo. Liguei para todos os hotéis de Krasnoyarsk — até que a encontrei.

Quando ela atendeu, ficou em choque e disse: "Mãe! Como você me encontrou?". Respondi: "Não foi fácil, mas persisti". Ela não ficou muito contente ao ouvir minha voz, e é óbvio que estava bem. As viagens das minhas filhas foram na verdade um teste do meu treinamento para que elas fossem independentes e seguissem seus sonhos, e funcionou — por mais difícil que fosse para mim. Quando a vida delas se mostrou diferente da que eu havia imaginado, não pude impedi-las. Desisti de tentar controlá-las: não estávamos ligadas por uma linha mágica. Só me restava apoiá-las no que elas queriam fazer. Claro, eu passava boa parte do tempo nervosa. Mas acreditava nelas e todas passamos por isso.

Como pais, devemos nos controlar e confiar que ensinamos nossos filhos a tomar boas decisões. Precisamos confiar na bondade básica das pessoas e na bondade básica do mundo. E, às vezes, nossos filhos podem ser nossos maiores professores.

RESPEITO

3. Seu filho não é seu clone

DEIXE QUE ELES GUIEM

Meu primeiro neto, Jacob, não queria andar. Quando tinha dezoito meses, toda a família ficava observando com ansiedade enquanto ele escorregava de bunda pela sala, esperando ansiosa que se levantasse e desse seu primeiro passo. Era fofo, mas nos deixava preocupados. Susan, sua mãe, estava muito aflita. Eu também. Mas o médico nos garantiu que não havia nada de errado com as pernas de Jacob. Ele era um bebê saudável e normal — exceto pela parte dos primeiros passos. Ele parecia satisfeito, engatinhando pelo carpete para pegar seu caminhãozinho ou uma peça de Lego. Era como se simplesmente tivesse decidido não andar. Não conseguia entender o motivo de toda aquela confusão.

Na época, a maior paixão de Jacob era o basquete. Eu o visitava várias vezes por semana, e o que ele mais queria era que eu o erguesse para jogar a bola no cesto do parquinho ou qualquer cesto na garagem de um vizinho que ele visse do carrinho. Eu passava horas ajudando Jacob a fazer cestas. Seus pais também. Ele dava gritinhos de alegria quando a bola rodeava o aro e caía através do cesto. Para ele, era a coisa mais legal do mundo. Então, um dia, eu o levei ao Gymboree, um ginásio para crianças, onde ele podia engatinhar e brincar — e ficar rodeado por bolas de basquete.

Assim que atravessamos a porta, Jacob viu um grupo de crianças jogando basquete. Ele ficou radiante observando cada movimento enquanto elas quicavam a bola e corriam de um lado para o outro. Um garoto fez uma cesta de três pontos. Depois de uma comemoração rápida, o jogo acabou. A bola de basquete ficou caída na quadra central. Juro que Jacob se levantou e foi *correndo* até a bola. Ele não andou: ele correu! Eu o vi se agachar e segurar a bola junto ao peito, triunfante. Aquele tempo todo ele sabia andar e ficar em pé. Só não tinha encontrado um bom motivo para isso.

Quando voltamos para a casa de Susan, eu disse: "Adivinha só? Jacob sabe andar".

"Quê?", ela disse, fechando a torneira e olhando para mim como se eu estivesse maluca.

"Ele sabe andar e correr", eu disse a ela.

Bom, não foi bem uma transformação mágica. No minuto em que chegamos em casa, ele voltou a se arrastar de bunda. Levou mais alguns dias para ele perceber que andar era um jeito mais rápido de chegar à cesta de basquete. Isso também lhe permitia segurar a bola ao mesmo tempo — uma habilidade importantíssima. Mas, uma vez que entendeu a vantagem óbvia de andar, ficou completamente encantado. E o resto de nós pôde relaxar.

Vou dizer isto mais do que uma vez: os pais precisam relaxar. Seus filhos vão andar. Eles vão falar. Vão aprender a usar o banheiro. Vão fazer isso no tempo deles. Ninguém pergunta quantos anos você tinha quando começou a usar o vaso. Ou quando deixou de usar chupeta. É um assunto que nunca vem à tona. Meu neto seguia o ritmo dele, e se revelou incrivelmente inteligente.

Respeito é um assunto complicado. Primeiro, existe o respeito ao seu filho como uma pessoa autônoma. Respeitar o tempo de desenvolvimento de uma criança não tem a ver apenas com andar e falar. É preciso um pouco de paciência nesse aspecto — às vezes muita. O desenvolvimento também tem a ver com nos tornarmos as pessoas que nascemos para ser. E esse processo exige uma camada mais profunda de respeito: aceitar um filho pelo que ele é e deixar que a vida dele se desenvolva de acordo com isso. As crianças precisam ter a chance de assumir a liderança. Isso significa que *elas* guiam *você*. As crianças sabem quem elas são. A função dos pais é honrar e respeitar isso.

Vale a pena começar desde cedo. Deixar que as crianças assumam a liderança quando são pequenas é um treinamento importante para os pais. Isso nos dá as habilidades de que vamos precisar para enfrentar outras tarefas mais, digamos, *avançadas* quando elas crescerem. Descobrir quem você é pode ser um processo confuso e ineficiente. Quando as crianças estão na liderança, elas fazem todo tipo de desvios. Poucos encontram logo seus interesses. Para falar a verdade, a maioria passa por um período em que não faz ideia do que está fazendo — mas juro que uma hora ou outra eles vão descobrir.

Anne foi a filha que mais me mostrou o valor da paciência na educação dos filhos. Ela se graduou em biologia em Yale, voltou para casa em Palo Alto e decidiu se tornar uma babá profissional. Sim, isso mesmo: babá. "Sério?", questionei. "Depois de ter se esforçado tanto na faculdade? Mas e a biologia?" Não demorou muito para ela divulgar um anúncio escrito à mão no clube de natação e tênis da cidade e, pouco depois, estava trabalhando para duas famílias que ela adorava. Um mês se passou, depois dois. Eu estava tentando lhe dar tempo para ela encontrar o que de fato queria. Recém-graduados precisam de um momento para aliviar a tensão e se orientar. Não fui uma daquelas mães que obrigam a filha a fazer entrevistas de emprego durante todo o último ano da faculdade. O ensino superior era uma experiência *dela*. No entanto, percebi que essa poderia ser uma hora em que ela precisava de um empurrãozinho.

Certa manhã, eu disse: "Anne, está tendo uma feira de empregos em Santa Clara. Não acha que deveria ir?". Pensei que isso mostraria a ela outras possibilidades. Bom, ela foi, mas apenas como um favor para mim. Voltou e disse que o evento tinha sido uma chatice.

"Não conheceu ninguém interessante?", perguntei. Na verdade, ela tinha *sim* conhecido alguém interessante, um investidor que quis levá-la a uma entrevista em Nova York. O que interessou Anne, porém, não foi tanto a perspectiva do seu primeiro grande emprego depois da faculdade, mas a viagem de graça para Nova York. É claro que eu queria que ela fosse. A empresa a hospedou no Helmsley Hotel na rua 42 e, na primeira noite, ela me ligou no meio do que parecia uma tempestade terrível. "Tem um telefone no chuveiro!", ela disse, e passou a descrever todas as amenidades do hotel.

A entrevista correu bem e, depois de uma semana, a empresa lhe ofereceu um cargo no fundo de investimento em biotecnologia. Eu e Stan ficamos animadíssimos. Era uma excelente oportunidade para Anne. Parecia o começo perfeito para uma carreira fascinante. Por um momento, pensei que meu trabalho tinha terminado.

"Não sei", Anne disse. "Eu gosto dessas famílias para quem estou trabalhando de babá." A essa altura, eu estava prestes a ter um ataque cardíaco. Pensei comigo mesma: essa menina brilhante não pode ser babá pelos próximos trinta anos. Mas me obriguei a não falar nada. Sabia que devia ser paciente e respeitar as escolhas dela, por mais que discordasse.

Anne pensou por alguns dias, e então recusou a oferta.

O.k., a essa altura eu queria uma explicação. Ela disse que adorava as crianças de quem estava cuidando, mas repeti que tinham lhe oferecido um emprego dos sonhos. Eu queria que *eu* pudesse ter aceitado aquele emprego. Mas não era o que ela queria. Então precisei me acalmar. E me acalmei. Comprei uma camiseta para ela que dizia MELHOR BABÁ, o que ela era. Pelo menos, ela estava fazendo algo produtivo.

Passadas algumas semanas e, talvez, depois de ouvir algumas opiniões de amigos e de Stan e de mim, Anne começou a se questionar se tinha tomado a decisão errada. "Pode ser divertido morar em Nova York", eu disse. "Parece um bom emprego."

Duas semanas depois, ela voltou a telefonar para eles.

"Estávamos esperando a sua ligação", disseram para ela — mas precisavam que ela fizesse uma última entrevista, dessa vez em Palo Alto mesmo. Sempre a menina californiana, Anne foi de shorts e chinelo. Imagine ir a uma entrevista de shorts e chinelo sem nem saber quem vai entrevistar você! Isso foi nos tempos antes do Google, e ela não fez nenhuma pesquisa. Mas devíamos deixar que ela tomasse suas próprias decisões (e cometesse seus próprios erros). De que outro jeito ela iria aprender?

A pessoa que foi se encontrar com ela era ninguém menos do que Marcus Wallenberg, o importante investidor sueco. No fim, foi uma entrevista excelente, apesar da escolha dos trajes de Anne, e foi assim que ela começou a trabalhar no fundo de biotecnologia Investor AB para a família Wallenberg, uma experiência que ela adorou e que a direcionou para uma carreira em Wall Street.

Tudo deu certo para Anne, mas alguns jovens precisam de um pouco mais de orientação. Atualmente, muitos recém-formados não fazem ideia do que querem fazer, então voltam para casa e ficam sem fazer nada. Esse está longe de ser um bom plano. Como saber quando devemos deixar que eles encontrem seu caminho e quando intervir? A minha teoria é a seguinte: eles precisam fazer *alguma coisa*. O problema é não fazer nada. E "alguma coisa" não significa jogar vídeo game, a menos que seu filho leve a programação de jogos a sério. Queremos que nossos filhos contribuam para a sociedade de alguma forma. Eles devem ganhar um salário ou fazer um estágio. E deve haver um limite no aluguel gratuito. É bom lhes dar um tempo para resolverem sua vida, mas, depois de uns seis meses, eles devem pagar para morar na sua casa, mesmo que seja um valor simbólico. Isso também faz parte do respeito: esperar mais do seu filho. A educação respeitosa é acolhedora *e* exigente.

Como estudante em Berkeley, tive o trabalho nada glamoroso de faxineira. Pagava bem, e eu oferecia um bom serviço para os meus clientes. Também tive o trabalho mais glamoroso de modelo de passarela para a Roos Atkins, uma loja de departamentos chique em San Francisco, e modelo de catálogo. Também pagava bem. Além disso, trabalhei como supervisora de playground nas escolas públicas da região de Berkeley. Em certos aspectos, cada um desses empregos contribuiu para o mundo em que eu vivia. Eu não ficava esperando as coisas de mão beijada. Era uma membra responsável da sociedade e estava aprendendo a ser adulta.

Susan teve um emprego temporário gerenciando todos os caminhões de lixo de Palo Alto. Era sua responsabilidade garantir que seguissem a rota e fossem lavados toda manhã depois de terminarem. Não era um trabalho muito prestigioso, mas era muito útil e importante. E tinha lá suas vantagens. Lembro um dia em que ela me ligou animada para dizer que os funcionários haviam encontrado um sofá vermelho lindo, e perguntou se eu o queria para a escola. É claro que queria. Ele foi entregue imediatamente e se tornou o lugar mais disputado para relaxar no centro de mídia. Aquele sofá vermelho ajudou muitos alunos a escreverem diversos artigos.

Além de empregos temporários, ver o mundo é a melhor educação que os jovens podem ter. Isso lhes dá ideias novas. Eles podem viajar com um amigo, ser voluntários em um país estrangeiro, passar alguns meses aprendendo outra língua ou trabalhar para uma fundação em que acreditam. Trabalho como conselheira na Roadtrip Nation, com a qual os jovens podem viajar pelos Estados Unidos e conhecer pessoas de todos os estilos de vida. Também participo do conselho consultor do Global Citizen Year, um programa anual que ajuda a unir os jovens a suas paixões. Sempre digo aos meus alunos: "Faça sua escolha, mas faça algo!". E dou o mesmo conselho para os pais: tenha a mente aberta e deixe seu filho liderar o caminho.

VER NOSSOS REFLEXOS NOS FILHOS

Aos dezesseis anos, Greg era um gênio do design gráfico. Vi seus desenhos pela primeira vez na década de 1990, quando ele estudava em meu programa de jornalismo, e soube que ele era especial. Ele desenhava paisagens lindíssimas e projetos arquitetônicos complexos, e adorava fazer layouts de página para o jornal da escola. Na época, o design gráfico ainda era no papel, mas minha intuição dizia que o design computadorizado seria importante no futuro, então sugeri que Greg usasse um computador para desenhar. Por que não acrescentar a tecnologia à sua arte? Ele adorou a ideia e a colocou em prática.

    O problema era que o pai de Greg era médico e sua mãe, pesquisadora de medicina. A última coisa que eles queriam era que o filho se tornasse um profissional criativo, muito menos um designer. Ele deveria ser médico, advogado ou — melhor ainda — cientista. Seus pais exigiam que ele fizesse uma carga avassaladora de matérias de ciências avançadas, então ele passava a maior parte do tempo estudando e tentando encontrar uma brecha para se dedicar à arte que amava. Greg ia muito bem nos estudos porque era bastante inteligente — mas estava infeliz. Todo mundo percebia isso. Quando chegou ao último ano, ele estava bem deprimido.

    Um dia, no meio do semestre, a mãe de Greg me ligou para falar sobre as notas dele. Convidei seus pais para conversar depois da aula. Estava preocupada com Greg e queria ajudar. Os pais me disseram que a ciência era muito importante para eles, e eu respeitava as conquistas deles. Dava para ver que queriam que seu filho seguisse seus passos. A questão é a seguinte: a visão que os pais têm para a vida de seus filhos é importante. Eles sacrificam muito pelos filhos. Eu abandonei minha carreira durante uma década para criar minhas filhas, e Stan trabalhava dia e noite para nos sustentar (e porque era muito apaixonado por física). Nossas opiniões e ideias importam. Mas às vezes o filho tem um sonho diferente, um caminho distinto a seguir.

Eu e os pais de Greg discutimos algumas estratégias sobre como usar o jornalismo para inspirá-lo em relação à ciência. "Que tal pedir para ele escrever artigos sobre a pesquisa em Stanford?", a mãe sugeriu. Eles estavam focadíssimos em deixá-lo "interessado" em ciências. "Vou ver o que posso fazer", eu disse; no entanto, sabia que Greg já tinha outros interesses. Interesses que seus pais se recusavam a enxergar.

Sugeri que Greg escrevesse alguns artigos sobre tópicos científicos, o que ele fez sem muito entusiasmo, mas continuava desenhando... o tempo todo. Ele tinha cadernos e cadernos preenchidos. O desenho era inato, parte do seu DNA. Ele me lembrava meu pai e de como ele era um grande artista, mas também de como éramos pobres. Os pais de Greg estavam certos em se preocupar com a vida do filho caso ele escolhesse um caminho criativo. Mas o menino simplesmente não queria ser cientista.

Vi essa situação diversas vezes em meus 36 anos como professora. Os pais tendem a definir suas metas para os filhos apenas em termos dos próprios interesses e experiências — e fazem isso porque querem desesperadamente que seus filhos sejam bem-sucedidos. Dá para entender. A intenção é boa. Os pais também têm a tendência de projetar seus medos e preocupações nos filhos, sobretudo quando o assunto são opções de vida e carreira que eles não conhecem muito bem. É melhor fazer algo seguro, eles pensam, do que trilhar um caminho novo. Vejo pais de alunos do ensino fundamental que matriculam seus filhos em atividades depois da escola que os pais desejam, mas não os filhos. O que a criança quer é voltar para casa, ficar com os amigos e brincar na rua. Em outras palavras, ser criança. Mais adiante, os pais de adolescentes ficam tristes porque os filhos estão "distantes". Bom, estão distantes porque não querem receber ordens o tempo todo. Querem seguir seus interesses e viver a própria vida. Em vez disso, se sentem desrespeitados e incompreendidos.

Nada disso me fez avançar com os pais de Greg. A mãe dele passou a me ligar toda semana para ver como ele estava. Ela vivia dizendo: "Veja o que você pode fazer para mudar a cabeça dele". Depois, seus pais decidiram que ele precisava de terapia. Greg foi às sessões, mas nada mudou. Ele continuou se rebelando à sua maneira comportada. Fazia a lição de casa das aulas de ciência, mas, ao mesmo tempo, se dedicava ao design gráfico. Ele não brigava com os pais, mas também se recusava a fazer o que eles mandavam. Toda a existência dele se focava em não se tornar um físico.

Minha filosofia é sempre apoiar os alunos enquanto atendo às necessidades dos pais. É difícil. Falei para Greg: "Sei que precisamos lidar com os seus pais. Não se preocupe, vou te ajudar". E foi o que fiz. Falei que a única preocupação dele na minha aula era se tornar quem ele quisesse. Em todos os meus anos como professora, aprendi que em geral são os pais que fazem birra quando não conseguem o que querem — e não os filhos.

Minha aula se tornou a paixão dele, o antídoto para o trabalho exaustivo das aulas de ciências avançadas. Ele passava horas criando para o jornal; fez um desenho excepcional para a parte de trás das nossas camisetas; ajudou a reformular as páginas para ficarem com um ar mais profissional. Ele vivia olhando revistas em busca de ideias novas. Assino umas vinte revistas e, quando termino de ler, elas sempre vão parar na minha sala de aula — até hoje.

Agora, cerca de vinte anos depois, Greg é um artista gráfico e web designer famoso que dirige uma empresa de sucesso em Los Angeles. Ele fez algumas matérias de física na faculdade para agradar os pais, mas no fim decidiu seguir seus sonhos.

Outra aluna, Lisa, não teve tanta sorte. Ela era uma menina linda, extrovertida e sociável, presidente do grêmio estudantil e líder nata no meu curso de jornalismo. Seu sonho era se tornar professora, mas seus pais queriam algo mais prestigioso para ela: medicina. E, como era uma boa filha que queria agradar os pais, ela fez o que eles pediram. Completou os estudos de preparação para medicina em uma universidade de excelência e entrou para uma faculdade de prestígio. Ela se saiu bem, se formou e se casou, nessa ordem. Todos acharam que ela entraria para a pediatria porque adorava crianças, mas ela decidiu "adiar" a prática. Esse adiamento dura vinte anos. Ela nunca voltou para a medicina. Decidiu que não queria ser médica, de jeito nenhum — e largou a carreira.

Lisa está na casa dos cinquenta agora. Ocupou um espaço valioso na faculdade de medicina, passou anos estudando algo que não queria, e fez tudo isso para agradar os pais. O que ela quis no final foi virar dona de casa, e é o que é hoje. Ela está feliz. Finalmente.

A lição de tudo isso: os filhos vão escutar você — eles querem seu amor e sua aprovação —, mas, para ser felizes, terão de escutar a si mesmos.

Outra aluna minha vivia em pé de guerra com o pai sobre ser obrigada a usar um lenço cobrindo a cabeça na escola. A família tinha se mudado do Cairo para Palo Alto e, embora estivessem buscando uma vida nova, o pai estava convencido de que a filha deveria se conformar às normas de sua religião. A maioria dos pais imigrantes quer que seus filhos mantenham a cultura do país de origem, por motivos compreensíveis. A tradição é importante. É o que nos sustenta e nos define. Mas, ao mesmo tempo, esses pais querem que seus filhos "se tornem americanos". Para os jovens, isso é muito confuso.

Os pais também ficam confusos. Eles fazem sacrifícios enormes para dar uma vida melhor aos seus filhos, mas também podem ter dificuldades para respeitar a cultura do novo mundo. Lembro que meus avós sofriam ao me ver crescendo como americana. Eles eram nossos vizinhos em Sunland-Tujunga e esperavam que eu fosse como uma judia religiosa de Chernivtsi, na Ucrânia. Havia uma tensão constante sobre o que eu fazia e dizia na adolescência. Eu definitivamente não agia como se tivesse sido criada na Ucrânia. Havia duas coisas que os chocavam: uma era minha altura. Tenho 1,78 metro e venho de uma família em que as mulheres tinham em média 1,57 e os homens, 1,70. As conversas de domingo da família sempre incluíam alguém perguntando: "Esther cresceu de novo esta semana?", para meu pavor de adolescente insegura. Sempre temia que tivessem pegado o bebê errado na maternidade até meu irmão, Lee, chegar a 1,88 metro. O fato de eu querer ser jornalista era igualmente espantoso. Mulheres nunca eram jornalistas. "É uma carreira para homens inteligentes", me diziam e, na época, o mundo jornalístico concordava com eles. Em muitas culturas, espera-se que as crianças sejam um reflexo dos pais ou avós, espelhando todos os mesmos valores e escolhas — até as características físicas — e, quando isso não acontece, as relações se rompem.

Minha aluna do Cairo não veio falar comigo imediatamente, mas, quando a encontrei chorando no laboratório de informática, sugeri que tivesse uma conversa franca com o pai sobre suas dificuldades. Ela tentou. Deu certo por algumas semanas, mas depois seu pai disse que ela devia usar o véu. Eles continuaram brigando. O pai disse que, se ela não obedecesse, expulsaria a filha de casa.

Ela ficou tão desesperada que começou a pesquisar abrigos para sem-teto e perguntar às amigas se poderia morar com elas. Dá para imaginar uma menina de dezesseis anos vivendo em um abrigo para sem-teto — completamente sozinha? Ela acabou indo morar com uma amiga. E, enquanto estava fora de casa, as coisas melhoraram um pouco. Bendita seja a amiga que a acolheu. Mas o problema era que ela sentia falta de sua família e eles dela. Ela era uma adolescente. Precisava dos pais. Depois de alguns meses, o pai disse que ela poderia voltar para casa, mas só se usasse o véu, então ela concordou. Que tormento para todos eles! Essa aluna foi colocada em uma posição de ter de escolher entre seguir o que considerava certo e fazer parte de sua família. E seu pai, que queria o melhor para ela, não se deu conta de que, às vezes, se mudar para um país diferente significa se adaptar a uma cultura diferente. Esta é a lição mais difícil para os pais: não se pode vencer uma batalha como essa. Você pode dizer: "Até os dezoito anos, vai ter de fazer as coisas do meu jeito!". Mas seu filho sabe que vai fazer dezoito, e tem todo o direito de ter as próprias opiniões. Não ganhe uma batalha para perder a guerra.

Tendemos a enxergar nossos filhos como uma extensão de nós mesmos. Esse é um dos principais motivos por que temos filhos — estender nossos objetivos e sonhos para sempre, criar réplicas de nós mesmos para que toda a sabedoria que adquirimos não se perca. Não é este um dos principais comentários que ouvimos sobre um bebê, que o pequeno João é igualzinho ao pai? Os pais e as mães estão sempre buscando sinais de como seu filho é igual a eles na aparência física e na personalidade, ou a outra pessoa na família. Definitivamente não ajuda quando o filho é idêntico ao pai ou se comporta da mesma forma. Pode ser muito confuso. Algumas pessoas até pensam que um parente falecido reencarnou no corpo da criança nova. Às vezes, parece que nossos destinos foram traçados na maternidade. Há pouco tempo, conheci um homem que me disse que havia dez gerações de médicos na sua família, datando de vários séculos. Ele tinha orgulho dessa linhagem, claro, mas fiquei pensando nos filhos que não queriam seguir esse mesmo rumo.

Os psicólogos chamam isso de "ego" na criação dos filhos. "*Eu* sou a mãe. Essa é *minha* filha." Dar os nomes dos filhos em homenagem aos pais ou avós é um sistema comum de ego parental: pensamos nessa criança como um substituto. Às vezes, tentamos medir nosso valor de acordo com o que nossos filhos alcançaram, o modelo de carro que dirigem ou o quanto ganham. É como uma exposição de animais — desfilar um filho para inflar o próprio ego. "Olhe o que meu filho consegue fazer, e ele só tem dois anos!" Já vi vídeos de crianças que conseguem traduzir até cinco línguas aos cinco anos, ou crianças que decoraram tabuadas aos seis. Quem fica feliz com isso? Claramente, são os pais cheios de orgulho. A criança, eu não sei. E você já se questionou por que os pais não são responsáveis pela educação formal dos filhos? É porque se veem — incluindo todas as suas inseguranças e imperfeições — em seus filhos. Quando o filho não entende algo de imediato, ou, deus o livre, é reprovado, o pai fica logo bravo e frustrado, o exato oposto de um bom professor.

Se pararmos para pensar, essa suposição de que nossos filhos seguirão nossos passos é bastante problemática no século XXI. É muito mais difícil se preparar para uma carreira — porque não sabemos como serão os empregos. Dez anos atrás, quem teria pensado que teríamos biologia sintética ou impressão 3-D? Até profissões aparentemente estáveis como a medicina estão mudando. Os médicos agora usam fichas eletrônicas, ou contam com a robótica para cirurgias, e tomam notas com o Google Glass durante as consultas. No futuro próximo, seus raios X poderão ser lidos com mais precisão por robôs. Então talvez não seja aconselhável incentivar seu filho a se tornar um contador, mesmo que essa tenha sido uma ótima profissão para você. A contabilidade pode se tornar um campo em extinção. Como Thomas Friedman afirma, este é o século do autodidatismo e da paixão. Acho que é hora de definirmos "sucesso" como "paixão". E todos sabemos que as crianças não desenvolvem paixão à força.

Tentar clonar seus filhos à própria imagem, não ver e respeitá-los pelo que eles são, pode ser um problema grave. Como professora, vejo que as crianças estão ficando mais deprimidas e desesperadas a cada ano. De acordo com o Departamento de Saúde e Serviços Humanos dos Estados Unidos, cerca de 3 milhões de adolescentes entre doze e dezessete anos tiveram pelo menos um episódio depressivo grave no último ano. São muitos os motivos para isso, desde a insegurança causada pelas redes sociais passando por uma sobrecarga insuportável de matérias no ensino médio até a pressão de entrar na universidade dos seus sonhos — ou será a universidade dos sonhos dos seus pais?

Quando o estresse é demais, os jovens podem ser levados ao suicídio. Os Centros de Controle e Prevenção de Doenças dos Estados Unidos descobriram que o suicídio é a segunda maior causa de morte tanto entre jovens de quinze a 24 anos quanto entre crianças de dez a catorze. A tendência geral é perturbadora: entre 1999 e 2016, o número de suicídios aumentou 28%. Aqui em Palo Alto, tivemos uma série de suicídios de adolescentes que chocou profundamente a comunidade. Os dois colégios locais, Gunn e Palo Alto, tomaram medidas sérias para reduzir a pressão sobre os estudantes. Kim Dorio, ex-diretor da Palo Alto High School, começou um programa bem-sucedido com a ajuda de Denise Pope, professora de pedagogia de Stanford. O objetivo é tirar a pressão parental e social dos jovens para que eles possam ser eles mesmos, se concentrar no que é importante para eles e entender que tirar um oito não é o fim do mundo. Mas quantas outras escolas no país e no mundo ainda não adotaram medidas semelhantes? Quantos jovens estão estressados e deprimidos? Quantos se sentem sobrecarregados e incompreendidos? A resposta é: muitos.

A depressão e o suicídio são temas complexos, eu sei. São muitos os fatores de risco. Mas, no fundo, todos giram em torno da sensação de aprisionamento, quando os jovens se sentem forçados a levar vidas que não são as deles. E, em alguns casos, parece não haver saída. Quando uma pesquisadora de Yale entrevistou adolescentes em comunidades de classe alta como Palo Alto, tentando discernir os tipos de pressões sob as quais eles estavam que poderiam levar ao suicídio em casos extremos, ela encontrou duas causas de angústia principais. A primeira era a "pressão para ter êxito em múltiplas atividades acadêmicas e extracurriculares". Essa nós conhecemos bem. Mas a segunda era o isolamento em relação aos pais. É o que acontece quando os filhos não são respeitados por suas próprias ideias, paixões ou preferências. Eles começam a ter medo ou raiva dos pais, o que impossibilita qualquer comunicação. São afastados quando mais precisam de apoio.

Sermos respeitados por ser quem somos é tão fundamental que, se uma pessoa — qualquer uma — puder demonstrar aos jovens um pouco de respeito, eles podem ser salvos, mesmo quando tudo parecer perdido. Quando penso na importância de encontrar e estimular a paixão de um jovem, realmente entendê-lo, penso em Caleb, um aluno afro-americano alto e bonito da minha turma de inglês do primeiro ano. Ele estava sempre sorrindo, mas havia uma tristeza em seus olhos. Essa turma em particular tinha quinze meninos e três meninas, os alunos de inglês com as notas mais baixas da escola (dois ou mais níveis abaixo do seu ano em leitura). Eu me voluntariei para dar aulas para essa turma. Não havia muitos outros professores ansiosos para assumir esse desafio. Mas eu queria ajudar. Também queria saber se meus métodos funcionariam com jovens de baixo desempenho. Esses estudantes sofriam todo tipo de problema pessoal, e o sistema educacional tradicional não tinha feito muito para capacitá-los ou incentivá-los.

Como professora, sei que todo semestre vou encontrar alunos difíceis, e Caleb foi um deles. Ele não queria estudar. Dava para ver que estava deprimido, por mais que não exibisse os sinais típicos de depressão. Ele havia passado os primeiros oito anos de ensino formal em meio a encrencas e sabia que aquele ano não seria diferente. Ele não tinha objetivos. Quer dizer, um objetivo ele tinha: atrapalhar a aula. Era assim que conseguia chamar atenção. Algumas semanas depois do início das aulas, ficou claro que Caleb estava perdido e desmotivado.

Um dia o chamei depois da aula. "Caleb, parece que você preferia estar em outro lugar que não na escola", eu disse. "É verdade?"

"Sim", ele respondeu. "Odeio a escola."

"Sério? Odeia mesmo?"

"Sim. Odeio mesmo."

Continuamos conversando, e descobri que ele morava num apartamento pequeno de dois cômodos em East Palo Alto. Sua mãe e sua irmã dormiam na sala, e ele, no quarto. Era difícil frequentar uma escola com colegas cujos pais tinham tanto dinheiro. Sua mãe trabalhava como doméstica, e a família sofria para pagar as contas. "Não é legal ouvir o que todos fazem nos fins de semana, o dinheiro que têm", ele disse, parecendo bastante incomodado. Dá para ver quando um jovem está deprimido. É só olhar nos seus olhos. Há uma apatia ali, uma falta de brilho. Caleb imaginava que suas chances de viver depois dos 25 eram nulas. Ele me disse: "Meninos negros morrem cedo".

"Nem todos os meninos negros morrem cedo", eu disse, "e você vai ser um dos que sobrevivem."

Decidi descobrir os interesses dele — todos se interessam por alguma coisa. Descobri que ele gostava de tênis, de todos os tipos. Por quê? Tênis demonstravam status em sua comunidade, e eram algo que ele conseguia comprar. Pessoas com certas marcas de tênis eram consideradas "descoladas".

Meu próximo passo foi incentivá-lo a se tornar um especialista em tênis e como comprá-los. Pedi para ele procurar os tênis que queria e comparar os preços. Que tênis eram melhores e por quê? Que sites ofereciam os melhores preços? Falei para ele compartilhar essa informação com seus amigos. Ele gostou disso também. Sempre que os jovens podem se tornar especialistas em algo, eles se sentem bem consigo mesmos. Podem ser especialistas em Minecraft ou em insetos ou no que for. Não importa. Só precisam ser especialistas.

Parece muito simples, e não muito transformador. Mas duas coisas aconteceram: ele agora tinha um assunto sobre o qual "manjava", e uma professora que acreditava nele. Caleb começou a chegar na hora, por vontade própria. Seu rosto mudou. Ele sorria e queria conversar comigo o tempo todo. E fazia os trabalhos.

Eu e Caleb ainda mantemos contato. Às vezes o levo para almoçar. Agora ele está no segundo ano de uma faculdade comunitária da região com planos para se tornar um eletricista com uma empresa própria. O que aconteceu com Caleb pode acontecer com todos: podemos resgatar os jovens, com carinho e cuidado, descobrindo seus interesses e demonstrando confiança e respeito. Todo estudante tem potencial, todo estudante merece ser salvo.

QUANDO O RESPEITO É UM DESAFIO

São muitos os desafios ao simples conselho de respeitar os filhos. Pegue a ordem de nascimento, por exemplo. Criar um filho já é difícil, mas dois é ainda mais. A partir de três é como administrar um circo todos os dias. Você só tem duas mãos e, se tem três filhos, onde a terceira criança vai se segurar? Toda criança é especial e quer algo diferente. Toda criança precisa se diferenciar dos seus irmãos, e toda criança precisa desafiar os pais, ainda mais quando cresce.

A ordem do nascimento representa um grande papel no desenvolvimento das crianças e em como elas escolhem desafiar os pais. No caso das minhas filhas, lidei com três indivíduos em três estágios de desenvolvimento que queriam coisas diferentes. O primogênito é especial por ser o primeiro, enquanto o mais novo tem o privilégio de ser o caçulinha. Mas e o do meio? Se for de um sexo diferente dos irmãos, ele ou ela terá essa diferença, mas, se não, não é fácil, mas é possível para os pais entenderem sua individualidade.

Todas as minhas filhas queriam ser abraçadas, ter a minha atenção e, mais importante, ser minha "favorita". Lembro de uma das perguntas prediletas delas, sempre em horários inoportunos, como às 6h30 da manhã: "Mamãe, eu sou sua filha favorita?". Ninguém quer uma pergunta dessas às 6h30. Minha resposta era sempre a mesma — meio dormindo, erguia a mão e perguntava: "Certo, qual dedo é o meu favorito? Se eu tivesse de cortar um, qual eu deveria cortar hoje?". Isso bastava. Elas paravam de perguntar. Por uma semana mais ou menos.

Essa explicação não impedia Janet, a filha do meio, de querer ser a número um em tudo. Os irmãos mais novos têm duas opções para chamar a atenção: competir com os mais velhos ou se rebelar e ser o mais diferente possível. Janet escolheu a primeira. Ela sempre quis vencer Susan, a mais velha, e quase sempre conseguia. Queria nadar mais rápido, correr mais rápido, ler mais rápido, falar mais rápido, ganhar mais abraços e receber mais carinho. Começou a fazer contas desde cedo e entrou para o jardim de infância aos quatro anos. Era incrível de ver. Ela sempre tentava ser mais alta do que Susan, embora, para sua tristeza, não conseguisse. Quando Anne nasceu, Janet não só queria ser tão boa ou melhor que Susan, mas também mais fofinha do que Anne. Ela fazia um ótimo trabalho, mas era difícil competir com Anne, que se distinguiu como a mais encantadora. Dava para ver isso mesmo quando ela tinha apenas um ano. Menina esperta. Ser fofinha era seu jeito de conseguir o que queria.

As festas de aniversário eram complicadas. Eu resolvia o problema dando presentes de aniversário para Janet no aniversário de Susan e fazendo o mesmo para Susan no aniversário de Janet. Elas concordavam que era uma ótima ideia. Todas ganharam presentes quando Anne entrou para a família. Uma vantagem enorme para as três.

Milhares de estudos investigaram os efeitos da ordem de nascimento, e a maioria confirma o que sabemos instintivamente. Dizem que os primogênitos são os mais propensos a obedecer. Em parte, porque estão em menor número do que os pais. Mas também porque têm vantagens em relação aos irmãos mais novos, então podem ganhar a atenção dos pais do jeito fácil: é só fazer a vontade deles. De acordo com o dr. Kevin Leman, psicólogo e autor de *Mais velho, do meio ou caçula: A ordem do nascimento revela quem você é* e *The First-Born Advantage* [A vantagem do primogênito], os primogênitos também são mais cobrados. Bom, não era assim na minha família. Janet se cobrava mais, e conseguia o que queria. Leman diz que o filho do meio tende a ser o "pacificador da família" e normalmente é o mais simpático e leal. Talvez em algumas famílias. Mas eu nunca chamaria Janet de pacificadora. Ela vivia atrás de algo empolgante e divertido. Na verdade, era a desafiadora, a inspiradora e a faísca criativa. E, em geral, os caçulas costumam ser "nascidos para se rebelar", como afirma o título do livro de Frank Sulloway sobre o tema.

O que está incluído nas pesquisas, mas raramente é afirmado de forma explícita, são as expectativas que temos em relação aos filhos. Se os primogênitos são os primeiros em tudo, é provável que seja porque os pais *esperam* que o primeiro filho seja o primeiro em tudo. Em nossa família, eu esperava que *tanto* Susan *como* Janet fossem boas no que faziam e, se não fossem, que tentassem outra vez. Não havia mal em cometer erros e começar de novo. Pelo contrário, isso era incentivado. Afinal, é assim que se aprende. E as crianças atendem às nossas expectativas. Eu tinha altas expectativas para Susan, mas não excluía Janet dessas expectativas. Eu esperava que as duas as atendessem e, quando Anne nasceu, tive as mesmas expectativas em relação a ela.

Vale repetir: respeitar inclui definir padrões altos. Você não está respeitando as capacidades dos seus filhos se mimá-los. Mas também não está respeitando seus filhos se os forçar a se sobressair em atividades que não significam nada para eles. Definir altos padrões só funciona quando as crianças se interessam pelo que fazem. Elas devem ser bem-sucedidas no que *elas* escolherem, não no que *você* escolher. Este é um dos principais problemas: os pais estão escolhendo. Claro, você pode orientar seus filhos, mas nunca forçá-los a nada. Caso contrário, há uma boa chance de que eles acabem deprimidos e rancorosos. Vejo Susan orientar seus cinco filhos; não é fácil, porque eles têm interesses muito diferentes, mas ela respeita isso e incentiva a excelência em tudo que eles escolhem. Jacob adora música, então Susan apoiou sua paixão pelo piano; Amelia é uma atleta talentosa, então Susan a apoiou para entrar no time de futebol. Cada filho tem a capacidade de escolher, mas a expectativa é que todos tenham o melhor desempenho possível.

Às vezes, seu filho pode perder o respeito por você — mas isso pode ser corrigido. É mais difícil quando eles são mais velhos, mas ainda assim é possível. Uma das coisas mais difíceis de ser pai e mãe é respeitar a privacidade dos filhos. E todas as crianças precisam de privacidade — até os bebês. Pedi para minha filha Janet inúmeras vezes para arrumar o quarto quando ela tinha treze anos. Ela não obedeceu, então um dia perdi a paciência e decidi arrumar eu mesma. Adivinha o que encontrei embaixo da cama? O diário. Lamento confessar que cedi à tentação e li. Foi fascinante descobrir o que ela estava fazendo e pensando, mas soube imediatamente que havia violado a privacidade dela. Me senti péssima.

    Alguns pais teriam colocado o diário exatamente onde o encontraram e guardado segredo sobre o incidente. Mas não me parecia certo. A única coisa que eu podia fazer era me entregar. Quando Janet voltou da escola, confessei. Envergonhada, devolvi o diário para ela. Ela bateu a porta na minha cara e não me deixou chegar nem perto do seu quarto, mas continuei pedindo desculpas. Expliquei que tinha perdido a paciência e feito algo que sabia ser errado. Disse que estava arrependida. Às vezes, você precisa ajudar seus filhos a entenderem os dois lados da história e as emoções que você está sentindo. Prometi a Janet que nunca desrespeitaria sua privacidade de novo. E ela foi bondosa o bastante para me perdoar. Seus filhos perceberão que você comete erros. Eles vão aprender mais com a maneira como você reage a seus próprios erros do que com o erro em si.

    Lembro de outra vez em que as minhas filhas não queriam que eu fosse a uma festa onde havia outros pais. "Você vai falar demais, mãe, e vai dominar a conversa", elas disseram. Fiquei magoada, claro. Mas pensei comigo mesma: não quero invadir o espaço delas se elas não me querem lá. E é provável que elas tivessem razão: eu dominaria a conversa. Então não fui e não guardei mágoa. Tudo bem. Eu as respeitei, e pareceu que tínhamos virado uma página. Na vez seguinte em que houve uma festa, fui convidada. Dei meu máximo para não falar demais (algo um tanto difícil para mim). O que penso que aconteceu é que elas queriam se sentir no controle e, quando concordei em não ir, mesmo que apenas uma vez, eu as tranquilizei com a certeza de que elas estavam no controle da vida social delas. Não basta falar. As ações falam mais do que as palavras. Essa única festa abriu as portas para minha inclusão na próxima, e gosto de pensar que aprendi algo que elas estavam tentando me ensinar.

Confesso que precisei aprender um bocado quando o assunto passou a ser meus netos. Eu imaginava que ser avó era como ser mãe — um erro que muitas pessoas cometem —, e que eu poderia ter tanto controle quanto tive com as minhas filhas. Errado. Eu era uma das piores para comprar brinquedos, roupas, doces. Um fluxo incessante de presentes para meus netos, porque eu os amava. Descobri que esses presentes nem sempre eram bem-vindos. Susan me olha com desconfiança quando entro com uma caixa ou sacola cheia de brinquedos para as crianças. "Eles não precisam de mais coisas, mãe", ela me fala. "Está bem", digo, "que tal deixar que brinquem com os brinquedos por uma hora?" E tento me conter, tento mesmo. Mas é difícil.

Criei o hábito de comprar para minha neta Sophie biscoitinhos de açúcar especiais que não vinham em uma caixa comum, mas dentro de um ursinho de plástico. Quando se apertava uma alavanca, saía um biscoito. Eram biscoitos simples, mas a embalagem os tornava irresistíveis. O que eu poderia fazer? Não conseguia parar de comprá-los. Mas, certa manhã, Anne reclamou que Sophie tinha chorado a noite toda: "Ela queria *você*", ela me contou. Estava chorando por minha causa, mas não porque me queria. Queria os biscoitos. Lição aprendida. Eu era uma avó excessivamente empolgada que precisava se conter um pouco. Minhas filhas se encarregaram disso! *Elas* são as mães. Tenho de respeitar as ideias e os desejos delas. Elas têm suas próprias famílias agora.

ENSINAR RESPEITO SIGNIFICA VIVER COM RESPEITO

Claro, você deve respeitar seu filho, e seria ótimo se ele respeitasse você em troca. Mas já parou para pensar na forma como você vive no mundo, como demonstra respeito às pessoas ao seu redor e que exemplo está dando para seus filhos? Tudo — tudo mesmo — é uma oportunidade de aprendizado. As crianças não deixam passar nada. Elas veem (e sentem) o respeito que você demonstra ao seu companheiro, aos outros membros da família, aos vizinhos e amigos. Ouvem como você fala do seu chefe e dos seus colegas de trabalho. Veem como respeita a si mesmo. E moldam o comportamento e os valores delas a partir de cada um desses exemplos.

Ensinar respeito significa viver com respeito. Todos os dias. Significa respeitar todas as pessoas da sua vida. Se você der o exemplo, seus filhos vão seguir. Na maioria das vezes. Eles podem precisar de um pouco de orientação. Sempre que minhas filhas precisavam de um puxão de orelha, eu pedia que escrevessem um pedido de desculpas e que refletissem sobre como poderiam melhorar. Eu as fazia pedir desculpas por tudo que achava problemático. Poderia ser uma briga com a irmã, se atrasar para alguma coisa, deixar de cumprir uma tarefa da casa. Escrever é pensar, e o pensamento estimula a mudança.

Passei os últimos 36 anos administrando minha sala de aula como se fosse a equipe de um jornal profissional. É assim que meu curso funciona. Não dou aos meus alunos exercícios que simulam um jornal — eles recebem tarefas com todas as responsabilidades do mundo real e sofrem as consequências do mundo real. Nossas publicações estudantis são autossustentadas. Isso significa que os alunos saem e vendem publicidade para bancar os custos da publicação. No começo do semestre, toda a turma vai até o centro de Palo Alto com contratos e uma cópia do jornal em mãos para conseguir publicidade para o ano. São os alunos que têm as ideias das matérias — não eu. Algumas dessas ideias são questionáveis, para dizer o mínimo. Mas, durante nossa reunião de pauta, liderada pelos alunos, as ideias ruins desaparecem por conta própria. Os estudantes sempre encontram a resposta sozinhos. É uma consequência natural do processo de pensar direito e ouvir o feedback dos outros.

Na sequência, os editores tomam decisões cruciais sobre quais alunos escrevem quais matérias, e algumas são muito delicadas. No passado, já escrevemos sobre mau desempenho de professores, depressão em adolescentes, atitudes de alunos em relação ao sexo e irregularidades da diretoria da escola, só para citar algumas. Os tópicos mais recentes foram sobre o controle de armas e o massacre em Parkland, na Flórida, bem como a demissão do diretor da nossa escola.

O que descobri ao longo dos anos é que, para cumprir prazos e trabalhar sob pressão, precisamos ter um ambiente de respeito. O jornalismo exige muitas críticas e muita revisão. Estimulo os alunos a irem longe. Não apenas isso, eles estimulam a si próprios e estimulam uns aos outros. Eles sabem que estou do lado deles, então não meço minhas palavras. Quando o assunto é um editorial ou uma matéria de destaque, digo sem papas na língua: "Precisa melhorar um pouco o final. Quer que eu te ajude ou você quer pensar sozinho?" e discutimos como aprimorar o texto. É preciso ser sensível com as pessoas que se esforçaram bastante. Devemos ter respeito por elas e por seus esforços. Mas não acho que todos devam se dar bem, e meus alunos sabem disso. Opino sobre quais matérias acho que são melhores para cada edição e explico o motivo. Eles fazem o mesmo, e suas opiniões importam mais do que as minhas, na verdade. O jornal ou a revista é deles, não meu. Sou apenas a conselheira. Todos os meus alunos entendem que estou tentando torná-los mais eficientes. Estou preparando-os para o mercado de trabalho, onde eles vão receber críticas quer eles queiram ou não. Quando tiverem um emprego e alguém criticar seu trabalho, eles poderão pensar: "Sim, já passei por isso antes. Sei que preciso melhorar e sei que posso melhorar".

Ou são os próprios estudantes que fazem as críticas. Meus alunos editores são responsáveis por guiarem as conversas sobre o trabalho dos colegas. Eles devem gerenciar uma turma de sessenta alunos, todos os quais leem e criticam os artigos uns dos outros. Imagine as lições incríveis que aprendem, sendo a mais importante delas tratar os outros com respeito. Meu conselho no começo do ano letivo é: "Respeitem caso queiram que a turma respeite vocês. Nunca digam coisas maldosas a ninguém e não envergonhem ninguém na frente da turma". Eu os lembro de que, se eles perderem o respeito da classe, recuperá-lo é quase impossível. Não deixo os editores gritarem ou dizerem coisas como "cala a boca". É prejudicial. Demonstra falta de respeito e cria um ambiente de trabalho negativo. Os alunos entendem na hora. Não preciso repetir. Todos estão trabalhando com um objetivo em comum: um jornal de qualidade. Já viu grupos de adolescentes implorando para ficarem na escola até tarde da noite? É o que acontece quando eles são donos do produto e ficam obcecados pela perfeição. Eles entendem a força da paixão no trabalho da vida.

Em 2016, tivemos uma eleição importante para os novos membros da diretoria da escola. *Campanile*, o jornal da Palo Alto High School, sempre se posiciona sobre os candidatos em quem votar, e esses posicionamentos são levados muito a sério pela comunidade local. Ao conversar com os meus alunos, percebi que discordávamos completamente sobre quais candidatos apoiar. Todos demos nossos argumentos, discutindo sobre a experiência e o conhecimento que essas pessoas trariam para o conselho escolar. Respeitei a opinião deles, e eles respeitaram a minha — mas o jornal é deles. No fim, eles venceram. O jornal saiu com as recomendações dos alunos, e esse artigo influenciou os resultados da eleição.

Alunos professores me ensinaram outra lição sobre respeito. Durante décadas, fui mentora de professores que se graduavam em Stanford e no College of Notre Dame. Em geral, eu conseguia avaliar nas primeiras semanas se eles teriam dificuldade para aprender a ser bons professores. A primeira coisa que eu percebia era sua capacidade de interagir e de respeitar os alunos, gostar deles e rir de si próprios. Se buscassem a perfeição através de notas e medidas punitivas, eles teriam dificuldades. Professores rígidos gastavam muita energia ficando bravos com os alunos por não seguirem as instruções, enquanto seguiam à risca seu manual sobre como manter o controle na sala de aula. Um ex-sargento da Marinha que não conseguia se comunicar muito bem teve bastante dificuldade. Embora tivesse muito a oferecer e fosse um professor inteligente, os alunos odiavam sua matéria e sempre queriam pedir transferência. Por outro lado, os professores que tinham padrões elevados que eram acessíveis quanto a revisões e ao domínio da matéria se saíam muito bem.

O que tento fazer com todos — alunos, professores alunos, minhas filhas e meus netos — é respeitá-los para que eles se respeitem. Coisas incríveis acontecem quando se tem respeito próprio. O respeito próprio lhe dá a confiança para assumir riscos e ser independente. Sem respeito próprio, você fica com medo. Fica obcecado pelo que os outros vão pensar em vez de seguir sua própria bússola moral e seus próprios interesses. O maior arrependimento que as pessoas têm em seus leitos de morte é não seguir seus sonhos e, em vez disso, levar uma vida que outra pessoa esperava que elas levassem. Ninguém quer isso para o seu filho.

Lembro de ver Anne patinando no gelo quando ela tinha apenas três anos. Eu e Stan nunca soubemos patinar: Stan não conseguia sequer andar no gelo sem cair. Mas lá estava Anne, girando e rodopiando pelo rinque, aquela garotinha minúscula que, quando cresceu, entrou para uma equipe de patinação no gelo sincronizada e jogou hóquei no gelo na faculdade e enfrentou desafios com a coragem que demonstrava sobre o gelo, fazendo algo que amava — tornando-se quem nasceu para ser. O mesmo acontece com os alunos. Sammy, filho de imigrantes mexicanos e aluno querido por todo o programa de jornalismo graças a suas ilustrações excepcionais, se transformou diante dos meus olhos. Ele usou o respeito próprio e a confiança que adquiriu em meu curso e no programa de pesquisa acadêmica avançada (uma matéria eletiva em que os alunos escolhem um tópico para estudar durante um ano com o apoio de um mentor da comunidade) para se tornar um especialista em design gráfico e entrar na Universidade Estadual de San Francisco. Ele é a primeira pessoa da família a entrar para a faculdade.

Como o poeta Khalil Gibran escreveu: "Seus filhos não são seus filhos./ São os filhos e filhas do desejo da Vida por si própria./ Eles vêm através de você, mas não de você./ E, embora vivam com você, não pertencem a você". Respeito é o que queremos dar aos nossos filhos, mas às vezes somos refreados por nossas próprias inseguranças. Como pais, esse é um dos obstáculos mais difíceis de superar, mas somos todos capazes de tratar nossos filhos com respeito se mantivermos em mente o básico. Honre os desejos e interesses deles, que podem ser diferentes dos seus. Desafie-os a serem o melhor que puderem nas atividades que escolherem. E, acima de tudo, dê a eles o amor e o apoio para que ganhem a confiança de que precisam para seguir o próprio caminho.

INDEPENDÊNCIA

4. Não faça pelos seus filhos o que eles podem fazer por conta própria

No outono de 2014, eu estava em um palco iluminado em Puebla, no México. Perto de mim estava Amy Chua, autora de *Grito de guerra da mãe-tigre* e forte defensora do método da mãe-tigre, um estilo de educação rigoroso comum na China e em outros países asiáticos. Fomos convidadas para debater no festival Ciudad de las Ideas, uma conferência anual das mentes mais brilhantes do mundo nos campos de educação, políticas públicas e tecnologia. O auditório estava lotado com mais de 7 mil pessoas ansiosas para saber como havíamos criado nossas filhas.

Era um pouco estranho estar no palco de um evento tão grande, mas minha filosofia de ensino inovadora e o sucesso das minhas filhas no Vale do Silício haviam ganhado certo reconhecimento. Fui votada como Professora do Ano da Califórnia em 2002 e ajudei a formar o GoogleEDU, uma plataforma de desenvolvimento de aprendizado e liderança. Por anos, fui consultora do Departamento de Educação dos Estados Unidos, da Hewlett Foundation e da *Time Magazine Education*. Além disso, me preocupava profundamente com a capacitação dos jovens e estava falando cada vez mais sobre as mudanças que precisavam ser feitas na sala de aula e em casa.

Fiquei preocupada depois de ler o best-seller de Amy Chua. As histórias que ela contou sobre suas filhas me incomodaram. Ela representava uma tendência crescente na educação que eu considerava muito problemática. Tenho certeza de que alguns pais estavam lendo o livro dela e discordando, mas desconfio que muitos acharam que também deveriam ser tigres. Chua é famosa por seu estilo controlador, hierárquico e exigente. Basicamente, sua filosofia é de que os pais sabem mais e que é responsabilidade deles não apenas guiar os filhos, mas *impor* o tipo de comportamento que os levaria ao sucesso. Alguns exemplos: ela proibiu tardes de brincadeira com amigos porque distraíam e eram inúteis. Decidia quais atividades as filhas praticariam, independentemente das preferências ou dos interesses delas. Não era suficiente que suas filhas tirassem nove ou fossem a segunda da turma. Elas deveriam tirar dez *e* serem as primeiras da turma ("em todas as matérias menos educação física e teatro"). Não parece muito divertido, certo?

Certa vez, quando Chua tentava ensinar Lulu, a filha de três anos, a tocar piano, Lulu só queria bater os punhos nas teclas. É óbvio, ela só tinha três anos! Chua ficou frustrada e abriu a porta dos fundos. Era um dia frio de inverno. Ela deu à filha a opção de obedecer ou sair. A menina de três anos considerou suas opções e concluiu que estar lá fora era menos desagradável.

Devo dizer que admiro a coragem dessa garotinha. E admiro a forte devoção de Chua às suas filhas. É claro que ela não teria feito tudo aquilo se não as amasse profundamente, assim como amo as minhas. A questão, porém, era quanto poder de decisão suas filhas tinham em relação às próprias vidas — isto é, quanta independência? É verdade que elas fizeram um enorme sucesso desde muito pequenas. Uma delas até se apresentou como solista no Carnegie Hall, o que é uma grande honra, mas essa criança ficou feliz com isso? Ou o que importava era a felicidade de Chua? O fato de que Lulu se rebelou, chegando ao ponto de ficar tão furiosa em um jantar na Rússia que disse odiar sua vida e atirar um copo no chão, estilhaçando-o, mostra que ela se sentia aprisionada em uma vida que não era a dela.

As opiniões de Chua não são isoladas. Muitos pais pensam o mesmo. Todo ano em dezembro, recebo vales-presentes, presentes caros da Bloomingdale's e da Neiman Marcus e comidas deliciosas feitas pelos pais dos meus alunos. Fico grata por essas coisas, e grata pelo que elas representam: uma forte valorização do professor. A questão, porém, é que temos opiniões muito diferentes sobre a função dos professores. Esses pais estão acostumados a um ambiente educacional controlador, enquanto eu priorizo a independência.

Na cobertura da mídia do debate, fui chamada de "mãe-panda". Claro, a imprensa precisava de um paralelo à "mãe-tigre", mas, a meu ver, a metáfora é incorreta. Os pandas são famosos por dormir e comer, e fazer pouco mais do que isso. Eles são chamados de "preguiçosos", o que, claro, é uma bobagem, mas essa é a imagem comum. Meu estilo de educação não é preguiçoso, não é despreocupado. Mas acredito fortemente na independência. Os pais devem incentivar seus filhos a serem independentes e autossuficientes. Outras variações do estilo de Chua incluem os pais superprotetores, que eliminam todos os obstáculos, todas as dificuldades que a criança pode vir a encontrar. A maioria de nós já ouviu a essa altura dos pais-helicópteros, também chamados de superprotetores, que a autora Julie Lythcott-Haims explora a fundo em seu best-seller *Como criar um adulto: Liberte-se da armadilha da superproteção e prepare seu filho para o sucesso*. Ela cita seus anos de experiência como diretora de admissões de Stanford, deparando-se cada vez mais com estudantes universitários que "de alguma forma não eram completamente formados como humanos. Eles pareciam procurar o pai e a mãe o tempo todo. Inacabados. Existencialmente impotentes".

O diagnóstico dela? Esses pais se envolveram tanto na vida dos filhos que os jovens não conseguiam funcionar sozinhos. Isso se devia a uma grande variedade de motivos, incluindo uma cultura crescente de medo, informações erradas da mídia sobre ameaças às crianças, o tamanho cada vez menor das famílias e o chamado "movimento da autoestima". Isso pode ir muito longe. Há pais que vão morar nas cidades onde seus filhos foram estudar na faculdade ou até os que os acompanham em entrevistas de emprego. Não estou brincando.

Quando conversei com Lythcott-Haims sobre essa tendência lamentável na educação, ela destacou, e eu concordo, que o envolvimento excessivo na vida do filho costuma ser bem-intencionado. Os pais querem que seus filhos tenham sucesso, por isso é tão doloroso para eles verem os filhos fracassar. Qual é o mal de intervir, eles pensam, cuidando para que meu filho não sofra? Bom, o mal é grande. Como Lythcott-Haims me falou: "Isso torna os filhos inúteis. São bezerros humanos. Excelentes, lindos de se ver, mas não sabem pensar direito como adultos". Ela dá um forte argumento em seu livro sobre como a educação superprotetora levou à ansiedade, à depressão e a uma incapacidade espantosa de lidar com a vida adulta.

Como professora, vi os adolescentes se tornarem menos autônomos, menos independentes e mais receosos a cada ano. Eles têm medo de assumir uma postura, medo de estar errados, medo de pesquisar assuntos polêmicos e, sobretudo, medo de fracassar. Sua principal fonte de motivação parece ser o medo: o medo de desapontar os pais (em geral superprotetores). Eles foram ensinados que notas perfeitas e a universidade perfeita são tudo o que importa. Alguns jovens de fundamentos do jornalismo ficam horrorizados de terem seu nome associado a seus artigos. Por quê? Eles ficam com medo do que os outros vão pensar. Não têm independência. E não possuem as habilidades para o sucesso no século XXI. Confrontar essa crise educacional foi uma das minhas principais motivações para escrever este livro.

Mas voltando ao "debate". Não dá para dizer exatamente que foi o que aconteceu. Chua falou durante os primeiros quinze de nossos trinta minutos previstos. Ela refletiu sobre sua infância, lembrando de como apanhava de hashi se pronunciasse uma única palavra em inglês dentro de casa e como, se tirasse 99 de cem pontos, sua mãe se focaria no único ponto perdido para garantir que a nota seguinte fosse impecável. Aqui vai um pequeno retrato do pai de Chua tirado de seu livro: "No oitavo ano, tirei segundo lugar num concurso de história e levei minha família para a cerimônia de premiação. Outra pessoa recebera o prêmio Kiwanis de melhor aluno em tudo. Depois, meu pai me disse: 'Nunca mais me faça passar por um vexame desses'". Chua afirmou no livro e no palco que os métodos dos seus pais deram resultado, e que ela tinha uma relação maravilhosa com eles. Não tenho dúvidas de que aprendeu muito ao crescer nesse ambiente rigoroso. Minha dúvida é se era algo que valia a pena repetir.

Ela também passou boa parte do tempo defendendo como havia aplicado as mesmas técnicas com as filhas. Em certo ponto, Chua admitiu: "Ser mãe é a coisa mais difícil que já fiz na vida". Para ela, a experiência era uma luta extraordinária. Ela se sentia dividida entre duas culturas e parecia convencida de que devia controlar as filhas ou correr o risco de perdê-las para a mediocridade que vinha com o privilégio norte-americano. "Se você não fosse uma policial em sua própria casa", eu disse a Chua, "não sofreria tanto para ser mãe." Veja só, minha experiência foi o oposto. Eu disse à plateia que ser mãe para mim era uma alegria, que não precisava ser uma batalha exaustiva. Claro, não estou dizendo que não havia dificuldades, mas era algo de fato prazeroso.

Minha principal questão com o método de Chua: ele não inspirava uma sensação de independência ou paixão nas filhas. As meninas dela não sabiam quais eram seus verdadeiros interesses; estavam ocupadas demais seguindo ordens. Todas as instruções vinham de Chua, o que significava que suas filhas não precisavam pensar por conta própria. Mas, em minha casa, valorizávamos o pensamento independente acima de tudo. A última coisa que eu queria eram crianças que não conseguissem agir sem que eu tomasse todas as decisões. Nossos objetivos não tinham a ver com as meninas serem a primeira da turma, o que significaria que elas deveriam se adaptar e seguir todas as regras. Eu queria que elas sentissem prazer em fazer o que *elas* quisessem. Queria que confrontassem problemas da sociedade e encontrassem soluções inovadoras. Queria que elas tivessem relações de carinho e afeto com as pessoas na vida delas, incluindo os pais.

Ninguém é feliz levando uma vida ditada por outra pessoa. Se existe algo que aprendi como mãe e professora, é que os filhos de todas as idades precisam de independência.

Então a questão passa a ser: como?

PRINCÍPIOS BÁSICOS PARA DESENVOLVER INDEPENDÊNCIA

"Minha mãe estava determinada a nos tornar independentes", Richard Branson escreveu em *Perdendo minha virgindade*. "Quando eu tinha quatro anos, ela parou o carro a alguns quilômetros de casa e me fez encontrar o caminho sozinho através dos campos." Quatro anos? Certo, talvez não seja o melhor jeito de ensinar, mas a mãe de Branson estava certa sobre a importância de ser independente.

Eu pensava o mesmo quando fui mãe de primeira viagem. Talvez fosse o resultado de ter nascido nos anos 1950, quando as mulheres não tinham direitos... literalmente nenhum. Minha mãe não tinha dinheiro nem poder. Sempre fazia a vontade do meu pai. É um dos motivos por que não questionou o médico que se recusou a tratar meu irmão David. Ela nunca se atrevia a desafiar ninguém que detivesse o poder. O pressuposto era de que eu devesse viver da mesma forma.

Mas me rebelei — aprendi a costurar as minhas próprias roupas em vez de esperar as de segunda mão; escrevia artigos por três centavos quando era adolescente, sonhando em virar jornalista no futuro, o que me diziam ser uma profissão masculina; me tornei modelo para me sustentar durante a faculdade (essas pernas finas e compridas foram úteis no final). Mas em um sentido me conformei à visão que meus pais tinham para mim: me casei cedo.

Na véspera do meu casamento, minha sogra me mostrou como cuidar das necessidades do meu futuro marido. "É assim que se faz a cama", ela me disse, dobrando o lençol de cima com uma precisão que eu nunca tinha visto e estava certa de que não era capaz de replicar. Em seguida, passamos para a cômoda, onde ela me mostrou como organizar as roupas dele. E a ordem do café da manhã? Ela me explicou também: ovos mexidos e pão doce de sementes de papoula com café forte. Não estou inventando nada disso. Lá estava eu, prestes a me tornar uma esposa e herdando o papel de cuidadora de uma mulher altamente instruída com um ph.D., uma pioneira em seu campo.

Eu queria uma vida diferente para as minhas filhas. Isso não significava que elas não seriam esposas e mães também; significava apenas que não queria que se sentissem reprimidas por terem sido ensinadas a ser subservientes. As opções delas não seriam limitadas porque dependiam de alguém, em especial dos pais. A independência, pensei, começaria desde o primeiro dia. E estou falando sério quando digo primeiro dia — desde o comecinho, quando são bebês e você acha que eles precisam de você pairando mais sobre eles. É aí que a independência começa.

Vamos voltar ao sono: a maior fonte de confusão para os pais de crianças pequenas. Lá no capítulo 2, contei que o sono é a primeira lição de confiança. Pois é também a primeira lição de independência. O sono é a primeira chance do seu filho de tranquilizar a si mesmo, de cuidar das próprias necessidades *sozinho*. Essa última parte é fundamental.

No best-seller internacional *Crianças francesas não fazem manha*, de Pamela Druckerman, ela fala sobre a "pausa" francesa, a tradição na cultura dos franceses em que os pais esperam apenas um segundo antes de ninar um bebê que acorda no meio da noite. Em vez de ir correndo, recomenda-se aos pais franceses que façam uma pausa, dando à criança a chance de aprender a voltar a dormir sozinha. Até os recém-nascidos têm responsabilidades na família. Eles têm de aprender a dormir para que os pais também possam dormir.

Eu não sabia nada sobre a "pausa", mas descobri que é incrivelmente parecido com o que eu fazia com minhas filhas. Elas passaram alguns de seus primeiros anos na França e na Suíça, então talvez eu tenha sido influenciada inconscientemente por essas culturas.

Novas pesquisas apoiam o que os franceses entendem intuitivamente: um estudo de 2017 publicado na *Pediatrics* descobriu que, aos quatro e aos nove meses de idade, os bebês que dormiam de maneira independente (no próprio quarto) dormiam mais e tinham mais "consolidação de sono" (períodos de sono mais longos).[1] Infelizmente, muitos de nós nunca souberam dessa notícia.

A dra. Janesta Noland, uma famosa pediatra de Menlo Park, na Califórnia, diz que sempre encontra bebês de oito, nove e dez meses que acordam no meio da noite. Há até crianças de um, dois e três anos que não dormem a noite toda. Por quê? Porque não foram ensinadas. "Às vezes os pais têm medo de dar aos filhos a chance de aprender", ela diz. "Achamos que estamos fazendo mal a eles, e que não os estamos apoiando como eles precisariam." A dra. Noland me disse que, por volta dos três a quatro meses de idade, o bebê desenvolve um tipo de cognição que lhe diz que ele é um indivíduo. "De repente, eles entendem que são seres à parte", ela afirma, "e o ideal é que o bebê esteja fora da cama dos pais e, de preferência, do quarto dos pais, antes de aprenderem isso." Segundo Druckerman, os franceses têm uma teoria semelhante sobre bebês de quatro meses de idade: se eles não aprenderam a dormir sozinhos a essa altura, vai ser muito difícil ensinar depois. Eles aprenderam que, se fizerem barulho, você vai correndo. Alguns bebês (sobretudo os que sofrem com cólica) podem ser mais difíceis. Mas a maioria das crianças tem muito a ganhar aprendendo desde cedo a dormir a noite toda. E, mais importante, isso as colocará no caminho para a independência.

Se você tiver um filho mais velho que não esteja dormindo a noite toda, a primeira coisa que recomendo é conversar com ele. Explique que é dormindo que as crianças crescem. Ele pode não entender completamente, mas a comunicação é um primeiro passo importante. Também ajuda definir uma rotina adequada à idade e segui-la. Ler livros (especialmente sobre o sono) e cantar canções são ótimos rituais antes da cama — são divertidos e relaxam as crianças. Por fim, e esta é a parte mais importante, não vá correndo se eles acordarem no meio da noite. Pratique a "pausa".

Se para dormir é preciso fazer uma pausa, para controlar as birras é preciso ser duro. Sabe qual é a o ponto central das birras? Controle. Isso mesmo, uma criança querendo controle sobre si mesma e sobre o ambiente, o que é um passo necessário para a independência. O que a criança não consegue controlar quando é pequena são suas emoções. É aí que vem o chororô e as birras. Mas, com o tempo e um pouco de paciência, ela pode aprender a pedir algo sem fazer escândalo.

Certo, existem ocasiões em que talvez você deva dar aos filhos aquilo que eles querem sem muita discussão, desde que o que eles queiram tenha algum valor. Se uma criança gritar porque quer ir à biblioteca, eu toleraria porque quero estimular o amor pela leitura (embora tenhamos de conversar sobre a questão do grito). Certa vez, estávamos na Disneylândia quando minhas filhas decidiram que queriam ir ao brinquedo aquático It's a Small World [É um mundo pequeno]. *A tarde toda.* Sabia que a volta desse brinquedo dura uns quinze minutos? Devemos ter passado uma dezena de vezes por ele. Levei dias para tirar aquela música da cabeça, mas minhas filhas adoraram e pensei que a canção tinha uma boa mensagem: o mundo é pequeno e somos todos iguais. Para mim, elas estavam aprendendo uma lição importante. Mas eu tinha uma regra que não era negociável, apesar da raiva que pudesse causar: nenhum chilique em público era permitido, especialmente se elas quisessem algo que eu não considerava importante. Uma vez, estávamos em uma loja de departamentos quando Janet viu um brinquedo que queria, e ela queria aquele brinquedo de qualquer jeito. Era eu contra ela. Ela fez a birra mais descontrolada que já vi. Gritou como se eu tivesse enfiado um alfinete nela, e precisei tirá-la da loja e levá-la o mais longe possível até ela desistir. Não estou sugerindo que os pais tenham como evitar esse tipo de coisa! Mas, se seguir uma regra firme em relação a isso, mais cedo ou mais tarde até a criança mais teimosa vai acabar aprendendo.

As birras em geral começam por volta dos dois anos de idade, quando as crianças estão começando a fazer as coisas sozinhas. Pode ser calçar os sapatos, pentear o cabelo ou se vestir. Se você se atrever a ajudar, cuidado! Elas podem dar um chilique e insistir em começar tudo de novo e fazer aquilo *sozinhas*. O meu conselho? *Dê uma chance a elas*. Demora mais, pode ser muito, mas muito frustrante, e elas podem acabar com a camisa do avesso ou os sapatos trocados. Não sei dizer quantas vezes deixei minhas filhas saírem de casa com roupas completamente malucas, mas queria que elas sentissem que haviam completado uma tarefa sozinhas. Isso é muito importante para desenvolver independência. Você pode não ter tempo para isso todos os dias, mas planeje lhes dar o tempo de que elas precisam de vez em quando. Sugiro deixar seu filho se vestir sozinho e cumprir outras tarefas simples 20% das vezes. Lembre-se, é um bom sinal ele querer ser independente.

No caso das birras realmente descontroladas, do tipo em que é necessário arrastar uma criança se debatendo por uma loja de brinquedos, você precisa argumentar com elas. As crianças podem ser irracionais. Muito irracionais. Às vezes a lógica não funciona com elas, sobretudo com crianças muito pequenas. Mas elas precisam aprender a se controlar para aprender a ser independentes. Incentivei minhas filhas a "usarem as palavras". Eu dizia: "Sei que você está triste e quer alguma coisa, mas, se estiver fazendo birra, não tenho como ajudar". Crianças pequenas também são seres humanos (com cérebros em desenvolvimento). "Fala para a mamãe o que você quer", eu dizia, mais de uma vez. Com o tempo, as crianças aprendem a falar sobre suas emoções. A única coisa de que eu tinha certeza era que não podia ceder. Senão, elas aprenderiam que é fazendo birra que conseguiriam o que queriam, e é aí que eu teria problemas de verdade. Pais e mães: cuidado com isso. Defina limites claros. Aquela criancinha fofa no andador sabe exatamente o que está fazendo! É assim que as crianças passam a *nos* controlar — mas só se nós deixarmos.

Em um aspecto mais positivo, considere que seu filho se sente seguro o bastante com você para fazer uma birra. Pense a respeito. Ele não faria birra com alguém que não conhece ou com quem não se sinta à vontade. Ele espera até você chegar em casa para fazer birra porque confia em você. Esse é o caminho da independência, ainda que seja barulhento e desagradável. Não leve para o lado pessoal.

E às vezes há certa sabedoria na resistência da criança. Moramos na Suíça de 1973 a 1974, e Janet e Susan frequentaram a United Nations School de Genebra. (Susan tinha cinco anos na época, e Janet, três.) As duas eram muito espertas e independentes, mas Janet também era determinada a fazer tudo que Susan fazia. Ela até começou a falar na mesma época que Susan, de tão obstinada que era!

Na hora de entrar na escola, ela não gostou de ser colocada em um grupo mais novo. A escola discordou. Se você tinha três anos, ficava na turma de três anos. Mas isso não deteve Janet.

Sem permissão, Janet foi para a turma de cinco anos. Ainda não faço ideia de como ela conseguiu isso. Janet ficou seis semanas nessa turma até os professores perceberem que ela não estava na classe certa, e foi só porque ouviram alguém dizer que ela tinha três anos.

Eles a puseram de volta com os alunos de três anos. Janet não ficou nada contente. Nunca disposta a levar um insulto sem resistir, ela preferiu largar a escola a ser humilhada com aqueles alunos mais novos. E foi o que ela fez. Não importava o que dizíamos ou fazíamos, ela se recusava a voltar. Depois de um tempo, a matriculamos em uma escola em que só se falava francês. Ela foi colocada no grupo da sua idade e não ficou feliz com isso, mas ao menos era em francês, o que já era um desafio.

Quando voltamos para a Califórnia no ano seguinte, ela decidiu que tinha idade suficiente para ir à escola. Mas a escola pública não aceitava crianças de quatro anos, então a matriculamos na Ford Country Day School (uma escola particular). Ela estava certa e se saiu muito bem. Ela adorava ler e adorava tudo que tinha relação com leitura. Ao fim do primeiro ano, já tinha quase terminado o currículo de matemática até as crianças de cinco anos.

Janet me mostrou que muitas vezes as crianças sabem o que é melhor para elas. Cabe a nós, pais, escutar — dentro do limite do razoável. Sim, é preciso intervir quando elas quiserem fazer algo perigoso ou irracional: quando uma criança quer pular na piscina, mas não sabe nadar, ou se sua filha tem um ataque de choro porque o sorvete está gelado demais. Mas, se o que elas querem é racional, mas inconveniente, considere fazer um acordo: "Adoraria deixar você brincar no escorregador de novo, mas prometemos encontrar a vovó para almoçar e não queremos chegar atrasados. Vamos voltar ao parque amanhã". E, se elas quiserem muito assumir um desafio ou seguir alguma paixão que as interesse, dê uma chance.

Quando as crianças passam dos três anos, os pais devem negociar como lhes dar controle e como impor as regras enquanto elas seguem novos interesses. Para mim, dar controle dependia de uma base de segurança. Esse era meu maior foco como mãe. Temos uma piscina no quintal — a sorte de morarmos na Califórnia — e sempre fiquei preocupada quando as meninas eram pequenas, por mais que a piscina fosse cercada. Então decidi que elas deveriam aprender a nadar o mais cedo possível, e digo nadar de verdade, não só brincar na água. Queria que elas pudessem pular numa ponta da piscina, nadar até o outro lado e sair sem a minha ajuda. Não achei que precisasse contratar um professor ou levá-las para uma academia de natação. Comprei um livro sobre como ensinar os bebês a nadar. As fotos em preto e branco faziam parecer bem fácil. Descobri que as crianças seguram a respiração naturalmente, e que sua ideia do nado, como muitas outras coisas, é dada pelo exemplo dos pais. Começamos colocando a cabeça delas embaixo d'água, depois veio o nado cachorrinho e depois o crawl. Elas não eram perfeitas, claro, mas se viravam bem na água. Todas as minhas filhas já sabiam nadar aos dois anos. Janet já sabia nadar aos treze meses. (As crianças aprendem em idades e ritmos diferentes, e os pais sempre devem levar isso em conta e fazer da segurança sua prioridade.)

Às vezes eu as levava à Stanford Campus Recreation Association, um clube universitário de natação e tênis, para encontrar os amigos. Numa tarde de abril, quando Janet tinha cerca de quinze meses, estávamos aproveitando um dos primeiros dias quentes da primavera e ela corria em volta da piscina com Susan, que tinha três anos na época. Quando me dei conta, Janet pulou na piscina. Não fiquei preocupada porque ela sabia nadar — eu mesma havia ensinado —, mas um homem mais velho sentado perto de nós se levantou de um pulo e mergulhou na piscina para "salvar" minha filha. Você tinha que ver a cara de Janet. Ela ficou em choque. Foi ótimo ele ter sido tão proativo, mas Janet queria nadar sozinha. O homem pediu desculpas para ela — uma menina de um ano e três meses! — e saiu nadando. Depois disso, fiz questão de avisar a todos que Janet sabia nadar.

A segurança na água era imprescindível, mas, em relação a outras atividades, eu quase sempre deixava minhas filhas no comando. Nesse ponto, sou muito diferente dos pais e mães tigres e helicópteros. A última coisa que quero é obrigar uma criança a fazer algo que ela odeia durante horas. Por mais que seja bom estimular as crianças a experimentar coisas novas e não desistir quando elas encontram uma atividade difícil, devemos respeitar os sentimentos delas. Devemos lembrar por que nossos filhos praticam essas atividades: promover seus interesses e seu envolvimento no mundo, e desenvolver seu caráter. Para minhas filhas, qualquer atividade era válida — desde que fizessem *algo*.

Embora a música fosse importante para mim e para o meu marido (e algo que queríamos ter vivenciado na infância), nunca funcionou com as nossas filhas. Elas fizeram aulas de piano e violino por um tempo, mas não curtiram. Argumentei que os violinos eram portáteis, mas não surtiu efeito, tampouco diminuir a frequência de duas aulas por semana para uma. Anne queria patinar no gelo. Janet gostava de nadar, e Susan gostava de tênis. Então deixei que escolhessem suas atividades. O importante era que precisavam fazer algo de que gostassem.

Entender as *diferenças* é essencial. Meu neto Jacob é um músico e compositor talentoso. Durante o último ano do ensino médio, ele encenou um musical incrível na Menlo School chamado *Ones and zeros*. Ele mesmo escreveu as músicas e o roteiro e trabalhou como ator e diretor. Mas isso não quer dizer que seus irmãos sejam iguais. A irmã de Jacob, Amelia, não toca nenhum instrumento, mas fez dança durante anos. O irmão deles, Leo, é ótimo no xadrez, além de jogar golfe e de ser um mestre do Lego. As caçulas, Emma e Ava, adoram balé. São muitas as possibilidades neste mundo.

Outro ponto: é importante levar as atividades adiante, mas os pais precisam dar espaço para os interesses que mudam. Se a atividade começar a parecer uma tarefa chata, faça uma pausa e reavalie. Se eles ainda assim quiserem largar, eu deixaria que procurassem outra coisa. Amelia é uma bailarina incrível que ganhou concursos nacionais durante anos. Ela treinava por horas à noite e viajava o país inteiro com o seu grupo. Mas no ano passado decidiu se concentrar no futebol em vez da dança. Seus pais insistiram para ela completar o ano — era importante ensinar a não desistir no meio da temporada. (Esse é um dos muitos aspectos em que as atividades desenvolvem o caráter.) Mas também perguntaram o que ela preferia de verdade. Depois de completar a temporada de dança, ela saiu do grupo. Pais mais controladores poderiam tê-la obrigado a continuar, argumentando que ela havia investido tanto tempo e energia (e tanto dinheiro dos pais). Talvez ela até viesse a se tornar uma bailarina profissional. Mas, se isso acontecesse, de quem seria a vida que ela estaria levando? Ela seria independente? Seria feliz?

NÃO INTERVENHA (SE POSSÍVEL)

Há décadas, os alunos do quarto ano do estado da Califórnia participam do California Mission Project. É parte de um programa de estudos sociais que ensina sobre a história do estado. A tarefa é simples: construir uma maquete com cubos de açúcar. Parece um projeto divertido que pode ajudar a dar vida à história, certo?
Errado.
Você precisa ver algumas dessas maquetes. São obras de arte projetadas detalhadamente. Corredores arqueados, campanários, telhados inclinados. Mas adivinha quem as está construindo. Não são os alunos. Normalmente são os pais. Os pais de hoje são tão competitivos e controladores que é difícil acreditar até que ponto precisam interferir. Alguns professores interromperam o projeto porque sabiam que as crianças não estavam construindo as maquetes, e por que eles fariam um projeto para os pais? Outros professores alertam os pais com antecedência de que são os alunos que devem fazer o trabalho. Parece um bom caminho a seguir — até certo ponto. Muitos pais e mães cooperam, mas ainda há uma ou outra maquete que deveria estar num museu. Todos sabemos quem fez aquela. Quando minhas filhas estavam no quarto ano, elas fizeram suas próprias maquetes. Em momento nenhum me passou pela cabeça ajudar até que levei seus projetos para a sala e vi a concorrência. A

maquete de Anne parecia ter sofrido um terremoto. Para mim, ela ganhou pontos por realismo histórico.

Sempre pensei que a lição de casa delas era exatamente isto: a lição *delas*. Cada uma tinha uma grande escrivaninha no quarto e, à tarde, eu sabia que elas estavam fazendo lição de casa. Elas faziam sem que eu mandasse. Era parte da rotina. Claro, não havia distrações como celulares ou tablets na época. Mas elas gostavam de fazer a lição e de acompanhar a turma. Se não fizessem, o problema era *delas*. No entanto, eu ajudava quando elas pediam, e costumava ser divertido para todas. Quando se tratava de projetos, eu não me preocupava com os outros pais que estavam intervindo mais do que eu. Falava para as minhas filhas: "Acredito em você, você consegue fazer esse projeto muito bem, e vou gostar dele seja como for". Se pedissem minha ajuda, eu aceitava ajudar, mas apenas se *elas* dessem as instruções. Eu me recusava a fazer o trabalho por elas.

Conversando com minha amiga Maye Musk, nutricionista, modelo de sucesso e mãe de Elon Musk, descobri que estávamos na mesma página. Ela nunca olhou a lição dos filhos. Não tinha como. Ela trabalhava em cinco empregos para pagar as contas. Quando as tarefas das crianças pediam a aprovação dos pais, ela fez com que eles praticassem a assinatura para que pudessem assinar por ela. "Eu não tinha tempo", ela me contou, "e o trabalho era deles."

É disso que os filhos precisam: não serem controlados ou superprotegidos constantemente, mas terem a chance de assumir a responsabilidade por sua conta e risco.

Para os pais, isso significa dar responsabilidade às crianças — desde cedo e com frequência. Em outras palavras, significa *não intervir*. Você precisa dar orientações e instruções, mas eles podem fazer muito mais do que você pensa — desde muito cedo. Quando Susan tinha um ano e meio, ela era minha ajudante oficial. Não havia babás eletrônicas na época, e morávamos em uma casa grande. A responsabilidade dela era *ser* a babá eletrônica. Quando Janet chorava, Susan gritava: "Mamãe, Janet está chorando!". Susan não sabia falar claramente, mas tudo bem. Ela estava encarregada e ficava muito orgulhosa de si mesma. E se sentia uma parte importante da família. Ela também ajudava a dobrar as fraldas. Via isso como uma brincadeira. Bom, eu transformei isso numa brincadeira. Embora ela não fosse ótima em dobrar fraldas, já me ajudava muito. Só queria que ela sentisse orgulho de um trabalho bem-feito. Afinal, eram apenas fraldas. Sugiro que toda criança tenha uma função que seja só dela. Assim elas vão desenvolver habilidades para a independência e aprender a ajudar na casa — uma lição fundamental tanto para meninas como para meninos.

Mais tarde, Susan assumiu o papel de "professora de Janet". Ela dava brinquedos para Janet, mostrava como funcionavam os chocalhos e fazia questão de que a irmã sempre tivesse o que fazer. Alguns anos depois, em Genebra, era muito divertido ver Susan tentar dar banana amassada para Anne. A maior parte da comida ia parar na cara de Anne, mas Susan ficava feliz em contribuir e se sentia orgulhosa em ser útil para a família, mesmo que em um grau pequeno.

Lavar pratos era outra tarefa importante na casa. Todas as minhas filhas subiam em um banquinho na frente da pia e lavavam os pratos depois do jantar. Elas não lavavam tudo perfeitamente — mas isso ensinava responsabilidade para a família. Meus netos levam essa tradição adiante hoje. Ava, com apenas três anos, sobe num banquinho e ajuda o irmão Leon com os pratos. Minhas filhas também deviam arrumar a cama toda manhã. Rá! Uma cama feita por uma criança não é muito diferente da cama em que ela dormiu. Mas eu não brigava com elas. Desde que fizessem a cama, eu não botava defeito.

Quando fazíamos compras, eu pedia para as meninas pegarem um quilo de maçãs e colocarem no carrinho. Hoje, existem aqueles carrinhos de compras para crianças. Mas na época não; minhas filhas tinham de usar os carrinhos grandes! Elas tinham de pesar um quilo e saber escolher as maçãs boas, o que ensinei para elas. Elas também sabiam quanto dinheiro podíamos gastar. E, quando repassávamos o orçamento, elas me ajudavam a pensar quais itens devolver.

Eu fazia questão de lhes dar certas liberdades, mesmo quando elas eram pequenas. Uma coisa que eu deixava que controlassem era a decoração do próprio quarto (até certo grau). Elas podiam decidir como queriam que fossem seus quartos, e depois deviam lidar com isso. Naqueles tempos, a moda era o carpete. Fomos à loja de carpetes, e elas puderam escolher. Aos seis anos, Susan escolheu decorar o quarto com um carpete felpudo rosa-choque. E precisou conviver com sua decisão. (Susan sempre adorou o carpete; eu é que não conseguia apreciar sua beleza.) Anos depois, quando comprou a própria casa, ela já tinha certa experiência com design de interiores (e fico grata por ter optado por tons neutros mais versáteis). Para não ficar de fora da oportunidade de decoração, Janet escolheu azul-royal para o seu carpete. Desse eu gostei mais, mas o quarto era dela, era isso que importava. Quando Anne tinha seis anos, também pôde escolher seu carpete. Sem querer ficar para trás de Susan ou de Janet, escolheu verde-limão.

Para deixar claro: não estou falando de dar às crianças responsabilidades que elas não entendam ou de que não sejam capazes, tampouco estou falando para deixar que brinquem na rua se não for seguro, ou irem a pé a uma loja se morarem em um local perigoso. Eu também não deixaria uma criança pequena sozinha com um filho mais velho a menos que ele já seja adolescente. Esse tipo de independência prematura pode ser prejudicial, se não traumatizante. Mas às vezes as pessoas exageram. Em Maryland, um casal de irmãos de dez e seis anos foi apreendido porque estava brincando sem supervisão em um parque a poucos quarteirões de casa. Uma mãe em Chicago foi constrangida depois que um vizinho chamou a polícia porque a filha dela de oito anos foi passear sozinha com o cachorro. Um artigo recente do *The New York Times* conta a história de uma mãe que foi presa por deixar o filho de quatro anos sozinho no carro por cinco minutos (era um dia fresco, a janela estava entreaberta, as travas de segurança da porta estavam trancadas e o alarme ligado). Ela foi a uma loja rapidamente para comprar alguma coisa, e um transeunte chamou a polícia. Felizmente, tem havido um movimento contrário. Em maio de 2018, o estado de Utah aprovou uma lei de "crianças em liberdade" que permite que as crianças pratiquem atividades antes ilegais — como ir a pé para a escola ou brincar sozinhas na rua. O estado decidiu redefinir "negligência" para não incluir o que muitas pessoas consideram ser apenas liberdades básicas para crianças.

Para mim, independência exige estrutura e suporte. É preciso ensinar as tarefas e responsabilidades e aceitar resultados imperfeitos. A liberdade de andar sozinho pela vizinhança (se realmente for seguro) vem com a obrigação de ligar e avisar. Minhas filhas me ligavam do orelhão da piscina do bairro. Elas ficavam na ponta dos pés para alcançar. Hoje é muito mais fácil com os celulares. As crianças sempre devem ter acesso a números de emergência — eles podem ser colados na parede, mas é melhor se a criança decorar os números importantes bem como o endereço de casa. Elas devem conhecer os procedimentos gerais de emergência, não apenas para quando estiverem sozinhas, mas quando estiverem com os pais (e se algo acontecer com você?). Não esqueça dos vizinhos; eles podem ser uma fonte maravilhosa de apoio extra enquanto seu filho desenvolve a independência. Se for deixar seu filho sozinho pela primeira vez, assegure-se de que ele tenha o número do seu celular. Dê sugestões sobre o que fazer e diga quando vai voltar. Estruture isso para ele. Com o tempo, ele vai aprender a se virar sozinho, mas, no começo, precisa de certa orientação. Lembre-se: crianças são adultos em treinamento.

Outra coisa que é preciso entender: quando os jovens começam a assumir o controle, o caos vem à tona. Lembro disso toda vez que entro no Media Arts Center durante a semana de produção do jornal da nossa escola. O prédio em si parece vir de um campus universitário, mas está aqui, em uma escola pública de Palo Alto. Foi inaugurado em 2015. Todos os professores de jornalismo do programa são eternamente gratos à diretoria e aos cidadãos de Palo Alto por apoiarem a construção. Antes de o Media Arts Center ser construído, passei trinta anos em uma sala de aula móvel com um ar-condicionado que vivia quebrando e um piso de linóleo arranhado. Para quem não sabe, uma sala móvel é como um trailer. Quer dizer, não como um trailer. É um trailer. A escola a traz para o campus, aciona à rede elétrica e chama de sala de aula.

Em um dia de produção normal, a loucura começa por volta das 15h30. É quando os alunos começam a chegar, isso se já não tiverem passado o dia todo lá ou metade da última noite. Eles ficam sentados em pufes com seus laptops ou reunidos em torno de um computador no laboratório, descobrindo erros que deveriam ter sido corrigidos, reclamando de como está a cor na página de destaque ou se preocupando com o anúncio que não chegou a tempo. Muitos tipos diferentes de música alta estão tocando ao mesmo tempo, mas esses adolescentes têm uma capacidade de concentração que pode ser impossível para os adultos entenderem. Também tem comida: muita comida. Faço questão de que eles tenham lanchinhos para a tarde toda, e nossos jantares são fornecidos por uma equipe de pais. Às vezes compramos hambúrgueres. Outras, pode ser qualquer coisa, desde comida indiana, passando por comida egípcia a espaguete e lasanha feitos em casa. Tivemos refeições lendárias ao longo dos anos, incluindo jantares completamente orgânicos trazidos e servidos por Steve Jobs e Laurene Powell Jobs, cuja filha, Lisa, participou do programa em meados dos anos 1990.

Parece (e é) caótico, mas é produtivo também. Tenho orgulho em dizer que, em 36 anos, nunca houve uma edição que não tenha sido publicada — nenhuma vez. Certo, houve algumas ocasiões em que o jornal saiu com um dia de atraso porque os alunos perderam o prazo, ou receberam uma multa de quinhentos dólares da gráfica pelo atraso (quando precisaram levantar mais fundos para bancar a multa), mas ele sempre é publicado e sempre sai bonito. Quase sempre. Numa noite, 25 anos atrás, um aluno achou que seria engraçado desenhar chifrinhos e um bigode em um membro da diretoria da escola retratado na edição da semana. Era uma piada, e ele pretendia tirar antes que o jornal fosse publicado. Bom, ele esqueceu. Lembro de olhar as cópias e pensar: "Ai, meu Deus! O que vamos fazer?". Fui até uma loja de departamentos e comprei cem canetas marca-textos. Os alunos ficaram lá a tarde e a noite toda, riscando todos os chifrinhos e bigodes nas 2500 cópias. Não foi nada engraçado na época, mas agora consigo dar risada.

Esse incidente dos chifres me leva a um dos aspectos mais importantes da minha filosofia tanto para os pais como para os professores: *o sistema de domínio*. O sistema de domínio é baseado em como o aprendizado de fato funciona, algo que um número surpreendente de pais e professores não entende. É o seguinte: errar faz parte do aprendizado. Se você executa algo perfeitamente na primeira vez, *não existe aprendizado*. Os erros devem ser incentivados. Lembra do lema do Vale do Silício? Falhe rápido, falhe com frequência, falhe para a frente. Os jovens *têm* de errar quando são jovens para que errem menos quando forem adultos. A casa e a escola são ambientes que devem apoiar o aprendizado, o que significa abrir espaço para o erro. Mas muitos jovens têm medo de que, se forem mal em uma prova de matemática, nunca vão conseguir entrar na faculdade. Se não forem eleitos representantes da turma, seus pais vão ficar desapontados. Muitos jovens sofrem pelo conflito de querer fazer as coisas sozinhos e querer fazer as coisas com perfeição. Quando isso vai ter fim? De quanta perfeição precisamos? Por quanto tempo podemos adiar o processo real de aprendizado? Como nossos filhos podem viver, que dirá se tornar independentes, se tiverem tanto medo do fracasso?

Dominar um assunto implica fazer algo quantas vezes forem necessárias para acertar. Não acontece de forma automática. É um processo. Ser professora de escrita me ensinou isso. Nos anos 1980 e 1990, quando eu estava desenvolvendo meus métodos, uma das características que um bom professor deveria ter — além do controle absoluto da turma — era que sua matéria fosse tão difícil que muitos alunos reprovassem. Seu desempenho era baseado no número de alunos que você reprovava por semestre. Isso parece inacreditável hoje em dia, mas é verdade.

Eu não conseguia seguir essa ideia. Ia contra meus princípios e meu senso de decência. Os alunos que levavam zero na primeira redação achavam impossível se recuperar. E ficavam desmotivados para melhorar por estarem começando com uma desvantagem tão grande. Era injusto e contraproducente, porque muitos melhoravam no decorrer do semestre. Eu dava aos meus alunos a oportunidade de revisar seus trabalhos quantas vezes fossem necessárias — imagine só! A nota final era baseada no produto final. Era o aprendizado e o trabalho duro que eu queria recompensar, não acertar na primeira vez. O "bloqueio criativo" desapareceu por completo. Os alunos não tinham medo de cometer erros, então podiam escrever sem tanto sofrimento. O Departamento de Inglês me acusou de pegar leve demais, dizendo que meus alunos não estavam aprendendo o suficiente. Mas, quando chegou a hora da prova, eles ficaram entre os 10% melhores nos exames estaduais.

Ao longo do caminho, percebi que era importante para os alunos saberem que eu também errava. Afinal, nunca paramos de aprender. Se me confundo quando estou dando aula, peço desculpas, digo que me enganei e volto ao início. Às vezes, eles contestam minhas correções ou minhas opiniões sobre quais artigos incluir no jornal, e admito que me enganei. Ao longo dos anos, fiz meus alunos tentarem todo tipo de software novo que não deu certo. Ops. E daí? Nem sei dizer o quanto ajuda demonstrar que você não tem todas as respostas. Os alunos tendem a colocar os pais e os professores em um pedestal, achando que somos perfeitos, que nunca erramos. É muito melhor se descobrirem a verdade: ninguém é perfeito, e todos podem aprender.

Sim, todos cometemos erros, sobretudo as crianças, mas quer saber? Muitas vezes são elas que encontram as melhores soluções — melhores até que as suas. Alguns anos atrás, viajamos com toda a família — incluindo meus nove netos — para um resort lindíssimo no condado de Napa chamado Carneros. Havia todo tipo de atividades para as crianças. O único problema era que elas viviam no celular. Todos os pais sabem como é mostrar algo especial para seus filhos e vê-los grudados em um aparelho. Deixa a gente maluco.

Alguns dos membros da família acharam que a melhor opção seria confiscar os celulares. É o que o Rio de Janeiro e toda a França decidiram fazer em suas escolas. Em 2017, o governo francês anunciou que os celulares seriam banidos de todas as salas de aula. Embora eu concorde com os estudos que mostram que os celulares devam ser proibidos nas escolas fundamentais, não apoio a medida para adolescentes porque a tecnologia oferece uma forma perfeita de ensinar o autocontrole. Se tentarmos proibir algo, isso só faz as pessoas quererem mais. Lembra da Lei Seca?

Decidi conversar com os meus netos. "Por que não pensam em um plano para regular esses celulares?", perguntei. Você precisava ver a cara deles quando sugeri que *eles* tomassem a decisão. Eles se agruparam, conversaram a respeito, brigaram e finalmente chegaram a um consenso. Quer saber o que eles decidiram? Proibir os celulares o dia todo, das 9h às 21h! Dá para acreditar? É muito mais restritivo do que eu teria proposto, e todos seguimos a decisão que eles tomaram para si mesmos.

A tecnologia é uma das coisas sobre as quais os pais mais me perguntam. Eles estão certos em se preocupar. Um estudo de 2017 descobriu que os sintomas de depressão e a taxa de suicídio aumentavam proporcionalmente ao tempo de tela dos adolescentes.[2] É uma crise, e é algo que todos temos de aprender a controlar. Para tanto, espero que seja útil compartilhar meus Dez Mandamentos da Tecnologia:

1. Defina um plano *com* seus filhos, não *para* seus filhos.

2. Nada de celulares durante as refeições, seja na sua casa ou na de outra pessoa. Um estudo de 2018 descobriu que pessoas que usavam o celular durante o jantar ficavam mais distraídas e sentiam menos prazer na comida.[3]

3. Nada de celulares na hora de dormir. As crianças precisam dormir, e os celulares são uma distração. Explique a importância fundamental do sono para o desenvolvimento do cérebro delas e lembre-as de que é dormindo que elas crescem.

4. Use o bom senso com crianças menores. Crianças pequenas, a partir dos quatro anos, devem ser ensinadas a usar os celulares em caso de emergência. Mostre como ligar para pedir ajuda — elas são inteligentes e capazes de aprender. A partir do terceiro ano do ensino fundamental, as crianças podem ser ensinadas a usar o celular adequadamente para tarefas da escola e em casa.

5. As crianças devem criar suas próprias regras de celular durante as viagens de família, eventos nos fins de semana ou qualquer tipo de atividade social em que precisem estar presentes. Lembre-se de que elas também devem escolher uma penalidade por desobedecerem à própria regra (perder determinado tempo no aparelho é um bom jeito de ensinar a seguir o combinado).

6. Os controles parentais são importantes para crianças pequenas. Mas, depois dos oito anos, elas podem aprender a se autocontrolar. Se quebrarem sua confiança ou seu acordo, o controle parental volta a ser ativado.

7. Os pais e as mães devem dar o exemplo de como esperam que seus filhos se comportem com a tecnologia. Vejo adultos nos celulares o tempo todo, e eles chamam isso de "tempo em família". Isso *não* é tempo em família.

8. Converse com seus filhos sobre as fotos que podem tirar e os áudios que podem gravar. Algumas crianças não desenvolveram o bom senso ainda. Explique que tudo que se faz on-line (por escrito ou em qualquer tipo de mídia) deixa uma pegada digital que você deve ter orgulho de compartilhar com o mundo.

9. Explique o cyberbullying e os ajude a entender seu impacto negativo não apenas nos outros, mas neles próprios. Nunca se sabe o que as crianças pensam ou acham engraçado. É difícil ensinar aos filhos o que define o humor, mas é importante. Minha regra: ria com seus filhos, não deles.

10. Ensine as crianças a não compartilharem informações de identificação pessoal.

OS FRUTOS DA INDEPENDÊNCIA

Nos anos 1980, minhas filhas eram conhecidas na nossa rua como as "meninas do limão". Um dia, viram o limoeiro da vizinha, que fez a gentileza de deixar que elas o usassem para abrir um negócio. Elas pensaram em um preço (cinquenta centavos por limão) e os vendiam de porta em porta. Venderam limões até para a dona do limoeiro. Depois de encherem seus porquinhos, elas gastavam os lucros em sua loja favorita de 1,99, a Patterson's, na California Avenue.

Acho que empreender está no sangue, porque minha neta Mia tem um negócio de sucesso produzindo e vendendo slime. Isso mesmo, slime. É exatamente o que você está pensando. Um brinquedo gosmento e gelatinoso. Mas as crianças adoram, especialmente quando brilha e tem as cores do arco-íris. Mia tinha talento para criar diferentes tipos de slime e teve a brilhante ideia de vendê-los aos nove anos. Meu neto Leon começou a trabalhar em um fliperama em Los Altos chamado Area 151 quando tinha treze anos. Foi ideia dele arranjar o emprego lá, não de seus pais. Leon vende fichas para os clientes, os ensina a jogar os jogos e até reinicia e conserta algumas das máquinas. Sua obsessão atual são bitcoins. Pode acreditar, ele é um especialista autodidata em criptomoedas.

Todos esses projetos partiram de uma faísca de curiosidade, que tem origem no pensamento independente. Quer saber a tarefa mais difícil para os meus alunos? Pensar em seus próprios temas. Escrita livre básica é quase impossível. Eles reclamam que não sabem o que é interessante. O que mais querem saber é se sua "ideia interessante" vai merecer um dez. Digo que qualquer ideia é digna de um dez se eles estiverem interessados, afinal, se eles mesmos não se interessam, por que alguém gostaria de ler?

A falta de curiosidade e a incapacidade de escrita livre eram problemas tão comuns nos anos 1990 que, quando fui supervisora pedagógica de inglês, instituí uma regra em todo o departamento de escrita livre diária para os alunos da Palo Alto High School. Esperei a liquidação de volta às aulas da Target e comprei 2 mil cadernos. Acho que eles não esperavam uma cliente como eu. Não havia um limite na época (agora tem!), mas eles ficaram surpresos por eu querer comprar uma quantidade tão grande e perguntaram se eu era revendedora. "Não", respondi. "Sou professora e estou comprando esses cadernos para todos os alunos do ensino médio." Depois de ouvirem isso, não podiam ser mais prestativos.

Nas primeiras semanas, parecia que eu estava pedindo para meus alunos resolverem um problema difícil de matemática. Tudo que eu queria era que escrevessem livremente sobre qualquer tema nos primeiros dez minutos da aula. Não parece muito difícil, certo? Errado. Às vezes eu trazia ideias do jornal. "Olhem só o que aconteceu ontem", eu dizia. "O que acham dessa matéria?" Eles nem sabiam sobre o que eram as matérias. Mas começaram a prestar atenção de repente, se interessando pelo mundo ao seu redor e formando opiniões. Eles aprenderam a adorar esses cadernos, e escrever todos os dias se tornou um ritual agradável que aumentou a confiança e a fluência deles. Esse exercício foi o começo do pensamento independente deles.

Os alunos muitas vezes não sabem *por que* estão aprendendo algo. Perguntar o porquê é muito importante para os jovens e eles merecem uma resposta melhor do que "porque vai cair na prova". Quando chegam à segunda metade do ensino fundamental, os alunos desistem de perguntar e se concentram em tirar uma boa nota. Para estimular a curiosidade, é importante responder aos porquês. Por que estamos lendo Hamlet? Por que estamos resolvendo equações de segundo grau? Quando os professores respondem essas perguntas, isso estimula os alunos a pensarem mais profundamente nas implicações daquilo que eles estão aprendendo.

Os pais podem estimular a curiosidade em seus filhos por métodos semelhantes. Não precisamos ter as respostas certas o tempo todo, mas precisamos estimular as crianças a fazer as perguntas certas. Se não soubermos a resposta, podemos dizer: "Vamos descobrir. Dá um Google e podemos partir daí". Meu neto Noah vive fazendo perguntas sobre as estrelas, os planetas e o mundo ao seu redor, perguntas difíceis como: "O que são buracos negros?" e "O que significa quebrar a barreira do som?". Essas ficam para meu marido, que é físico. Noah também faz perguntas de matemática — perguntas complexas e filosóficas. Essas perguntas também ficam para meu marido ou, melhor ainda, para o pai de Noah, Sergey.

Quando estimulamos a curiosidade, o que de fato estamos desenvolvendo é a imaginação da criança. O que me traz de volta à criatividade, um subproduto maravilhoso da independência e da curiosidade. Infelizmente, quando o assunto é criatividade e inovação, nossos jovens estão para trás. Em um estudo, utilizou-se um teste baseado no processo de recrutamento da Nasa para engenheiros e cientistas aeroespaciais a fim de medir a criatividade e o pensamento inovador em crianças pequenas. Aos cinco anos, 98% das crianças tinham capacidades imaginativas em nível genial. Mas, aos dez, apenas 30% se enquadravam nessa categoria. Quer saber quantos adultos mantêm suas habilidades de pensamento criativo depois de passar pelo nosso sistema educacional? Apenas 2%. Não é de surpreender que Elon Musk afirme: "Eu odiava a escola quando era criança. Era uma tortura". Ele detestou tanto que, quando chegou o momento de educar seus filhos, decidiu abrir sua própria escola. Chama-se Ad Astra School, e — adivinhe só — o foco é no aprendizado automotivado, na resolução de problemas e na mentalidade empreendedora. Existe até uma aula sobre ética da inteligência artificial. A solução de Musk é específica à família dele; outras famílias estão buscando suas próprias soluções, incluindo o ensino doméstico, cuja popularidade cresceu nas últimas décadas. Por quê? Porque os pais tiveram experiências negativas na escola e estão buscando uma alternativa melhor para seus filhos.

Eddy Zhong, CEO da Leangap, uma incubadora extraordinária de start-ups de adolescentes, vendeu sua primeira empresa de tecnologia por 1,2 milhão de dólares aos dezesseis anos e teve uma experiência semelhante quando era estudante. Ele afirma que as escolas tornam as crianças menos inteligentes e menos criativas. Como afirma em seu TED Talk, "O fato é que existe um número grande demais de pessoas obcecadas em dizer aos filhos para entrarem na faculdade, arranjarem um bom emprego, serem bem-sucedidos. Não existem pessoas suficientes falando para os jovens explorarem as possibilidades, se tornarem empreendedores [...]. Ninguém nunca mudou o mundo fazendo o que falavam para eles fazerem".

Eis o que você pode fazer como pai e mãe, mesmo que a criatividade de seu filho não seja estimulada na escola: eu deixava todo tipo de materiais de arte para minhas filhas na mesa da cozinha. Havia canetinhas, papéis coloridos, livros, massinha, linhas e outros materiais de artesanato. Quando elas chegavam da escola, podiam fazer o que quisessem. Eu vivia à procura de brinquedos que elas pudessem montar e projetar sozinhas. O YouTube Kids agora tem tutoriais para todo tipo de projeto criativo que se pode imaginar. Minha neta Emma fazia desenhos incríveis de animais — ela provavelmente poderia tê-los vendido aos sete anos. Como ela aprendeu isso? Seguindo um vídeo do YouTube. Também não faltam vídeos de experimentos científicos para crianças, como as ilusões de ótica que meu neto Leon adora. Dan Russell, cientista da computação encarregado de qualidade de pesquisa e felicidade do usuário no Google, estava chateado porque a filha passava muito tempo on-line — até descobrir que ela havia aprendido cinco línguas sozinha!

Projetos como esses permitem que as crianças imaginem e experimentem e, mais importante, brinquem. A criatividade flui a partir de uma sensação de brincadeira, e essa é uma das coisas mais fáceis de ensinar para as crianças. Aqui vai uma dica: *deixe seus filhos na deles*. Eles vão criar seus próprios mundos imaginários sem nenhuma ajuda sua. Pense em uma criança na praia e em todas as brincadeiras e aventuras maravilhosas que ela vai criar sozinha — juntando conchas e pedrinhas, construindo castelos de areia, pulando em pedras, se jogando nas ondas. É isso que deixa as crianças mais felizes (e desenvolve as habilidades certas). Seguir as regras nunca é brincar, a menos que se esteja brincando de polícia. E não se esqueça de brincar *com* elas. Um dos meus netos me classificou recentemente como a "mais louca" da família porque vou até o nível deles. Sou conhecida por entrar embaixo da cama com as crianças e latir com os cachorros e ter uma conversa sincera com os gatos. Sergey tem o mesmo espírito brincalhão e, por esse motivo, foi votado como o segundo mais louco da família. Steve Jobs tinha uma atitude semelhante com a vida. Lembro dele em nossa salinha de aula móvel, sentado no pufe de veludo bege. Ele conversava com os alunos, brincava nos computadores e, bom, se divertia. Ele nunca parou de brincar e explorar, e todos sabemos o que brotou de sua imaginação incrível.

TORNE-SE OBSOLETO

Agora, sei que isso vai parecer maluco para algumas pessoas, mas esse é meu maior objetivo como mãe e professora: me tornar obsoleta. Isso mesmo. Quero que os jovens sejam tão independentes que não precisem mais de mim. A educação tradicional transformava o professor em um "sábio no palco". O professor sabe tudo; a função do aluno é escutar. Esse não é meu objetivo nem meu estilo. Bom, talvez eu fosse mais professoral quando minhas filhas eram pequenas, mas, mesmo na época, minha intenção era guiá-las na direção de suas próprias ideias. Receber instruções passivamente ou ver outra pessoa trabalhando são os piores jeitos de se aprender. Como John Dewey, o famoso psicólogo educacional, afirmou no começo do século xx, "Aprender é fazer". As ideias de Dewey fazem muito sentido. Se você não puder vivenciar algo, não tem como entender aquilo completamente. *E não consegue fazer independentemente.* Por isso, eu me esforçava para ser uma "guia lateral". Minha filosofia não é fazer com que os jovens me ignorem ou não me valorizem; é fazer com que sintam que têm autonomia para realizar tudo por conta própria. Isso não significa que eu não queira fazer parte da vida deles ou que não me amem ou me respeitem. Significa que quero que tenham tanta autonomia que se sintam à vontade para agir com independência. Eu ajudo, facilito. Mas não estou no controle e não assumo o comando.

Então como isso funciona? Meus editores-chefes guiam minhas aulas. Eles fazem a chamada, abrem a aula, definem o tom e determinam a estrutura do dia. Por que não? São tarefas que eles podem fazer sem mim, e isso os torna ativos. Eles se sentam em cinco cadeiras na frente da sala e comandam as discussões. Decidem quais matérias incluir, quais tirar, que revisões de última hora precisam ser feitas. Os alunos sempre ficam em choque quando descobrem que é assim que conduzo minhas aulas.

Lembro dos meus primeiros editores-chefes. Todo o conceito era novo, para meus alunos, mas para mim também. Uma das primeiras matérias que os alunos escreveram em 1991 foi sobre o aumento alarmante de gestações na adolescência, uma questão que era importante para eles. Um dos artigos falava ainda de como os alunos precisavam aprender a usar preservativos. Parecia um pouco ousado para todos nós, mas também sabíamos que era importante.

Isso foi pouco depois das decisões de 1988 do Supremo Tribunal no caso Hazelwood × Kuhlmeier, que limitou os direitos da primeira emenda para jornalistas estudantes. Basicamente, tudo o que quisessem publicar no jornal da escola poderia ser censurado legalmente pelo diretor ou pelo orientador do jornal. Eu considerava esse tipo de censura algo absurdo e antiamericano. Portanto, desconsiderei o veredito, e o estado da Califórnia também. Fiquei feliz quando o Senado estadual votou uma lei educacional anti-Hazelwood que invalidou a decisão (embora Hazelwood ainda seja a lei em 36 estados). Por que os alunos não deveriam ter os mesmos direitos que todos os cidadãos? De que outra forma desenvolveriam uma voz para contribuir para a sociedade?

Aqueles artigos sobre atividade sexual tiveram um forte impacto nas políticas da escola. Como resultado dessa série, o distrito escolar de Palo Alto decidiu criar uma matéria para todos os alunos do distrito chamada "Habilidades para a vida". A matéria é obrigatória ainda hoje, cerca de trinta anos depois. O foco é como se proteger de doenças sexualmente transmissíveis e gravidez indesejada, embora também ensine outras habilidades importantes para a vida, como cozinhar e cuidar das finanças.

Tudo porque aqueles alunos foram livres para escrever sobre o que importava.

Quando os alunos têm engajamento e voz ativa, não há limite para o que possam fazer. Uma das coisas mais incríveis de ver minhas filhas crescerem é como se transformaram em revolucionárias apaixonadas e criativas. Seus objetivos são tornar o mundo um lugar melhor para todas as pessoas, nações e grupos econômicos. Susan enxergava o YouTube como uma plataforma transformadora, que é o motivo pelo qual convenceu o Google a comprá-lo e fazer dela sua CEO. A visão dela é democratizar o vídeo, dar às pessoas de todo o mundo a chance de compartilhar suas vidas, seu trabalho, suas opiniões, ideias, produtos e serviços. A intenção é dar voz a todos. O YouTube acredita que o mundo é um lugar melhor quando ouvimos, compartilhamos e construímos uma comunidade através das histórias. Essa mensagem é igualmente importante na educação, e tive a honra de colaborar com Susan levando o Google e o YouTube para a sala de aula.

Enquanto isso, Janet está numa missão radical de eliminar a obesidade, em crianças e adultos, e seu alvo número um é a indústria de refrigerantes. Ela viaja por todo o mundo, até algumas das comunidades mais marginalizadas e carentes, difundindo a mensagem sobre os perigos do açúcar. Ela se foca na saúde de mulheres grávidas, bebês e crianças, bem como no impacto negativo do açúcar na população do futuro. Até o momento, já publicou mais de cem artigos de pesquisa sobre diversos temas de saúde, desde os efeitos da obesidade na amamentação a doenças crônicas em aldeias de nativos do Alasca.

E temos também Anne, que deixou o mundo masculino de Wall Street para trilhar seu próprio caminho no mundo da medicina com a 23andMe. O foco dela é capacitar os pacientes para receber as informações de que precisam sobre sua saúde a fim de que tomem decisões inteligentes. Um de seus lemas é: "Ninguém se importa mais com seu corpo do que você". Foi um enorme esforço convencer a American Association of Physicians e a Food and Drug Administration de sua missão, mas ela trabalhou com eles e lhes mostrou o poder de dar a todos os pacientes informações sobre seus riscos de doenças crônicas como Parkinson, Alzheimer e câncer de mama. A ideia é que, a partir do momento em que estamos armados dessas informações, podemos fazer mudanças de estilo de vida para reduzir esses riscos de forma drástica. A 23andMe está mudando completamente o panorama do conhecimento e da autonomia do paciente. É um conceito revolucionário, e ela está apenas começando.

A questão é que, agora mais do que nunca, precisamos de pensadores e revolucionários criativos e independentes. Eles precisam experimentar, assumir riscos e pensar por conta própria para sobreviver. Mas não vão conseguir nada disso se os controlarmos e superprotegermos. Ensinei independência às minhas filhas desde o primeiro dia, e isso é mais importante agora do que nunca. Devemos dar liberdade aos nossos filhos para que eles possam prosperar no século mais imprevisível que já enfrentamos.

5. Dê garra ao seu filho

Gady Epstein não aceitava não como resposta. Seu irmão mais velho, Amir, estava na minha turma, e Gady também queria estar. O problema era que ele não conseguia encaixar fundamentos do jornalismo em seu horário, mas isso não o impediu de querer fazer a matéria *já*. Ele tinha apenas catorze anos, mas era muito questionador e enérgico. E persistente. Gostei dele logo de cara.

Concordamos em fazer um estudo independente, apenas nós dois, durante seu horário livre. Foi ótimo para ele e divertido para mim. Eu adorava trabalhar com alunos independentes porque poderia conhecer os estudantes e seus interesses a fundo. Gady me encontrava no horário do almoço e pedia feedback sobre um novo parágrafo que havia escrito. Ele corria rápido e conseguia me ver do outro lado da escola. Sua dedicação era impressionante.

Desde o primeiro dia, ele adorou escrever e noticiar. Também adorava ler jornal — eu sempre trazia jornais para a aula, especialmente os locais, mas às vezes o *New York Times*. Gady sempre vinha a nossos encontros com ideias de artigos — muitas ideias. E se dispunha a revisar quantas vezes fosse necessário até chegar a um bom resultado.

No segundo ano do ensino médio, Gady entrou para a turma de jornalismo avançado. Ele fez um ótimo trabalho em equipe e, na primavera daquele ano, decidiu concorrer para uma das vagas de editor-chefe. Parecia lógico, por causa de sua paixão e de seu trabalho duro. Ele era muito talentoso. Pensei que seria eleito. Gady também. O processo de eleição, completamente controlado pelos alunos, incluía um voto dos editores atuais e, embora Gady tenha sido muito elogiado por seus colegas em habilidades de escrita e liderança, ele acabou perdendo.

Acontece, por mais talentoso que o aluno seja. Gady ficou claramente chateado, e eu também, mas preciso respeitar as opiniões dos alunos.

Por algumas semanas, fiquei um pouco preocupada com Gady. Ele ficou bem desapontado. Afinal, queria muito ser jornalista. Mas um dia ele disse: "Ainda vou trabalhar para tornar o *Campanile* o melhor possível". "Está bem", falei, impressionada, mas com um pé atrás. Os adolescentes vivem mudando de ideia. Mas Gady fez exatamente o que disse que faria. Ele mergulhou no trabalho com tanta determinação que se tornou a pessoa central da equipe. Todos o consultavam. Ele escrevia os melhores artigos e auxiliava todos que pediam ajuda. Ele e seu colega Oliver Weisberg chegaram a montar uma operação secreta em uma locadora da região que estava vendendo pornografia para menores. Como resultado do artigo que eles escreveram, a polícia realizou uma batida na loja e fechou-a para sempre.

No outono de seu último ano, Gady decidiu se candidatar para Harvard. Ele não tinha uma média impecável e não havia sido eleito editor-chefe, mas decidiu arriscar. Foi uma honra para mim escrever sua carta de recomendação, na qual falei da história de sua candidatura a editor, seu comportamento depois disso e sua paixão pelo trabalho em equipe. Descrevi como Gady se destacou apesar desse contratempo, e que ele era um excelente escritor. Acho que meu entusiasmo transpareceu, porque Harvard me chamou para conversar sobre Gady. Fiquei surpresa. Nunca tinha sido convidada pelo departamento de admissões antes. Expliquei que Gady se saía muito bem independentemente dos obstáculos.

Harvard gostou — e muito — de ouvir isso. Gady entrou mesmo sem o título chique, mesmo sem a média impecável. Foi aceito porque ficaram impressionados com sua personalidade e sua determinação.

Tenho muitas histórias sobre as eleições de editores-chefes, que se tornaram um teste decisivo sobre como os alunos lidavam com a derrota e com a adversidade. Todo ano, conto a meus alunos sobre Gady Epstein. A história dele é sobre como lidar com a derrota, como não se sentir derrotado, mesmo que não vençamos, e, mais importante, como não perder seus objetivos de vista aconteça o que acontecer. É uma lição para todos, porque enfrentamos decepções o tempo todo. O que importa é como reagimos a essas decepções, e sua reação é algo que você pode controlar. Na verdade, é a única coisa que você pode controlar.

Gady foi para Harvard, onde se graduou em relações internacionais e seguiu seu sonho de se tornar jornalista. Depois de passar por vários empregos no ramo, incluindo no *Baltimore Sun* e na *Forbes*, onde trabalhou como diretor do escritório de Beijing, ele é agora editor de mídia da *The Economist*.

Gady Epstein não é um caso isolado. Sempre há alunos como ele nas minhas turmas, e é isso o que me mantém empolgada com o ensino depois de todos esses anos. Movido por um objetivo importante, Gady seguiu sua dedicação ao jornalismo. O que ele tinha era visão e garra.

"Garra" é um termo comum na educação. Implica seguir seus sonhos, por mais difícil que seja ou por mais adversidades que possamos encontrar no caminho. Essa é a minha definição. Em seu best-seller de 2014 *Garra: O poder da paixão e da perseverança*, a psicóloga e pesquisadora Angela Duckworth estudou os cadetes de West Point, uma escola de ensino médio no centro de Chicago, vendedores e concorrentes do campeonato nacional de soletração Scripps. Em sua pesquisa sobre o que tornava as pessoas de todos os estilos de vida bem-sucedidas ao longo do tempo, Duckworth constatou que:

> qualquer que seja o domínio, os mais bem-sucedidos tinham uma determinação feroz que se manifestava de duas formas. Primeiro, essas pessoas eram extraordinariamente resistentes e dedicadas. Segundo, sabiam de maneira muito, mas muito, profunda o que queriam. Eles não tinham apenas determinação, tinham direção. Era essa combinação de paixão e perseverança que tornava especiais as pessoas de grande desempenho. Em uma palavra, elas tinham garra.

Mais recentemente, outros pesquisadores afirmaram que garra é uma combinação de consciência e perseverança, duas características muito estudadas no campo de psicologia da personalidade. Concordo que a consciência e a perseverança sejam parte integral da garra, mas, quando penso em garra, também penso em autocontrole, recompensa tardia, paciência e coragem, todos aspectos da garra que vamos explorar nas páginas a seguir. A teoria de Duckworth reflete a minha: o tipo mais potente de garra está ligado à paixão.

Às vezes, essa paixão ou motivação é automática. Pense nos imigrantes, como meus pais e tantos outros, que são conhecidos por terem uma motivação enorme. A ideia por trás da "garra do imigrante" é que aqueles que lutaram para deixar seu país e refazer a vida longe são determinados e focados por definição. Amy Chua tinha medo de que suas filhas perdessem o diferencial que ajudou a moldar o sucesso dela. Em *Grito de guerra da mãe-tigre*, ela escreve sobre a terceira geração de imigrantes:

> essa geração vai nascer nos grandes confortos da classe média-alta [...]. Terão amigos ricos pagos por tirarem notas oito. Podem ou não frequentar escolas particulares, mas, qualquer que seja o caso, vão querer roupas de marca caras. Finalmente, e mais problemático, vão pensar que têm seus direitos individuais garantidos pela Constituição dos Estados Unidos e, portanto, serão mais propensos a desobedecer aos pais e a ignorar orientações profissionais. Em suma, todos os fatores apontam para uma geração a caminho do declínio.

Certo, talvez esses jovens não estejam "a caminho do declínio", mas suas vidas não são preenchidas automaticamente por experiências que desenvolvem garra. É uma variação do velho ditado "avô rico, filho nobre e neto pobre", referindo-se aos filhos do fazendeiro que entraram para a faculdade e depois em trabalhos engravatados, e cujos filhos seguiram o exemplo com obediência, até que os netos, criados com muito conforto, sem motivação nenhuma, regrediram ao trabalho manual. E existem evidências que mostram que os imigrantes da terceira geração podem ficar para trás de gerações anteriores e imigrantes recentes. Um estudo com 10 795 adolescentes descobriu que crianças nascidas fora dos Estados Unidos tinham maior desempenho acadêmico e envolvimento escolar do que crianças nascidas no país tanto de pais estrangeiros como nativos.[1] Não é de admirar. Existe certa paixão em chegar aos Estados Unidos que vai se dissipando com o passar do tempo. As mudanças no setor empresarial mostram tendências semelhantes. Ao olhar para a indústria de tecnologia, sabemos que, em 2016, os imigrantes no país fundaram e cofundaram metade das start-ups bilionárias. Um estudo de 2017 do Center for American Entrepreneurship descobriu que, das 35 empresas no topo da lista Fortune 500, 57% foram fundadas ou cofundadas por imigrantes ou filhos de imigrantes. Sergey Brin é imigrante. Elon Musk também. E não vamos esquecer de Albert Einstein. Claro, existem muitas variáveis a considerar, mas não se pode ignorar a garra inata dos imigrantes e o sucesso que ela gera.

A adversidade em si pode desenvolver uma garra automática. Ou você sucumbe às circunstâncias ou luta com unhas e dentes para superá-las. Nesse caso, a garra é essencialmente o desejo pela sobrevivência. Estudos sobre "crescimento pós-traumático" mostram que crianças que sofreram doenças graves nos primeiros anos de vida se tornam adultos mais positivos e resistentes. Não faltam exemplos para provar esse ponto. Veja Oprah Winfrey. Ela sobreviveu ao abuso sexual e à pobreza na infância, tornando-se uma magnata multibilionária da mídia e considerada uma das mulheres mais poderosas do mundo. Ou Sonia Sotomayor. Ela desenvolveu diabetes tipo 1 aos sete anos e precisava aplicar injeções de insulina em si mesma. Seu pai, um alcoólatra que só havia estudado até o terceiro ano do fundamental, morreu quando ela tinha apenas nove anos. A saída dela foi a educação formal, assim como tinha sido para mim, e, em 2009, ela se tornou a primeira juíza latina da Suprema Corte dos Estados Unidos.

No verão de 2018, o mundo todo entrou em choque quando saiu a notícia de que uma equipe de futebol tailandesa ficou aprisionada na caverna Tham Luang em virtude das enchentes relâmpago. Um dos jogadores do time, Adul Sam-on, de catorze anos, um aluno bolsista apátrida cujos pais o mandaram de Myanmar para a Tailândia na esperança de que encontrasse uma vida melhor, representou um papel fundamental no resgate porque conseguia falar inglês com os socorristas. Toda a vida dele até então tinha sido um exercício de garra: ele veio de uma família pobre e analfabeta, imigrou para a Tailândia, deixou os pais para morar com um pastor e sua esposa para frequentar a escola e, apesar de todas as adversidades, prosperou nesse país, tornando-se o melhor aluno e ganhando diversos prêmios esportivos. Há dúvidas de que todas as adversidades que ele enfrentou o tornaram forte, resistente e incrivelmente corajoso?

Sou inspirada por todas essas pessoas, talvez porque veja um quê da minha própria jornada na deles. Como minha filha Anne diz, eu tenho fé. Tinha uma verdadeira mentalidade de guerreira enquanto crescia. Muitas coisas ruins aconteceram na minha vida, mas ensinei minhas filhas que você pode ou deixar que essas coisas controlem você ou tornar o resto da sua vida melhor.

Não estou defendendo impor traumas ou sofrimento aos filhos. É claro que a adversidade pode ter efeitos negativos terríveis — físicos e psicológicos — que vão durar até a vida adulta. Mas quero destacar que a superação das dificuldades pode nos fortalecer, que às vezes isso acontece de maneira automática, e que muitos jovens em situações difíceis acabam desenvolvendo garra, resistência, paciência e outras habilidades fundamentais.

Mas e o resto das pessoas? Como filhos criados em casas confortáveis desenvolvem garra? Você está elogiando mais o esforço do seu filho do que o talento dele? Está ensinando que os obstáculos são parte necessária do aprendizado?

A resposta é: provavelmente não. A educação-helicóptero superprotetora resultou em crianças que não sabem fazer nada sozinhas, que dirá superar medos, dificuldades e fracassos. Elas choram quando não ganham o doce ou o brinquedo que querem. Não é uma tragédia, mas podem fazer você pensar que é. Estão acostumadas com pais que cedem sempre e, em alguns casos, suprem todos os seus caprichos. Ninguém pede que elas façam nada de desagradável, então, na adolescência, tornam-se mais contidas e muito mais medrosas. Morrem de medo de assumir riscos.

As escolas não estão ajudando porque o sistema premia apenas o resultado. A maior parte dos professores está completamente focada nos exames e nas estatísticas porque a própria avaliação deles depende da pontuação dos alunos. Eles são treinados para seguir instruções, para obedecer. Todo o modelo educacional se baseia em não ser reprovado, não correr riscos. Se os alunos vêm à escola com alguma garra, é a garra para aturar o sistema, não a da paixão por algo que amam. Não estou dizendo que não existem estudantes com determinação e persistência, porque está claro para mim e para todos os professores que muitos jovens têm espíritos batalhadores admiráveis que fazem bem para eles, mas encontro cada vez menos jovens que enfrentam as dificuldades como Gady enfrentou. Se não conseguem o que querem, eles buscam alguém para culpar. Juro, todo semestre meus alunos entram na aula introdutória parecendo cordeirinhos. Estão apavorados. E precisam de ajuda para se encontrar e ganhar autonomia. O aprendizado acontece quando os alunos estão dispostos a correr riscos. Senão, o nome disso é memorização.

Não sou a única que notou essa mudança no comportamento dos alunos. Recentemente, visitei Carol Dweck em seu escritório na Universidade Stanford. Dweck é uma das maiores especialistas sobre a forma como enfrentamos a adversidade. Seu livro *Mindset: A nova psicologia do sucesso*, publicado pela primeira vez em 2006, apresentou visões revolucionárias sobre a psicologia do sucesso humano. Dweck descreve dois sistemas diferentes de convicção, ou *mindsets*: *fixo* e de *crescimento*. As pessoas com *mindsets* fixos acreditam que nossas capacidades inatas são estacionárias. Existem gênios e não gênios, e não há nada que se possa fazer para mudar isso. Por que eles pensam dessa forma? Porque foi o que seus pais e professores ensinaram. Como a pesquisa de Dweck revelou, essas pessoas pensavam que "Ou você era inteligente ou não era, e o fracasso significava que não era. Simples assim".

Por outro lado, pessoas com *mindsets* de crescimento acreditam que o sucesso é alcançado através do trabalho duro e do foco, e que o fracasso não é motivo para desistir. Pessoas com essa mentalidade são elogiadas por seu esforço e por sua dedicação, e não por sua "genialidade". Indivíduos com *mindsets* de crescimento, Dweck explica, "sabiam que as qualidades humanas, tais como as habilidades intelectuais, podem ser cultivadas por meio do esforço [...]. Não apenas o fracasso não as desestimulava, como nem sequer imaginavam que estivessem fracassando. Achavam que estavam aprendendo". Parece muito o sistema de domínio: o erro faz parte do aprendizado, e devemos continuar trabalhando até acertar. A pesquisa de Dweck mostra que ensinar pessoas a ter um *mindset* de crescimento muda completamente a visão delas sobre o sentido das dificuldades e do fracasso. O *mindset* de crescimento nos proporciona garra — a qual pode ser aprendida.

Dweck conversou comigo sobre uma tendência que observou em seus alunos. "Não acho que os pais-helicópteros estejam deixando os filhos burros", ela me disse. "Estão deixando os filhos ineficientes. Eles são levados de carro para tudo quanto é canto, têm pouquíssima liberdade. Então como vão conseguir fazer algo no mundo mais adiante? Muitos não vão seguir carreiras. Vão fazer uns bicos aqui e ali. E eu entendo. Porque durante toda a vida você teve que corresponder a determinadas expectativas, se preocupou, tudo que você quer é não se preocupar mais." Evitar a preocupação parece uma boa fonte de motivação ou a mentalidade certa para correr atrás de objetivos importantes? Isso é dar coragem às crianças?

Em seguida, Dweck me falou de um seminário de escrita do primeiro ano que ela começou a lecionar em 2005. Ela pede uma redação particular por semana aos alunos — que é lida apenas por ela —, e, quando começou, sempre havia um ou outro aluno que escrevia sobre estar nervoso e amedrontado. "Mas há uns cinco anos", Dweck me disse, "todos, garotos e garotas, diziam ter pavor de cometer erros, pavor de expor imperfeições, pavor de serem descobertos." O mesmo acontece nas minhas turmas. O conselho de Dweck a esses calouros amedrontados: "Você está apavorado porque acha que Stanford o aceitou porque acharam que você era um gênio. Errado. Você não é um gênio. Stanford pensa que você pode *contribuir* para a universidade e depois para o mundo". Quando fala isso para suas turmas, conta ela, há um suspiro de alívio coletivo.

Líderes de empresas me contam histórias semelhantes. Stacey Bendet Eisner, estilista talentosa e dona da Alice + Olivia, uma loja de roupas femininas de luxo, acredita que está mais difícil do que nunca contratar as pessoas certas. "Sempre falo que quero trazer uma geração abaixo de mim que seja melhor, que saiba mais do que eu", ela disse. "Quero contratar funcionários melhores. Mas tem essa geração de pais que fazem tudo pelos filhos com ou sem os recursos financeiros para isso. E depois esses filhos vão para o mundo e não aceitam críticas, não fazem nada sozinhos, esperam que tudo seja entregue de mão beijada para eles, o que é um desastre no ambiente de trabalho."

Jamie Simon é diretora executiva do Camp Tawonga, um acampamento incrível de vida selvagem perto do Parque Nacional de Yosemite. Todo o acampamento é construído em torno da garra: as crianças são responsáveis por seus grupos e recebem tarefas desde garantir que todos passem filtro solar e tomem seus medicamentos a programar as atividades do grupo e a pensar em atividades que incentivem a diversão e a bondade. Eles têm até crianças de sete anos em acampamentos noturnos que guardam e carregam seus próprios equipamentos (incluindo latas de spray contra ursos) e preparam e cozinham a própria comida. Queria que todas as crianças pudessem ter uma experiência como essa. Ironicamente, para um acampamento tão focado em garra, Simon notou mudanças em seus orientadores de idade universitária. No passado, a psicóloga residente trabalhava exclusivamente com os jovens campistas, mas agora precisa acompanhar os orientadores também. Por quê? Porque eles se sentem incapacitados e deprimidos e, enfim, sem garra. A culpa não é deles, mas da forma como foram criados.

Há outro problema igualmente perturbador, que é o extremo *oposto* da falta de garra. Imagine os típicos pais e mães-tigres ou helicópteros que definem diversas metas altíssimas para seus filhos. Às vezes dá certo. Eles instigam um tipo de garra na criança de que ela deve ser a número um em todas as atividades. Vai ser a aluna perfeita e entrar para a faculdade perfeita. Vai ser o próximo Mozart. Existem muitas crianças que vencem o desafio apesar de toda a pressão. Elas atingem metas insanas e até as superam. São incrivelmente fortes e resistentes e ambiciosas. Mas, para a maioria dos jovens nessa situação, a fonte de sua garra é o medo. Medo de errar. Medo de não ser amado pelos pais caso tirem oito. Medo de não serem o próximo Mozart (o que é praticamente certo). Garra e determinação agem contra uma existência com propósito e felicidade. Eles são superprogramados e supercontrolados, obrigados a levar uma vida em que os objetivos são entregues a eles, em que desviar dos trilhos da conquista predefinida significa a ruína completa.

Compare isso com a garra que surge da paixão da própria criança. Essas crianças têm pais que veem o filho como um ser humano com suas próprias opiniões, interesses e objetivos. Esses objetivos podem divergir dos objetivos dos pais, mas a escolha é dele. Ele é incentivado a se dedicar a seus fascínios e a definir seus próprios objetivos. Quando inevitavelmente falhar, é ensinado que os erros são parte natural do processo de aprendizado e que ele deve se manter focado. Os obstáculos não o impedem. Ele se torna forte o bastante para aguentar tudo em seu caminho — fracasso, tédio, distração, intimidação. Apenas segue em frente, aconteça o que acontecer, porque é movido pela paixão em vez do medo. Sua motivação vem de objetivos internos, não de forças externas. O tipo de garra que resulta disso é o que move os jovens mais extraordinários que conheço hoje, como o desenvolvedor de softwares de dezessete anos do Cairo que está fazendo um aplicativo para ajudar pessoas surdas. Não é um processo fácil, e tenho certeza de que ele foi desencorajado mais de uma vez, mas está decidido a ajudar os deficientes auditivos. Basicamente, ele é incansável.

É isso que queremos despertar nos nossos filhos: uma garra que venha de uma motivação entusiasmada e indestrutível e os ajude a passar por todos os obstáculos. Com resiliência. Força. Sem nunca desistir.

Para mim, esse é o tipo de garra de que os jovens precisam.

CORAGEM É UMA HABILIDADE EDUCÁVEL

No lado leste do campus de Stanford fica a Bing Nursery School, uma escola infantil adorada por suas salas repletas de jogos e brinquedos e uma enorme área de brincadeiras ao ar livre. Na primavera de 1972, Susan estudava fazia quase dois anos na Bing quando foi convidada a participar de um experimento educacional que parecia divertido. Susan tinha quatro anos na época.

"Ganhamos marshmallow hoje", Susan anunciou enquanto andávamos pelo estacionamento, "e eu ganhei *dois*." Ela me contou que havia entrado em uma sala especial e ganhado um marshmallow. "Se eu conseguisse esperar e não comesse na hora, ganharia mais um", ela disse. Ela estava superorgulhosa de si mesma porque seu autocontrole foi premiado. Ela não conseguia parar de falar daqueles marshmallows.

Mais tarde descobri que Susan havia participado do famoso experimento do marshmallow. Se você jogar no Google, vai descobrir mais de 2 milhões de resultados descrevendo a pesquisa inovadora de Walter Mischel. Mischel queria testar a capacidade das crianças de adiar a gratificação e demonstrar autocontrole, e se perguntou como essas qualidades os afetariam na vida adulta. Em certo sentido, ele decidiu torturar os alunos de jardins de infância — mas de um jeito legal. Sua equipe de pesquisadores levava crianças de quatro a cinco anos para uma sala vazia da escola. Um doce — normalmente um marshmallow, mas também foram usados M&Ms, Oreos e outras guloseimas — era colocado na mesa. Eles falavam para a criança que ela poderia comer o marshmallow na hora ou esperar sozinha até o pesquisador voltar (depois de quinze minutos, quase uma eternidade para uma criança pequena) e ganhar dois marshmallows em vez de apenas um. Algumas crianças sucumbiam na hora. O marshmallow era tentador demais. As crianças que esperaram mais tempo encontravam maneiras criativas de se distrair — cantando músicas, dançando, ficando quietinhas, olhando para qualquer lado menos para o doce. Mas o mais impressionante foram os estudos subsequentes. Mischel e sua equipe de pesquisa descobriram ao longo de quarenta anos que as crianças que conseguiam adiar a gratificação desde pequenas eram "adolescentes mais competentes cognitiva e socialmente", tinham IMCs (índices de massa corporal) mais baixos e menos problemas interpessoais quando adultos.[2]

Quando eu estava prestes a sair da escola, um dos pesquisadores veio correndo até meu carro e me contou que, de todos os alunos da Bing, Susan havia esperado mais tempo por seu marshmallow. Ele parecia muito orgulhoso. Embora eu não entendesse o experimento na época, agora faz sentido. Susan é uma das pessoas mais pacientes e lógicas que conheço. Também se mantém extremamente calma sob pressão. Nada a tira do sério. Ela tem um autocontrole impressionante. Ela se cerca de funcionários que confiam nela e a respeitam. Tinha todas essas características desde pequena, e não porque nasceu assim, mas porque vinha praticando havia anos.

A garra é composta por muitas habilidades diferentes. Penso nelas como peças de um quebra-cabeça: todas são importantes. Um dos maiores segredos é se conhecer bem o bastante para controlar suas emoções e seu comportamento de maneira que você possa se manter no rumo sem se deixar vacilar. Inadvertidamente, eu vinha ensinando a gratificação tardia em casa muito antes de Susan ser testada com um marshmallow. Por exemplo, quando o assunto era comida, minhas filhas sabiam que existia uma ordem específica a seguir. Eu lhes dava um pedacinho de doce junto com o prato principal, mas elas só poderiam comer a sobremesa depois que terminassem o jantar. Sem exceções. Outra tática: sempre que queriam algo, eu sugeria um jeito de conseguir — mas em geral levava tempo. Se elas quisessem nadar, por exemplo, eu dizia: "Não é melhor esperar até esquentar um pouco antes de irmos para a piscina?". Outro pedido comum era: "Podemos sair para brincar agora?". Minha resposta: "Você deu comida pro Truflle (o cachorro)?" ou "Terminou o desenho que começou ontem à noite?". Não sei direito por que eu fazia isso, mas tinha o pressentimento de que elas deveriam aprender a se controlar desde pequenas, mesmo quando tentadas com doces ou outros agrados.

A paciência é outra peça do quebra-cabeça. Isso eu também ensinei: esperar e economizar faziam parte de nossas vidas. Não tínhamos muito dinheiro quando elas eram novas, então economizávamos para ter o que queríamos. Cada uma tinha seu cofrinho, e elas os enchiam centavo por centavo. Todo domingo, recortávamos cupons do jornal. Anne até desenvolveu um sistema especial de organização de cupons para que ficassem fáceis de achar durante as compras.

Aqui vai o oposto de ensinar paciência: deixar uma criança na internet 24 horas por dia, com o aparelho dela, no carro, em restaurantes, na mesa do jantar. Se eu recomendasse que você tirasse o aparelho dos seus filhos no carro e lhes ensinasse paciência, estaria indo contra o que 90% dos pais fazem todos os dias. Eu entendo. No mundo de hoje, simplesmente não é prático nem realista. Mas vale a pena tentar de vez em quando. Pergunte ao seu filho o que ele está fazendo no celular ou transforme o trajeto em um filme. Experimente fazer um dia de "volta no tempo" em que vocês fingem que não existem celulares ou iPads e veja o que as crianças inventam. Você pode anunciar: "Vamos fingir que somos a vovó ou o vovô quando eles eram pequenos. O que você acha que eles faziam no carro?". Esteja preparado para cantar.

Mesmo quando corremos atrás de objetivos que nos estimulam, com certeza vamos nos deparar com o tédio. Aprender a lidar com isso é outro passo importante para criar garra. Em sala, em especial durante as aulas expositivas (sim, dou aulas expositivas na minha turma de fundamentos de jornalismo, para ensinar habilidades básicas), os estudantes às vezes se queixam de que não conseguem manter a atenção. Tenho uma relação franca o suficiente com meus alunos, em que eles se sentem à vontade de vir até mim e dizer: "Você está falando há tanto tempo. Fiquei entediado. Podemos fazer outra coisa?". Certo, isso não é lá muito estimulante quando estou na frente da turma, mas nunca fico brava com eles. Aproveito isso como uma oportunidade de aprendizado. Respondo o seguinte: "Quero que voltem para casa e perguntem uma coisa importante para seus pais... perguntem se eles ficam entediados em seus trabalhos. Se amanhã vocês voltarem com a resposta de que eles nunca ficam entediados, podemos pular a aula expositiva". Isso em geral segura a atenção deles. "Entediar-se é se preparar para a vida", digo. "Vocês estão praticando agora." Eles dão risada, mas todos entendem. Às vezes, ou com muita frequência, a vida é *entediante*.

Mas também ensino que dá para aproveitar ao máximo esses momentos. Você pode contar os pontinhos no teto ou fantasiar. Pode pensar nos seus objetivos. Quais são os seus próximos passos? Que obstáculos podem surgir em seu caminho? Quais são as coisas novas para buscar? Onde você sente mais animação, mais esperança? Todo esse raciocínio pode acontecer durante os tais momentos de tédio. O tédio pode levar você a lugares inesperados e à sua próxima grande paixão.

APRENDER A LUTAR

A coragem é uma das expressões mais intensas de garra. É um tipo de determinação altruísta. Pode envolver autocontrole e paciência, e sempre exige um forte senso de identidade e uma disposição para defender o que é certo.

Depois do terrível massacre em Parkland, na Flórida, muitos alunos de lá e de outras escolas começaram a lutar pela causa da segurança. É preciso coragem para protestar, coragem para se tornar figuras públicas e coragem para entrar em debates políticos com adultos. Adolescentes de todos os lugares estão vendo as possibilidades agora; eles também podem defender aquilo no que acreditam. Não precisam simplesmente aceitar o que os adultos dizem. Outra lição importante para todas as escolas é a importância das aulas de debate, jornalismo e teatro no currículo. Essas matérias ensinaram aos alunos de Parkland habilidades importantes que os capacitaram a falar e a exercer certo controle. Eles escreveram em blogs e na internet. Discursaram em vigílias. Foram às ruas para se manifestar. Um grupo de alunos de Parkland está em uma missão chamada March for Our Lives, viajando pelos Estados Unidos pedindo a reforma da lei de armas, tentando unir a nação. Agora, eles são fortes participantes do processo democrático e exemplos formidáveis para outros estudantes.

Sete dias depois do massacre de Parkland, em 29 de março de 2018, a secretaria da Palo Alto High School recebeu uma ligação alarmante. Jenny, da secretaria, atendeu o telefone. Do outro lado da linha, uma voz masculina avisou: "Alguém na escola está com uma arma e vai atirar hoje à tarde".

A escola entrou em confinamento. Foram noventa minutos infernais para os alunos, esperando para ver se sua sala, sua escola, seria a próxima em uma série de massacres. A ligação se revelou um trote, mas os alunos sofreram durante esse período de noventa minutos. A revista *Verde*, uma das dez publicações do Media Arts Center da Palo Alto High School, publicou sua edição seguinte com o que parecia um buraco de bala atravessando todas as oitenta páginas da revista. Não importava em que página você virasse, encontrava aquele buraco de bala. É assim que todos nos sentimos — tragicamente impactados. A revista, editada por Julie Cornfield, Emma Cockerell, Saurin Holdheim (todas com dezessete anos) e pelo orientador Paul Kandell, virou notícia nacional. Apareceu na CNN, na CNBC e na ABC. Representava o estresse e o medo que os alunos de toda a nação sentiam todos os dias. E mostrava a coragem deles em pensar de maneira crítica, assumir o controle e encontrar uma resposta inesperada e criativa à violência gratuita.

Queremos educar nossos filhos para serem corajosos, para serem aqueles que têm o necessário para levantar a voz, se manifestar, serem ouvidos. Podemos começar falando sobre pessoas valentes e fazendo com que eles compartilhem suas histórias de coragem. Basta assistir à TV em qualquer noite para encontrar exemplos de pessoas defendendo aquilo em que acreditam. Como pai e mãe, você pode demonstrar sua coragem se manifestando para defender os valores em que acredita, mesmo que eles não agradem muito. Não há por que ser maldoso em relação a isso; na verdade, o impacto é muito maior se você for educado, mas persistente. Assim, seus filhos poderão ver a coragem em ação.

Estimule seus filhos a defender o que é certo — desde pequenos. Não há problema em crianças que respondam, desde que elas demonstrem respeito. Pais que silenciam os filhos estão ensinando as habilidades erradas. Estão ensinando a não se manifestar sobre coisas que importam para eles. Respeito é importante, mas ter voz ativa também. Ensine seu filho a ser amigo da criança de quem ninguém quer ser amigo; ser amigo da colega que pode ter ideias muito diferentes das dele, conversar com ela. Ensine-o a ajudar o professor mesmo se isso não for bem visto e a compartilhar seus materiais com os colegas. Quando seu filho demonstrar coragem, faça questão de reconhecer. Se ele defender a criança que todos estão ridicularizando, isso demonstra coragem e empatia.

Às vezes, porém, apesar de toda a nossa tenacidade e coragem, garra significa saber o momento de desistir. A garra é necessária mesmo quando está na hora de recuar de maneira elegante. É a habilidade que nos dá forças para mudar. Susan aprendeu isso quando estava trabalhando no Google Video, um serviço de hospedagem de vídeo gratuito do Google lançado em 25 de janeiro de 2005. Em 2006, ela descobriu que havia um produto chamado YouTube — que era melhor do que o Google Video. Era também um serviço gratuito de hospedagem de vídeo, mas com alguns recursos que o Google Video não tinha. Susan teve que tomar uma decisão muito difícil: continuar trabalhando no Google Video, no qual o Google já havia perdido muito tempo e milhões de dólares ou adquirir o YouTube, o produto de crescimento mais rápido. Olhando para os fatos, ela admitiu que tinha que mudar seus planos. Coube então a ela convencer a gerência do Google de que deveriam comprar o YouTube. Não foi fácil, pois o valor estava em 1,65 bilhão de dólares. Foi a decisão certa, como todos sabemos hoje, mas na época foi preciso muita coragem para Susan abandonar seu projeto e correr o risco de comprar a concorrência.

Precisamos falar para os nossos filhos que não há problemas em desistir e se frustrar se algo não estiver dando certo. Há sabedoria em aprender a falhar rápido, perceber e admitir logo se um projeto fracassar. Lembra do meu sistema de domínio no ensino da escrita? Eu parto do princípio de que uma redação não vai ser perfeita na primeira nem na segunda vez. O mesmo vale para a programação: na maioria das vezes, há bugs no começo. Alguns pais ouviram sobre a importância do fracasso e chegaram a me perguntar: "Como posso ajudar a preparar um fracasso para meu filho?". Não estou brincando. A intenção é boa, mas não é assim que o aprendizado funciona. Não cabe a nós orquestrar o fracasso. O que temos de fazer é deixar que as crianças trabalhem em seus próprios projetos e tomem suas próprias decisões sobre quando tentar outra coisa.

O fracasso é parte necessária do aprendizado, e aprender envolve fazer algo por conta própria. Se você fracassa, não está sozinho. A maioria das pessoas vai fracassar em algum momento. São aqueles que se levantam e seguem em frente que alcançam o sucesso no final.

GARRA E FARTURA

De acordo com o National Center for Children in Poverty, 21% das crianças norte-americanas vivem em casas com rendas abaixo do limite da pobreza, e 43% vêm de famílias de renda baixa que passam por dificuldades para cobrir as despesas diárias. A pobreza é algo devastador; sei por experiência própria. Mas há um lado bom em tudo, e o lado bom da pobreza é a garra. Quando temos recursos limitados, ou absolutamente nenhum, é preciso muita imaginação para ter aquilo que queremos, e você não tem escolha a não ser usar a criatividade. Quando eu era adolescente, queria uma mesa de cabeceira, e não tínhamos dinheiro para comprar uma. Então, peguei engradados de laranja de graça no mercado, pintei com cores vivas e os transformei em mesas de cabeceira. Ficaram muito bonitas. Eu só tinha um par de sapatos quando era criança porque sapatos eram caros. Meu pai dizia: "Por que você precisa de dois pares? Você só tem um par de pés". Eu engraxava meu único par de sapatos toda noite. Continuava pobre, mas meus sapatos sempre pareciam novos. Tenho certeza de que as crianças pobres de hoje podem lhe contar histórias melhores do que as minhas sobre como inovar.

A garra que desenvolvi na infância permaneceu comigo durante toda a vida. É uma forma de pensar no mundo e em como torná-lo melhor. Se sua família está nessa situação, é uma luta constante e um problema que todos devemos trabalhar para resolver, mas saiba que seus filhos estão desenvolvendo habilidades de enfrentamento e de garra importantes se seguirem em frente. Essas habilidades vão ser úteis para eles durante toda a vida.

É no outro extremo do espectro da riqueza que temos um déficit de garra. Muitas crianças têm brinquedos demais. Jogos eletrônicos, conjuntos de Lego, bicicletas de alta tecnologia, quartos tão cheios de tralhas que elas nem conseguem usar. Mesmo algumas crianças de baixa renda têm uma superabundância de brinquedos. Todos queremos dar aos nossos filhos uma vida melhor ou mais abundante, mas o excesso pode privá-los do desejo de trabalhar duro para conseguir algo. Se as crianças têm tudo que querem, elas nunca passam por dificuldades, nunca entendem o verdadeiro valor de correr atrás de algo e não desenvolvem criatividade nem garra.

Mas não precisa ser assim. Para começar, pare de comprar tantos brinquedos! (Uma lição que precisei reaprender como avó.) Primeiro, faça questão de que eles aproveitem os que já têm. Desde quando fazer compras se tornou um programa com as crianças? Só levá-las à loja as tenta a querer mais do que já têm. Que tal ir ao parque ou fazer uma trilha? Que tal deixar que elas criem projetos pela casa ou saiam com os amigos? Que tal simplesmente passar o tempo com elas jogando jogos de tabuleiro ou cozinhando?

E, se elas gostarem de cozinhar, deixe que façam seus próprios bolos de aniversário. É tentador planejar uma festa extravagante, mas algumas festas atuais beiram cerimônias de casamento. Já vi festas de princesa da *Frozen* completas que incluíam uma atriz representando a Elsa, e uma festa de circo elaborada, com direito a pôneis. Certo, as crianças adoram essas festas, mas sabe o que elas adoram também? Planejar seu próprio dia, pensar no conceito, ajudar a decorar, estar no controle. Dê um orçamento a elas e deixe que decidam como organizar o dia. Deixe que entrem na internet e pesquisem o que querem. Faça seus filhos compararem preços e serem consumidores inteligentes. Se eles querem um show de mágica, veja se conseguem contratar alguém da vizinhança.

Os filhos também devem estar no controle da própria educação — não importa quem esteja pagando. Quando as crianças estão no controle, elas se importam mais. Como você cuida de um apartamento alugado? Como o seu comportamento muda se você for dono do próprio apartamento? Não estou dizendo que você não deva pagar a mensalidade da faculdade do seu filho. Tivemos o privilégio de conseguir sustentar nossas filhas na faculdade e acreditamos no valor da educação. Mas as fizemos pagar pela pós. Lembro que Susan ficou chateada quando falamos que não financiaríamos a pós-graduação dela. Sabíamos que ela poderia conseguir uma bolsa ou trabalhar como assistente de professor. E, se não tivesse sido possível para ela encontrar financiamento, eu teria *emprestado* o dinheiro para ela. Não *dado*. É uma diferença importante. Ela era a mais velha, por isso o que fizemos com ela é o que faríamos com todas. Imaginamos que elas já tinham idade suficiente para dar conta, e elas deram. Tanto Susan como Janet pagaram pela pós-graduação delas ou conseguiram bolsas. Mesmo tendo sido difícil para Susan, ela aprendeu muito mais equilibrando os estudos da pós e seu trabalho do que teria se tivéssemos pagado. Sem mencionar que também tem agora uma sensação incrível de conquista, orgulhosa de si mesma, e com razão. Ela conseguiu.

Se você passou décadas economizando para pagar a faculdade do seu filho, pague. Mas aqui vai uma dica: faça com que ele pague a fatura, mesmo que seja com o seu dinheiro. Eles podem escrever o cheque, e você assina. O simples ato de escrever a quantia os faz ter noção do seu sacrifício. Eles verão os custos reais. Isso causa um impacto psicológico. Eles nunca vão esquecer. Queria ter pensado nisso na época em que minhas filhas estavam na faculdade (embora elas não precisassem — levavam sua educação muito a sério).

Seja qual for a renda da família, sugiro fortemente que todos os adolescentes arranjem empregos. Não há jeito melhor de aprender sobre como o mundo real funciona. Todas as minhas filhas trabalharam durante o ensino médio. Susan coordenava caminhões de lixo (como mencionei) e trabalhou como recepcionista no Fish Market de Palo Alto, um emprego divertido porque todos os amigos dela iam comer lá. Janet e Anne trabalharam de babá. Heidi Roizen, capitalista de risco e empreendedora, fazia shows de marionetes em festas de aniversário quando estava no ensino médio. Ela ganhava oitocentos dólares por mês com esses shows e só foi ganhar um pouco mais — mil dólares por mês — em seu primeiro trabalho fora de Stanford.

Adoro contratar adolescentes — são alguns dos funcionários mais entusiasmados, criativos e diretos que existem. Falam o que pensam. Meus alunos projetaram meu site, e acabei de contratar um adolescente do bairro para regar o jardim. Adoro ser um trampolim. Eles conseguem seu primeiro emprego comigo e depois disparam na carreira. No começo, a 23andMe, a empresa de testes genéticos de Anne, contratou equipes de alunos meus para cuidar das conferências. Eles organizaram até uma competição de natação para pessoas acima de cinquenta anos. Tenho orgulho do meu neto Jacob por ter conseguido seu primeiro emprego como cozinheiro de acampamento por dez semanas antes de partir para a universidade. Ele fica em pé durante oito horas por dia, servindo trezentos alunos por vez. Eu o vi em ação — é um trabalho duro. Mas ele tem uma atitude fantástica, e está aprendendo muito sobre garra.

Lembre-se também de que é você quem decide o exemplo que dá ao seu filho. O dinheiro era curto quando minhas filhas estavam crescendo, e boa parte do que eu fazia era por necessidade. Mas essas ideias funcionam com qualquer criança, de qualquer classe social.

Garra era simplesmente parte da minha personalidade. Morar em Los Angeles no final dos anos 1950 significava que você tinha de ter um carro. No meu aniversário de dezesseis anos, tirei minha carteira de motorista e comemorei como todos os adolescentes de dezesseis anos da região: meus pais me compraram um Studebaker — bastante rodado — verde-oliva de 1948 por trezentos dólares, e meu pai, um mecânico amador, me ensinou a cuidar dele. Sua filosofia era que eu devia fazer tudo sozinha, já que não podíamos bancar a manutenção do carro. Aprendi a trocar o óleo, os pneus e as velas de ignição e faço uma revisão bastante digna. Anos depois, quando morávamos no campus de Stanford, os vizinhos ficaram chocados ao me ver na rua embaixo do carro, trocando o óleo. Eu era conhecida por subir no telhado e limpar as calhas. Foi assim que fui criada. Minhas filhas viram tudo isso. Viram a mãe como alguém capaz de fazer (quase) tudo.

Elas também me viram como alguém com muita persistência e autocontrole. Tenho um autocontrole enorme quando se trata de comida. Acho que aprendi a valorizar a comida durante a infância, quando não havia o suficiente para toda a família. Também sei que essa é uma das formas de conseguir controlar minha saúde: o que coloco na boca. Ninguém mais tem controle sobre isso além de mim. Posso me sentar diante de um banquete luxuoso com comidas incríveis e não comer. Minha lógica é que, se eu não estiver com fome, não vou comer. Ponto. Ensinei o mesmo para as minhas filhas. Não queria que elas usassem o alimento como forma de escape emocional. A comida era nutrição e subsistência em nossa casa.

Outra lição de garra para as minhas filhas: quando eu enfiava uma ideia na cabeça, seguia aquilo à risca. Minha determinação era imbatível. A cozinha e a sala de estar da nossa casa tinham pisos de linóleo quando nos mudamos. Era culpa minha: eu escolhi aquele linóleo, mas não sabia como eram pisos de alta qualidade. Depois de alguns anos, comecei a me irritar com aquele chão. Eu o odiava muito, mas muito mesmo. Queria aquilo fora da minha casa — e queria pisos de madeira. Mas não tínhamos como bancar um piso caro. Quase não tínhamos móveis: nosso orçamento vivia no limite. Stan não via nada de errado com o linóleo, então era difícil fazer com que apoiasse minha ideia. Por isso, resolvi a questão sozinha. Devagar, ao longo de um ano, economizei um dinheirinho toda semana do nosso orçamento para comida. Minhas filhas observaram todo o processo, toda a minha persistência e determinação (em segredo, claro). No verão daquele ano, Stan foi para a Europa por duas semanas, e era hora de colocar meu plano em prática. Não queria dar a Stan a chance de argumentar, por isso fiz tudo sozinha. Eu havia pesquisado o melhor preço de antemão. Achei uma ótima empresa para fazer o serviço e agendei para começarem no dia em que ele saiu de viagem. Quando voltou, entrou na área da cozinha e da sala de estar e ficou em choque com a beleza do piso de madeira. "É lindo, não é?", eu disse. Stan ficou sem palavras. No começo, teve medo de admitir que havia gostado, talvez porque não soubesse de onde eu tinha arranjado o dinheiro para fazer aquilo, mas admitiu que eu havia feito um bom trabalho e ficou contente ao descobrir que havia pagado por tudo. Temos o mesmo piso quarenta anos depois, e continua lindo.

Também tentei mostrar às minhas filhas a importância de ser uma consumidora inteligente e como reclamar quando viam um problema na loja. Sempre tive essa atitude de querer melhorar a experiência para mim e para os outros. Às vezes a loja anunciava um produto com desconto, mas, quando chegávamos ao caixa, tentavam me cobrar mais. "Desculpe", diziam. "O preço foi atualizado" ou "Deve ter sido etiquetado errado." Isso nunca funcionou comigo. Eu brigava, chamava o gerente e insistia no preço anunciado. Sempre levava o anúncio comigo. Imaginei que, se ninguém reclamasse, continuariam fazendo aquilo com todos os consumidores, não apenas comigo. Pensava: por que é aceitável fazer propaganda falsa para atrair consumidores com base em mentiras? Minhas filhas se escondiam, morrendo de vergonha. Agora as lojas são bastante atentas aos preços listados e, muitas vezes, se você avisa sobre o preço errado, ganha um desconto. Creio que essa mudança de conduta começou graças a pessoas como eu! E gosto de pensar que as minhas filhas aprenderam a não ser enganadas e a se defender e a defender os mais fracos, e que as empresas têm a obrigação de anunciar com integridade e tratar os clientes de maneira justa.

Talvez o aspecto mais forte da garra seja que ela se torna quem *você* é. No entanto, por mais tentador que seja ver a garra como uma qualidade individual, é muito mais inspirador quando reconhecemos que ela pode mudar não apenas nós mesmos mas o mundo — de pequenas e grandes maneiras. Gady fez isso dando tudo de si a todos que trabalhavam no jornal, e os alunos de Parkland fizeram isso usando a enorme plataforma que tinham na tentativa de finalmente mudar as leis que afetam todos os cidadãos. Não existe sucesso de maneira isolada. A garra, portanto, implica fluidez e ir além do interesse próprio para podermos juntar forças no mundo como um todo. Quando temos a flexibilidade para nos fortalecer como grupo, todos saem ganhando.

AMPARO

6. Não imponha, colabore

Era meu primeiro ano como professora, e eu estava no meu limite. Todos os dias, dava aula para 125 alunos em cinco turmas de inglês e jornalismo, e precisava ficar de olho em todos. Eles deviam me ouvir falar — sobre todos os assuntos desde redação, passando por gramática a ética do jornalismo — e eu tinha que fingir interesse no que estava falando. Adoro gramática como qualquer professor de línguas, mas era obrigada a dar a mesma aula cinco vezes ao dia. É o que os professores de ensino médio fazem: você se repete a cada período (se estiver ensinando a mesma matéria). Algumas pessoas são excelentes nisso. Eu não. Fico entediada. Nunca me dei bem com um roteiro que me diga exatamente o que fazer todo santo dia. Não tinha importância se determinada aula exigisse um desafio maior ou mais tempo para entender um conceito novo. Mas ainda pior era precisar me portar como a "autoridade" dia após dia. Eu queria trabalhar com os meus alunos, não contra eles.

Quando eu não estava dando aula, eles deviam fazer seus trabalhos de maneira independente. Todos tinham seus livros, a maioria fazia anotações, e eles precisavam fazer os exercícios ao fim de cada capítulo. Minhas mãos viviam com manchas roxas de criar exercícios extras, usando uma máquina de escrever e fazendo cópias em um mimeógrafo pela manhã. Por que todo esse trabalho? Porque, se os alunos terminassem as atividades do livro, eu precisava de algo para mantê-los ocupados. Você precisava ver a cara deles quando finalmente terminavam os exercícios mais chatos já criados na história (as pessoas que escrevem livros de gramática deveriam ser obrigadas a fazer um curso de criatividade) e me viam chegando em suas mesas com mais atividades sobre o mesmo tema. "Aprender" era decorar, e todos estávamos sofrendo juntos por causa disso.

Em novembro, eu estava tão estressada que tive problemas de estômago e uma série de resfriados. Um dos professores mais velhos me disse: "Você precisa tirar férias. Parece bem doente". Bom, eu *estava* bem doente e parecia tão mal quanto me sentia. Mas, acima de tudo, estava confusa. Vinha seguindo fielmente as instruções da secretaria e o que havia aprendido na pós-graduação. Tinha a mesma formação que todos os professores da uc Berkeley School of Education tiveram nos anos 1960. A lição principal: o professor é quem manda. Assisti a diversas aulas sobre como controlar a sala. Tínhamos até um livro sobre o assunto. Éramos avaliados pelo controle de sala — se os alunos eram bem-comportados, se ficavam concentrados na tarefa, com que frequência levantavam a mão antes de falar. A ideia era que os alunos não tivessem dúvidas de que os professores estavam no comando. Nunca questionar. Uma das dicas mais memoráveis da administração era: "Não sorria antes do Natal". Não estou inventando nada disso. É só perguntar para os professores formados antes de 2000, na uc Berkeley ou em qualquer outra faculdade.

Meus alunos não estavam apenas desinteressados, estavam com medo. Medo de que eu os punisse e talvez até os reprovasse. Eu também deveria sentir medo — de ser desmascarada, de expor o fato de que sou uma verdadeira palhaça que estava louca para contar uma piada, mas achava que seria demitida se fizesse isso. Quando um aluno me viu chegando e pegou um lápis para fingir estar animado com mais um exercício de gramática, voltei à minha mesa e respirei fundo. Naquele momento, decidi que devia mudar. Eu não podia continuar no controle de tudo e de todos e manter minha sanidade. Considerei minhas opções: pedir demissão para salvar minha saúde, começar uma terapia e salvar minha cabeça ou fazer o que queria e esperar ser demitida.

Por incrível que pareça, foi uma decisão fácil. Meu primeiro passo: parar de dar aulas expositivas durante o período inteiro e deixar que os alunos trabalhassem em grupos durante parte da aula. Se precisavam aprender gramática com o livro de Warriner, que não era nem um pouco entusiasmante, pelo menos que pudessem fazer isso juntos. Vou logo avisando que isso não era nada tradicional nem aceitável. Era um sacrilégio. Lá estava eu, a professora nova, já tentando quebrar algumas regras. Não era uma ideia muito inteligente. Mas eu não podia ensinar nada àqueles jovens se não tornasse o aprendizado mais interessante. Então eles escolheram seus parceiros e estudaram gramática e ortografia em grupos.

Eu me senti um pouco mais livre. Meu senso de humor peculiar começou a transparecer. Eu inventava histórias malucas que pareciam vir de alguma série de comédia e pedia que pontuassem. Também falei para os alunos criarem seus próprios materiais. Eles entravam na sala na segunda-

-feira, e eu dizia: "Contem para mim o que fizeram no fim de semana. Escrevam e pontuem com sua dupla". Os alunos tinham a opção de contar a verdade ou exagerar o quanto quisessem. Para mim, não fazia diferença. Recebi muitas histórias sobre Beer Pong (me considero uma especialista agora, embora nunca tenha jogado uma partida), relatos de façanhas estranhas (como o menino que comeu 25 barras de chocolate de uma vez) e — isso mesmo — histórias de sexo. Esse foi o meu limite, apesar das reclamações deles. "Seus pais acham que vocês nem sabem o que é sexo", eu disse, "então não me metam em encrenca!" Houve muitas risadas na sala, mas não tive medo de discipliná-los. Eu tinha a atenção deles — porque vivia fazendo essas maluquices — e tinha sua confiança.

Até que um dia o diretor entrou na sala sem avisar, foi até a última fileira e se sentou. Ao observar a sala, notou que os alunos estavam trabalhando em duplas ou trios. Entrei em pânico. A única coisa em que consegui pensar foi: aula expositiva! Então corri até a frente da sala e comecei a discursar sobre a beleza dos ponto e vírgulas. Os alunos me olharam como se eu estivesse doida. Quer dizer, eles sempre me olhavam como se eu fosse doida, mas, dessa vez, era diferente. Eles não faziam ideia do que estava acontecendo. Eu sabia que controle teoricamente era o mais importante, então disse: "Coloquem os lápis na mesa e me escutem", no melhor estilo de faculdade de licenciatura. Alguns alunos ouviram, mas dois não. O diretor anotou isso nas "observações". "Classe descontrolada e muitos estudantes conversando sem fazer a tarefa", ele escreveu. Isso era considerado um problema grave.

O diretor me deu três semanas para "controlar minhas turmas". Isso significava alunos silenciosos sentados em fileiras. Ninguém falando enquanto eu estivesse falando. Todos tomando notas. O período inteiro. Fiquei triste e voltei a considerar pedir demissão. Talvez apenas não tivesse nascido para ser professora. Muitos professores de hoje pensam o mesmo. Sofrem tanta pressão do sistema para melhorar as notas de exames que tudo o que podem fazer é ensinar o mesmo material de novo e de novo. Hoje, eles usam computadores para ajudar a repetir o material, mas o método continua o mesmo. Nenhuma flexibilidade, pouca criatividade e pouquíssimas oportunidades para o professor colaborar com os alunos.

A rebelde dentro de mim teve uma ideia inusitada. Decidi contar aos meus alunos o que estava acontecendo. Na próxima vez em que o diretor viesse me avaliar, eles precisavam ser completamente silenciosos ou eu seria demitida. Falei isso com essas palavras. Eu confiava neles e não tinha nada a perder. "Se não querem que a aula mude, se ainda me quiserem como professora de vocês, então precisam me ajudar", eu disse. Foi uma decisão ousada torná-los parte do meu plano. Mas pensei que, se pudéssemos trabalhar juntos, poderíamos conseguir.

O plano era continuar ensinando do meu jeito — de maneira colaborativa — até o primeiro sinal do diretor. Nesse momento, todos os alunos parariam de falar e olhariam para a frente e então eu começaria uma aula expositiva. Fizemos um treino alguns dias depois, quando vi o diretor passando no corredor. Corri até a frente da sala, e os alunos pararam de falar no mesmo instante. Sucesso! Eles adoraram a ideia de participar do plano. Como minha ex-aluna, agora professora-assistente de escultura na Universidade Estadual da Califórnia em Chico, Lauren Ruth, disse: "Uma das principais coisas que Woj fez foi desconstruir a hierarquia na sala de aula. Ela vivia derrubando o sistema. Havia um lugar especial que Woj podia ocupar que era diferente dos pais. Ela era uma parceira no crime. Confiou em *nós* a ponto de ser essa parceira no crime. E havia algo encantador nessa experiência".

Três semanas depois, o diretor voltou para me observar de novo, e a sala estava em silêncio. Silêncio *mesmo*. Parecia um necrotério. E passei com mérito. "Feliz em ver você no controle", ele disse. Ele quis saber como eu havia transformado meus alunos em tão poucas semanas. Contei que foi fácil: "Fiz questão que soubessem que eu estava no comando e parei de sorrir, como me ensinaram na faculdade".

Depois disso, criei coragem.

Em 1986, passei por uma loja no shopping center Los Altos que tinha um computador Macintosh na vitrine. O Mac dizia "Olá" na tela, como se estivesse falando comigo. Eu nunca tinha visto nada assim antes, mas tinha certeza de que era melhor do que as máquinas de escrever Just-O--Writer que meus alunos usavam. Demorava horas para datilografar as matérias que eles produziam para o jornal da escola. Precisei contratar um aluno por um dólar a hora para datilografar as matérias para os alunos que não sabiam datilografar. Quando havia erros, as matérias deviam ser datilografadas do começo de novo. Aquele Macintosh parecia um presente caído do céu.

Mas eu não tinha verba. Até que por acaso encontrei um pedido de subsídio do estado da Califórnia para verbas especiais. Preenchi a solicitação de sete computadores Macintosh. A administração me avisou que a concorrência era grande. Não muito encorajador, mas adivinha quem teve o pedido concedido no outono de 1987? Sete lindos computadores chegaram à minha sala de aula móvel. Fiquei felicíssima, embora não fizesse ideia de como ligá-los. Durante algumas semanas, eles ficaram no fundo da sala, até eu anunciar aos alunos: "Estou muito feliz em contar que consegui um subsídio do estado, e agora temos sete computadores novos!". Eles sabiam o que eram computadores, mas nunca tinham visto um Macintosh de perto. Ninguém na escola sabia usar um. A secretaria me disse que os aparelhos não passavam de uma "modinha" e que não conseguiam ninguém para me ajudar. Talvez eu devesse ter me desmotivado ou até ter ficado com medo — tinha estudado ciências políticas e inglês, não tecnologia. Eu era tão ignorante que, na primeira vez que tentei usar um Mac, não sabia em que lugar as palavras na tela tinham ido parar. Acabei descobrindo que eu rolava a tela demais. Eu não sabia nem o que era rolar a tela! Mas meus alunos eram muito mais habilidosos do que eu e ficaram felizes em ajudar.

"Sem problemas", eu disse à administração. "Eu e meus alunos damos um jeito."

Todos passamos horas extras depois da aula e aos fins de semana trabalhando para instalar os computadores e para aprender a usá-los. Lembro dos irmãos Gill — gêmeos — e de como trabalharam com os outros alunos para entender a ciência misteriosa dos Macs. O pai deles trabalhava na Aldus Corporation e veio em um sábado para ensinar a usar um programa chamado PageMaker. Era perfeito para a diagramação do jornal. Pegamos aqueles disquetes da Aldus — lembra dos disquetes? — e começamos a usar essa que se tornaria uma plataforma digital formidável para diagramar nosso jornal, o *Campanile*. Depois, tivemos de pensar em como armazenar nossos dados. Os alunos fizeram isso também.

Levamos seis semanas para instalar os sete computadores, arranjar uma impressora, conectar as máquinas e organizar nossos arquivos. Éramos verdadeiros pioneiros da computação. Sempre que alguma coisa quebrava ou que precisávamos de ajuda (o que era comum), eu levava alguns alunos até a Fry's, a loja de eletrônicos da cidade. Passamos a conhecer a loja muito bem, e os alunos desenvolveram habilidades incríveis em TI muito antes de o termo se tornar conhecido. Se você nunca foi à Fry's em Palo Alto, é uma experiência e tanto. Na entrada, há uma estátua gigante de um cavalo apoiado nas patas traseiras. Para mim, representava o entusiasmo diante da revolução tecnológica a caminho. Algo grande estava acontecendo, e fazíamos parte daquilo.

Naquele ano, tive a ideia de fazer as camisetas do programa de jornalismo pela primeira vez. As equipes esportivas tinham camisetas, e éramos uma equipe também. Fico orgulhosa em dizer que houve estampas incríveis ao longo dos últimos trinta anos, sempre feitas pelos alunos: um desenho meu pisando no prédio administrativo da escola, uma camiseta com uma moeda grande na frente e "Confie em Woj" na parte de trás e, recentemente, "Woj-se". Os alunos usam suas camisetas em toda a escola e por toda a cidade de Palo Alto.

O que aconteceu na minha sala, desde meus primeiros dias ensinando gramática até o jornalismo altamente tecnológico de hoje, gira em torno de colaboração. A colaboração só é possível com uma forte base de confiança, respeito e independência. As crianças também precisam de uma meta bem definida, pela qual sejam apaixonadas. Esses elementos têm de existir para que os estudantes trabalhem juntos e orientem uns aos outros. Meus alunos treinam essas habilidades todos os dias e já me espantaram com sua capacidade de apoiar, de educar e de inspirar uns aos outros.

Para criar uma publicação de alta qualidade, meus alunos precisam conhecer o jornalismo como a palma de sua mão. Não é algo teórico. Eles não estão decorando o material que vai cair na prova e o esquecendo alguns dias depois. Estão escrevendo e projetando um jornal completo e precisam dominar as habilidades envolvidas. Antigamente, eu dava aulas sobre Adobe PageMaker e Photoshop, mas os alunos escutavam, faziam anotações, depois entravam no laboratório de informática e não faziam ideia de como usar os programas. Nunca dava certo. Simplesmente não é possível aprender a usar um programa ouvindo alguém falar como se faz. Então passei para uma aula mais interativa em que eu explicava um aspecto do programa e os fazia treinar aquela função, e depois passávamos para o passo seguinte, alternando entre aula expositiva e prática. Isso funcionou melhor — mas o que mais funcionou foi fazer os alunos ensinarem uns aos outros.

Minha ideia era unir cada aluno iniciante com um aluno avançado. Nós chamávamos os iniciantes de "filhotinhos". Era um termo carinhoso. Cada um tinha seu filhotinho. Os alunos avançados podiam escolher com quem trabalhar e eram responsáveis por garantir que o iniciante soubesse fazer tudo. Eu oferecia a estrutura, anunciando: "Hoje vamos treinar como melhorar nossas matérias" ou "Hoje vamos melhorar nossos artigos de opinião". Depois líamos exemplos juntos, e os filhotinhos faziam um rascunho com a ajuda de um aluno mais velho. Na maioria das vezes funcionava perfeitamente, mas nem sempre. Se um filhotinho entregasse um trabalho que precisasse de mais revisão, eu falava para o aluno mais velho: "Ei, seu filhotinho não escreveu uma manchete muito boa. Volte lá para ajudá-lo, por favor". Muitos iam, mas se dissessem "Não consigo" ou "Não entendi", conversávamos mais sobre o problema — até entenderem tudo. Basicamente, eu repassava o máximo de responsabilidade possível para os estudantes, o que se revelou um enorme sucesso. Byron Zhang, um dos meus alunos atuais que imigrou da China quando estava no sétimo ano, me falou que essa orientação foi importantíssima para sua educação geral. Ele sempre foi um pouco inseguro em relação a suas habilidades de fala e escrita em inglês, mas seu mentor o ajudou a desenvolver autoconfiança. Ele também gostava da chance de fazer amizade com os alunos mais velhos, o que era raro fora da minha matéria.

Em todos os anos fazendo isso, nunca tive um aluno que não atingisse as expectativas. Quando confiamos em nossos alunos e os ajudamos a estruturar seu tempo e suas tarefas, eles conseguem. Mas, se tivermos medo e não acreditarmos nas capacidades deles, isso normalmente não acontece.

Mais adiante, expandi esse sistema de orientação para a escrita propriamente. Era impossível para mim fazer críticas pessoais a 150 alunos por dia, mas eles podiam criticar uns aos outros. E, ao longo de um ano, os alunos tiveram melhoras significativas que tanto eles como seus parceiros podiam comemorar. Tive a sorte de oferecer feedback ao Google sobre o que na época se chamava Writely, um programa novo que possibilitava aos estudantes colaborarem durante a escrita e editarem o trabalho uns dos outros. Meus alunos foram alguns dos primeiros usuários do que viria a se tornar o GoogleDocs, um aplicativo que eles e milhões de outros estudantes usam até hoje.

Não estou dizendo que é sempre fácil. Existe um fator de incerteza sempre que se trabalha com adolescentes. Trabalhar com turmas grandes e colaborativas é sinônimo de caos. Mas passei a gostar do caos. Acho que desenvolvi uma tolerância a ele com o tempo. Há momentos durante a semana de produção em que os alunos botam música alta e gritam do outro lado da sala e prestam atenção em três aparelhos ao mesmo tempo. Fico sentada no meio disso tudo e faço meu trabalho.

É difícil descrever o impacto que esse método de ensino tem nos adolescentes. Quando os alunos sentem que podem colaborar com seus professores, sua autoimagem vai às alturas e eles se sentem absolutamente capacitados. Eles são capazes de tudo, porque alguém os apoia. Eles também podem aguentar decepções, porque sabem que são membros valiosos da equipe aconteça o que acontecer. Este ano tenho uma aluna muito talentosa que concorreu para editora-chefe, mas perdeu. É claro que ela ficou decepcionada, mas não por muito tempo. Ela assumiu um papel importante como representante da diretoria, o que significa que participa de todas as reuniões da diretoria e informa sobre as decisões que afetam os alunos diretamente. Também trabalha como orientadora em nosso acampamento de verão de jornalismo. Ela sabe que é valiosa para mim e para todos os outros no jornal, e essa é toda a motivação de que precisa.

TRABALHE COM SEUS FILHOS, NÃO CONTRA ELES

É triste, mas é verdade. Muitas pessoas pensam que o melhor jeito de educar as crianças em casa e na escola é estando no controle absoluto. Elas pensam: "As crianças são jovens e não sabem de nada. Os pais que devem mostrar o caminho". Embora as crianças gostem de estrutura, o excesso de estrutura não faz bem para a saúde psicológica delas, segundo algumas das pesquisas mais importantes realizadas sobre os estilos de educação e seus efeitos no comportamento. Em 1971, a pesquisadora de psicologia do desenvolvimento Diana Baumrind analisou um grupo de 146 crianças em idade pré-escolar e seus pais. Ela observou quatro estilos distintos de educação: *autoritário, impositivo, permissivo* e *negligente*. Vamos esmiuçar as duas primeiras categorias.

Os pais *autoritários* agem como ditadores. Concentram-se acima de tudo na obediência e no cumprimento de regras. São os pais que dizem existir "meu jeito ou rua", que são totalmente inflexíveis. Em contrapartida, os pais *impositivos* criam uma relação positiva, calorosa, mas firme com seus filhos. Acima de tudo, esses pais estão dispostos a considerar as opiniões dos filhos e a participar de conversas e discussões, o que tende a contribuir para o desenvolvimento de habilidades sociais. Como a pediatra do Vale do Silício Janesta Noland afirma: "Um pai impositivo é aquele que define certos limites mas faz isso através da participação — não é seu melhor amigo, não é uma pessoa que não se importe com você, não é alguém que só quer controlar você, mas alguém que oferece um suporte de expectativas". O estudo original de Baumrind descobriu que a educação com autoridade está associada a comportamentos independentes e construtivos e à responsabilidade social em meninos e meninas.[1] Do mesmo modo, seu estudo de acompanhamento de 1991 descobriu que a educação impositiva protegia os adolescentes do uso de drogas, provando que os estilos educacionais exercem influências duradouras nos filhos.[2]

As duas últimas categorias são mais autoexplicativas: os pais *permissivos* tendem à indulgência excessiva e não impõem regras nem expectativas, sentando-se no banco traseiro da vida do filho. Algumas pessoas interpretam minha filosofia erroneamente como permissiva ou de criação livre, mas estão deixando de ver um ponto importante: nunca ofereço liberdade sem estrutura. Não quero que meus alunos corram soltos pelo centro de mídia; quero que suas ideias e seus artigos corram à solta, mas com uma base firme de jornalismo e um prazo definido. Grande diferença. Estabeleço expectativas altas. Quero apenas que os alunos encontrem um jeito de atingi-las. Os pais *negligentes* fogem de suas responsabilidades, negligenciando o filho em termos de atenção, amor e orientação. Obviamente um mau colaborador e um cuidador problemático.

Existe um momento para cada tipo de educação, embora os extremos costumem ser excessivos no dia a dia. Se você estiver em uma situação de perigo, pode ter que agir como um ditador para demandar a atenção e a obediência de que seu filho precisa naquele momento. Não é nada bom ser negligente o tempo todo, deixando seu filho fora de casa sem saber aonde vai ou quando vai voltar, mas existem momentos em que é preciso recuar um pouco e ficar em silêncio. Quanto à educação impositiva, concordo que devemos ser firmes com as crianças quando elas são pequenas e ainda estão aprendendo os elementos da CRIAR. Isso acalma as crianças pequenas, sabendo que existe alguém no comando. Proporciona estrutura e direcionamento a elas.

Mas creio que exista ainda outra categoria. Gostaria de chamá-la de educação *colaborativa*, na qual se constrói uma relação de respeito mútuo com o filho a partir do momento em que ele tem idade suficiente para entender o básico. Por exemplo, se eu estiver pintando o quarto de uma criança, o estilo com autoridade poderia dizer: "Aqui está a tinta. Olhe enquanto pinto primeiro, depois você pode fazer igual", enquanto o estilo colaborativo daria mais poder à criança: "Vamos à loja de tintas escolher uma cor. De que cor você gosta? Agora vamos escolher os pincéis". Essa tática exige mais tempo, mas a criança se sente mais como uma colaboradora do que uma operária. Oferecer uma escolha ainda que pequena para ela causa um impacto profundo.

As crianças entendem isso naturalmente. Costumamos pensar que as crianças de um a três anos são determinadas a impor sua independência, mas um estudo de 2017 revelou que crianças de dois anos sentiam tanto prazer ao atingir seus objetivos como quando ajudavam outra criança a atingir os dela.[3] Outra pesquisa revelou que, quando chegam aos três anos, as crianças entendem o sentido de ter obrigações para com um parceiro, e podem ver suas próprias perspectivas em conjunto com as dos outros.[4] Faz sentido que a colaboração seja um impulso natural. Os humanos sobreviveram apenas porque encontraram um jeito de trabalhar juntos: a união faz a força. Colaboração é algo poderosíssimo.

Então por que insistimos em impor? Por que somos tão controladores? Não estamos tentando ensinar os nossos filhos a viver em uma sociedade democrática, a serem capazes de viver e de trabalhar junto com os outros? A resposta é que esquecemos a importância de deixar que eles pratiquem ter o controle, mas é isso que precisamos fazer como pais, pela saúde dos nossos filhos e de toda a família.

O CAMINHO PARA A COLABORAÇÃO

Como todos os princípios da CRIAR, a colaboração começa com você, pai e mãe. É muito difícil dar o exemplo de colaboração se você não souber ouvir as opiniões dos outros ou se estiver o tempo todo atacando o seu parceiro porque pensa que sabe mais. Lembre-se: conceber e criar um filho é um trabalho em equipe. Seu parceiro é seu parceiro, não seu adversário. E o exemplo que você dá é o resultado que você obtém. As crianças estão sempre de olho.

Mas haverá discórdias. As crianças se comportam mal e agem de maneira completamente maluca. Elas não nascem com boas maneiras e são muito autocentradas. Mas, à medida que crescem, aprendem a pensar nos outros se é isso que observam. Cabe a você reagir no momento, o que pode ser um grande desafio quando seu filho estiver jogando comida no chão ou fazendo birra na loja de brinquedos. Aqui vai minha sugestão: tente evitar brigas pesadas com seu parceiro (conte até dez) e definitivamente não as tenha na frente do seu filho. Mas e as irritações e discordâncias do dia a dia? Não as esconda. Ver como lidar com elas é exatamente do que seu filho precisa. As crianças aprendem observando as pessoas expressando queixas e chegando a uma solução. Não esconda o fato de que está irritado, mas dê o exemplo de como discordar de um jeito que ajude a resolver o problema.

Digamos que seu marido chega em casa e quer jantar fora, mas você passou o dia inteiro cozinhando. Ele insiste: "Estou cansado de comer a mesma comida de sempre. Quero sair". Uma discordância comum entre casais. Está tarde, vocês dois estão mal-humorados. Seus filhos estão olhando! Seu principal objetivo? Encontre um meio-termo. É esse o princípio básico dos relacionamentos. Vocês podem sair amanhã à noite ou guardar as sobras para amanhã e sair hoje. Não façam tempestade em copo d'água. Mantenham a cabeça fria e encontrem uma solução. Afinal, não é nenhum desentendimento terrível. Lembrem-se, as crianças estão sempre nos observando. Que lições vocês estão ensinando com seus atos?

Colaboração em casa também depende de criar a estrutura certa de comunicação. Conversar com seu filho como um colaborador faz com que ele se sinta parte da equipe, e é isso que as famílias devem ser. Pode parecer sutil, sobretudo quando se está conversando com crianças pequenas, mas faz uma diferença enorme. Em vez de mandar: "Coloque o maiô. Você vai nadar agora", tente sugerir: "Está quente lá fora. Quer vir nadar com a gente?". Claro, às vezes é preciso impor. Algumas crianças de dois ou três anos tomariam conta da casa se pudessem. Mas, em vez de impor as atividades do seu filho, dê a ele a chance de opinar. Você está ensinando que ele é ouvido e valorizado, mesmo que seja pequeno. "Quer ir ao parque ou ao zoológico? Gostaria de brincar com seus Legos ou ajudar a mamãe a preparar seu lanchinho?" Já consigo ouvir a resposta provável: "Quero sair para tomar sorvete". E esse tipo de resposta deve ser rejeitada. Mas as respostas das crianças podem ser muito úteis. Precisamos evitar falar com elas de maneiras como nunca falaríamos com nossos amigos, especialmente quando estamos dando ordens. Vejo isso o tempo todo em público. Sei como os pais podem ficar frustrados, mas existem maneiras mais colaborativas de dizer "Entre no carro", "Saia do celular", "Venha aqui agora". Evite também dizer coisas que possam magoar a longo prazo, como "Que burrice você foi fazer". Todos tomamos decisões idiotas, mas dizer isso só piora as coisas. Tenha uma regra de ouro em mente: você gostaria que falassem com você como fala com seu filho?

    A colaboração não precisa ser avassaladora ou gigantesca. Faça dela parte do seu dia a dia. Por exemplo, Susan e a família se reúnem para jantar toda noite. Eles se sentam à mesa e compartilham algo que aconteceu no seu dia. Até Ava, de três anos, comenta sobre o dia dela. É um ritual que une a família e celebra a importância de cada filho.

Quando se trata de tarefas e responsabilidades, quase toda tarefa pode ser dividida em partes colaborativas. Em casa, as crianças podem representar um papel importante no planejamento dos jantares. Elas podem servir a mesa, escolher as receitas e ajudar a cozinhar e também a arrumar depois. Manter a casa limpa é um projeto colaborativo, e a criança deve ter um papel claro nisso. Quem passa o aspirador? Quem lava a roupa? Quem põe o lixo para fora? Quem vai lavar o carro? Quem é responsável por cuidar do jardim? A ideia geral deve ser de que a casa pertence a todos, e todos precisam trabalhar juntos para deixá-la bonita. Não sou uma empregada, e você também não. Cada um de nós tem uma responsabilidade para cumprir sua parte do acordo.

O mesmo vale para a escola. Fico muito impressionada com os alunos do Japão que colaboram entre si para limpar as salas de aula, varrer o chão e tirar o lixo. Não existem zeladores. Eles trabalham juntos para manter a escola limpa. Estamos muito longe do trabalho incrível que as crianças japonesas fazem, mas na maioria das escolas americanas tentamos ao menos fazer com que as crianças limpem a mesa depois do almoço. Nas escolas de Palo Alto, os alunos são responsáveis por separar o lixo na lata certa (reciclagem ou orgânico) e ajudar os zeladores a garantir que a escola esteja em ordem. Os alunos do curso de jornalismo assumem total responsabilidade pela preparação da comida para as noites de produção quando ficam até tarde e por limpar depois. Na maioria das vezes, eles fazem um ótimo trabalho. E faço questão de que conheçam e valorizem nossos zeladores — todos compartilhamos as responsabilidades e todos nos importamos.

Minha atividade favorita para ensinar colaboração à família é o planejamento das férias — as crianças adoram.

Você pode oferecer algumas opções, e então as crianças podem pesquisar, escolher um local e selecionar as atividades. Aqui vai a melhor parte: você não vai precisar obrigá-las a fazer as coisas. Elas terão planejado. Na nossa família, Stan assumia a liderança no planejamento das férias. Ele tinha ótimas ideias, e confiávamos que planejaria passeios excepcionais. Nunca participávamos de tours. Stan era o diretor dos nossos tours, mas sempre com a contribuição das meninas. Nossas filhas faziam sugestões em cada passo do caminho. Viajamos para a Espanha quando Susan tinha cinco anos, e lembro que ela escolheu os restaurantes. Isso a mantinha interessada e animada. Não sei direito como ela decidia, mas fizemos ótimas refeições. Quando fizemos trilha nos Alpes Suíços, sempre havia escolhas e deixávamos para as meninas decidirem. "Vamos pegar o caminho mais longo ou mais curto? Lembrem-se que o mais curto é mais íngreme. O que vai ser, meninas?" Elas também escolhiam que museus visitar com base nos folhetos. Quando participavam da tomada de decisões, elas adoravam os museus. Mas lembro de vezes em que não perguntamos a elas. Foi um erro. Levá-las ao museu era como levá-las ao dentista! Havia coisas que eu e Stan queríamos fazer também, então deixávamos as meninas escolherem seu horário e sua atividade. Eu dizia: "Temos um dia inteiro para planejar, manhã, tarde e noite. Vocês podem opinar em uma parte — qual vocês escolhem?". Elas tinham uma discussão acalorada e chegavam a um consenso. Sempre honramos a decisão delas, embora às vezes houvesse uma exceção quando Stan argumentava: "Eu sou o mais velho e talvez nunca mais volte aqui". As meninas normalmente deixavam que ele ganhasse essa.

Não tenho como não destacar o suficiente a importância das amizades para as crianças. A vida é uma série de relações colaborativas: primeiro com os pais, depois com a família e com os amigos, depois com os professores e mais adiante com orientadores, colegas e a comunidade em geral. Todo dia, minhas filhas se encontravam com os filhos dos vizinhos para brincar ou trabalhar em um projeto de artes ou ciências. Elas aprendiam a ser amigas, a compartilhar, a se darem bem. Em geral, os vizinhos são um excelente recurso muitas vezes ignorado, fácil de deixar escapar no mundo ocupado e sobrecarregado de hoje em dia.

E não precisam ser outras crianças. As crianças podem fazer amizade com pessoas de todas as idades. Éramos ótimos amigos de um casal mais velho da casa ao lado que adorava as meninas, então eles vinham nos visitar sempre que podiam. Descobrimos que nosso vizinho, George Dantzig, era um líder inovador no mundo da tecnologia, embora tivéssemos passado anos sem saber isso, e ele nunca nos contou. Ele e a esposa, Anne, eram pessoas muito simples e simpáticas. Ninguém teria como imaginar. Mas um dia notei que George tinha um escritório cheio de premiações e doutorados honorários de países de todo o mundo. Hum, pensei, o que será que ele fez? Descobri que ele havia desenvolvido o algoritmo simplex, que solucionou os problemas de programas lineares da internet, tornando possível o desenvolvimento da web. Ele era um homem humilde.

Certa noite de verão, quando Anne tinha por volta de dois anos, ela decidiu levar a boneca para passear e visitar os Dantzig. Nossa porta da frente estava destrancada, então ela só saiu. O único problema era que ela estava completamente pelada, em uma idade em que se recusava a colocar roupas. Recusava-se categoricamente. Era verão e estava calor. Depois de ouvir a porta do andar de cima, olhei pela janela e a vi empurrando o carrinho de boneca pela entrada.

Naquele momento, eu não tinha mais energia para explicar a importância das roupas, então apenas deixei que ela fosse. Pensei que eles não se importariam. Mas depois descobri que estavam com convidados para o jantar, pessoas muito renomadas da França. Mas Anne tocou a campainha, anunciou "Vim aqui brincar" e simplesmente entrou, nua em pelo, e se sentou à mesa. Ela causou uma sensação e tanto, e a história virou um clássico da vizinhança.

Quando as crianças ficam mais velhas, os esportes se tornam uma maneira perfeita de ensinar a trabalhar em equipe e a ter responsabilidade com os outros. Todas as crianças devem se envolver em esportes em algum momento. Esportes individuais ensinam garra, perseverança e habilidades técnicas, mas esportes coletivos são ainda melhores porque as crianças aprendem que fazem parte do time e aprendem que seu desempenho importa para o grupo. Minhas filhas entraram para a equipe de natação da Stanford Campus Recreation Association a partir dos cinco anos. Elas davam voltas na piscina por uma hora toda tarde. Isso melhorou bastante o sono delas. Aos finais de semana, elas nadavam em competições de revezamento como parte da equipe oficial. Imagine uma equipe de revezamento composta por crianças de cinco anos dando o melhor de si para nadar nos estilos peito, borboleta, costas ou crawl. Era engraçadíssimo, mas também era um excelente treinamento para o mundo real.

Ao longo dos anos, vi como as atitudes que elas aprenderam na natação, no tênis e no futebol passaram para outras partes da vida delas. Elas se tornaram mais conscientes umas das outras, mais compreensivas no meio de discordâncias e mais aptas a ajudar. Embora às vezes outros pais tenham agido contra essas lições. Os esportes podem se tornar o jeito de os pais competirem — se deixarmos nossos egos se envolverem, insultando os outros times, provocando os outros pais ou gritando com o nosso filho por ter perdido um gol. Não faltam vídeos no YouTube de pais saindo no braço por causa do jogo do filho. Não devemos esquecer de ensinar o espírito esportivo, sempre parabenizar o outro time por um bom jogo, qualquer que seja o resultado. É mais fácil falar do que fazer, mas, na dúvida, lembre-se: não se trata de você.

Por fim, dar conselhos deve ser visto como uma chance de colaborar (*não* impor). Durante o ensino médio, minhas filhas não estavam se saindo bem em física. Você pode imaginar que, tendo um professor de física como pai, isso não pegava nada bem. Elas achavam que não estavam aprendendo nada.

Então sugeri três opções e falei para elas escolherem a melhor: 1) ficar até mais tarde na escola e pedir ajuda para o professor de física; 2) pedir ajuda para o pai delas, que vivia ocupado e não tinha muito tempo; ou 3) contratar um professor particular. Elas escolheram o professor particular, então pusemos um anúncio no departamento de física e, pouco depois, tínhamos um estudante de pós-graduação que vinha à nossa casa três tardes por semana. Problema resolvido, juntas.

A mesma resolução de problemas aconteceu quando Janet decidiu tentar ser líder de torcida. Ela entrou para a equipe, e fiquei muito orgulhosa dela. Mas havia um pequeno problema: ela não gostou. De novo, atuei como ouvinte. "Bom, o que você quer fazer?", perguntei. "Quero largar", ela respondeu. Conversamos. "Como a equipe vai ser impactada se você sair agora?", perguntei. "E como isso vai fazer você se sentir? Elas escolheram você para esse ano, então talvez seja bom cumprir sua parte do acordo." Ela entendeu meu argumento e, no fim, completou a temporada.

Não faltam desafios que os filhos enfrentam diariamente. Todos os pais sabem disto: sempre há algum problema para resolver. O melhor que podemos fazer para os nossos filhos é guiá-los e apoiá-los em sua tomada de decisões em vez de falar o que eles devem fazer. Precisamos ser pacientes e parar de julgar tanto.

DISCIPLINA COLABORATIVA

Todo esse trabalho em equipe parece bonito no papel, mas ainda assim as crianças vão cometer erros, porque estão aprendendo. É o que elas fazem. Aprendem mais quando cometem erros. Quando surgem problemas, como inevitavelmente vão surgir, vale a pena ter uma mentalidade educativa. Todo problema, todo passo em falso representa uma lição a ser aprendida. E você adivinhou: o professor é você.

Um dos meus netos tinha mania de morder. Ele chegou a morder um dos seus amiguinhos na escola. Isso é mais comum do que se pensa. Mordidas, puxões de cabelo, socos — as crianças fazem isso o tempo todo porque não sabem se controlar e ainda estão aprendendo a interagir. É tentador ficar nervoso. Tentador de verdade. Mas é preciso manter a calma e argumentar com a criança. E é preciso estar disposto a conversar com ela.

Foi o que minha filha fez com meu neto. Ela o levou para outra sala, se sentou com ele e perguntou por que ele estava fazendo aquilo. Ela queria saber o que o estava deixando tão frustrado. A frustração está por trás de muitos comportamentos indesejados em crianças pequenas. Eles simplesmente não sabem como lidar com suas emoções. Nesse caso, ele estava chateado porque o outro menino estava brincando com os seus brinquedos. Para uma criança de menos de três anos, isso é muito difícil. Então ela falou sobre a importância de compartilhar com os outros para que eles compartilhem com você. Essa é uma habilidade crucial para se dar bem no mundo, e morder não é um jeito aceitável de expressar uma opinião. Embora nada funcione da noite para o dia, com o tempo isso resolveu o problema.

Quando as crianças são um pouco mais velhas, recomendo que tirem um tempo em silêncio para escrever sobre o que estão sentindo e como estão se comportando, além de ter uma conversa com os pais. A escrita reflexiva é uma ferramenta de ensino maravilhosa; sempre usei isso com as minhas filhas. E, se seu filho ainda não sabe escrever, fale para ele fazer um desenho sobre o que está sentindo. A intenção é fazer com que ele reflita e se expresse. Peça para escrever uma história a partir da perspectiva do menino mordido. Isso o ajuda a ter empatia e a parar com o comportamento indesejado.

Depois disso, sigam em frente juntos. Não guarde rancor, muito menos contra crianças pequenas. Elas estão aprendendo. Em vez disso, seja parceiro do seu filho no aprendizado dele. E, se voltar a acontecer, repita o processo (sem ficar bravo). Identifique o erro, faça o possível para entender o motivo do comportamento e fale para ele escrever mais sobre a razão de agir dessa forma. Ele vai aprender, mas pode levar um tempo.

Esse é o meu jeito de resolver muitos problemas, sobretudo para lidar com plágio, o que atormenta professores de toda parte. Quando eu dava aulas de inglês, passava temas muito diferentes que tornavam difícil plagiar. Mas alguns alunos conseguiam ainda assim. Fico grata por não ter muitos problemas com isso nos meus cursos de jornalismo. Lembro meus alunos de pensarem em todos que estarão de olho em suas matérias — e isso basta. Essa é a beleza de um curso de jornalismo com consequências no mundo real. Mas, quando eu precisava lidar com estudantes que plagiavam, o que eu mais fazia era conversar com eles. Eu dava um zero e os chamava depois da aula, mas não os mandava para o vice-diretor, senão eles seriam tirados do curso ou reprovados. A escola leva o problema bem a sério. Eu pensava que era uma questão entre mim e o aluno, não entre a administração e o aluno. O que aprendi: os alunos que plagiam, assim como os alunos que colam, estão sob muita pressão. Sempre tratei isso como um sintoma de estresse. De onde vem esse estresse? Normalmente, é o estresse dos pais de que o filho precisa tirar dez ou vai sofrer um castigo. Eles vivem com medo do castigo e de não saberem como melhorar seu trabalho.

Eu via todo tipo de plágio como uma oportunidade de ensinar. Primeiro, pensava por que eles tinham feito aquilo, por que achavam que não conseguiriam completar a redação sozinhos. Depois, ensinava sobre o que precisavam para redigir o trabalho por conta própria. Explicava por que o plágio era tão ruim, por que é antiético pegar as palavras e os pensamentos de outra pessoa e fingir que eram deles. "Quero saber o que *você* tem a dizer", eu falava para eles. "Não o que a Wikipédia diz." Também tentava ajudá-los a ver o quadro geral, o fato de que a cidade estava me pagando para ensinar a eles. "Pense em todo o dinheiro, tempo e esforço que você está desperdiçando por não aproveitar essa oportunidade para aprender", eu dizia. Esse método era surpreendentemente eficaz.

A questão é que eles estavam apavorados. Apavorados é um eufemismo. O castigo para o plágio na Palo Alto High School era rígido. Mas nunca quis que aprendessem que um erro era capaz de destruir suas carreiras acadêmicas. Eu queria mostrar que eles eram inteligentes e não tinham necessidade de copiar. É por isso que só dou notas depois de eles terem revisado o texto o suficiente para tirar dez. Alguns alunos revisam duas, três vezes, outros dez, mas não tem importância. Toda vez que eles revisam, estão aprendendo. Quando comecei esse sistema, cerca de 25 anos atrás, o plágio desapareceu das minhas turmas, e a motivação — assim como a autoconfiança — disparou.

Mas às vezes, mesmo se você confia em seus filhos, eles fazem coisas malucas que prejudicam a relação entre vocês, pelo menos por um tempo. Uma situação como essa aconteceu na primavera do segundo ano do ensino médio de Susan. Acho que era 1994. Eu e meu marido viajamos durante o fim de semana e deixamos nossas filhas sozinhas para cuidar da casa. Elas prometeram que seguiriam as rotinas, dariam comida para a cadela, Truffle, e cuidariam umas das outras. Susan tinha dezesseis, Janet quinze e Anne treze. Eu e Stan nos divertimos muito em nossa viagem durante o fim de semana e ficamos muito felizes por finalmente poder deixar as meninas sozinhas em casa.

Ficamos surpresos ao ver como a casa estava limpa quando voltamos no domingo à noite. Impecável. Alguém tinha passado o aspirador em todos os cômodos da casa. Maravilha, pensei. Que filhas incríveis. Eu estava certa em confiar nelas. Até fizeram faxina! O dia seguinte era segunda-feira, e fui para a escola como de costume. Na minha primeira aula, houve muitas risadinhas. Notei uma aluna usando uma roupa igual a uma que eu tinha — uma saia e uma blusa azuis da Macy's, um dos meus conjuntinhos favoritos. Ficava ótimo nela. Perguntei onde ela tinha comprado. Houve ainda mais risos.

"Janet me deu", ela disse.

"Sério?", perguntei. "Onde Janet arranjou?"

"No seu guarda-roupa. Não ficou sabendo da festa?"

"Que festa?"

"A que teve na sua casa no fim de semana. Derramei bebida na minha camisa, então Janet me deixou usar uma roupa sua."

Quase desmaiei na hora. Eu tinha fama de ser uma professora legal, então acho que essa aluna se sentiu à vontade para me falar a verdade. Imagino que ela achasse divertido contar para todo mundo que tinha sido convidada para a festa e agora estava usando minhas roupas. Que legal, não?

Bom, a noite foi bastante tensa em casa. Algumas das roupas de Stan também haviam sumido. Eu não sabia direito como contar para as minhas filhas que sabia o que havia acontecido. Estava furiosa, mas tentando manter a calma sem conseguir.

Elas chegaram à cozinha para jantar, e eu disse: "Tem alguma coisa que queiram me contar sobre o fim de semana?".

Elas se entreolharam por um momento e fizeram que não com a cabeça.

"Sério mesmo? Bom, na minha aula hoje, fiquei sabendo que teve uma festa."

"Não demos nenhuma festa", Susan disse.

"Pois é", Janet interveio. "A gente só quis limpar a casa."

"Vocês deram uma festa enquanto estávamos fora", eu disse. "E tenho provas."

Contei sobre a menina usando meu conjuntinho. Depois disso, bom, fiquei brava. Por fim, elas admitiram que mais de cem adolescentes foram a uma festa na nossa casa sem a supervisão de nenhum adulto.

"Não vamos mais deixar vocês sozinhas", eu disse a elas. "Vocês vão ficar com uma babá." Elas não discutiram. Como sabiam que tinham quebrado nossa confiança, ficaram de castigo por um mês. Achamos que precisávamos deixar isso claro. Mas o mais importante era ter uma conversa séria. Castigo não era o fim do processo. "Vou dizer por que é perigoso dar uma festa grande", eu disse. "Vocês não têm controle sobre essas pessoas e têm muita sorte de não ter acontecido nada, porque, se alguém se machucar na sua casa, vocês são as responsáveis." Elas não tinham pensado nisso. Claro que não. Adolescentes não pensam como advogados.

Com o tempo, vi como elas tinham sido inteligentes, e não tive como não rir da forma como vim a descobrir. Pelo menos não houve nenhum dano à casa, além das roupas perdidas. E eu não fazia ideia de que elas eram tão boas na faxina. Também percebi que deixá-las sozinhas durante o fim de semana foi uma má ideia. Os amigos delas sabiam que estávamos fora da cidade, então havia essa pressão. Aliás, não fomos os únicos pais que tiveram essa experiência. Se você tem filhos adolescentes, pode ter certeza de que eles vão dar uma festa quando você estiver fora. Procure garantir que tenham uma babá. E faça questão de esconder suas roupas favoritas! (Aliás, acabei pegando meu conjunto de volta, mas as roupas de Stan nunca foram devolvidas.)

Mas digamos que seu filho fez algo pior do que dar uma festa, como furtar uma loja, um delito comum entre adolescentes. Nesses casos, a disciplina está nas mãos da polícia. Tudo que você pode fazer é cooperar com as autoridades e deixar que seu filho enfrente as consequências. Mas, depois, é mais uma ocasião para conversar e descobrir o motivo do que aconteceu. Seu filho estava agindo por raiva, estresse ou falta de controle? Ou talvez tenha furtado porque queria algo e não tinha dinheiro. São problemas que devem ser tratados de maneira colaborativa, em família. Às vezes, os adolescentes estão apenas atrás da adrenalina, especialmente os meninos, e acabam assumindo riscos bobos. Já trabalhei com dezenas de pais e mães nessa situação ao longo dos anos. Também nesse caso cabe a você descobrir a lição que precisa ensinar e trabalhar com o seu filho para garantir que ele aprenda.

Em 2005, na semana antes do início das aulas, um professor de educação física muito querido da escola de ensino fundamental da cidade foi preso por atividade sexual inapropriada com uma estudante. Todos na comunidade ficaram tristes e chocados, principalmente seus ex-alunos, muitos dos quais estavam na Palo Alto High School na época. Era o tipo de história que definitivamente devíamos abordar no jornal. Mas o filho do professor de educação física tinha acabado de entrar para a equipe do *Campanile*. Ele era um ótimo aluno e um menino muito simpático, e a situação foi uma saia justa para os alunos e para ele. Como meu ex-aluno Chris Lewis, na época editor-chefe, diz: "Tensão nem chega perto de descrever". Nenhum de nós queria causar um mal-estar para o colega. Ele já estava devastado. O que faríamos? Meus alunos não sabiam. Eu também não, mas falei que eles tinham um jornal para publicar e que precisavam dar um jeito.

Isso gerou muitas conversas depois da aula. Lewis recorda: "Fiquei surpreso quando Woj falou: 'Vocês são os editores, o jornal é de vocês. A escolha é de vocês'. Eu nunca tinha recebido tanto poder ou voz ativa — levávamos o jornal muito a sério, mas essa era uma situação real, com relacionamentos da vida real e pessoas da vida real e consequências enormes. Foi difícil tomar uma decisão, conversamos e procuramos nos aconselhar. Mas, no fim, a decisão era nossa". Os editores conversaram com o filho do professor de educação física e perguntaram como ele se sentia. Deixariam que ele se envolvesse ou não como quisesse. No fim, publicaram a matéria de capa sobre o caso, mas o filho também escreveu um editorial sobre a importância da presunção de inocência. Era uma solução perfeita para um problema quase impossível, mas eles chegaram sozinhos a ela e fizeram isso em grupo. Se dermos aos jovens a oportunidade de encontrar soluções durante o ensino médio, eles vão estar preparados para o mundo adulto.

COLABORAÇÃO NO MUNDO REAL

Existe uma ideia falsa de que a vida começa aos dezoito anos, quando você tem o direito de votar, e que tudo antes disso é apenas prática. É engraçado como nos Estados Unidos se pode votar aos dezoito, mas beber apenas depois dos 21. Alguém realmente acredita que os adolescentes não bebem antes dos 21? As crianças fazem parte do mundo real desde o dia em que nascem. Não costumamos pensar nelas dessa forma. A vida do seu filho já está em andamento, ele já está correndo em uma pista paralela à sua, apenas em um nível diferente, então por que não fazer com que participe de atividades que reforcem essa ideia de paralelos, que o ajudem a pensar em termos do mundo profissional como um todo, que mostrem que ele já é um participante valioso?

No verão de 2015, recebi um e-mail de um ex-aluno meu, James Franco. Ele disse que estava interessado em fazer um filme comigo e um grupo de adolescentes da comunidade. Adorei a ideia... fazer os alunos participarem de um longa-metragem tendo a mim e James como professores e instrutores. Não demorou para estar no centro de mídia acompanhada de James, sua mãe, Betsy, autora de livros juvenis, seu irmão, Tom, ator e artista, e a namorada de Tom, Iris Torres, produtora de cinema premiada. O filme era baseado no romance adolescente de Betsy *Metamorphosis: Junior Year* [Metamorfose: O primeiro ano]. É um relato de amadurecimento sobre as dificuldades de um menino de dezesseis anos, através da arte e dos mitos de Ovídio, o famoso poeta romano. O projeto perfeito para alunos do ensino médio.

No primeiro dia, eu e James começamos a oficina distribuindo um roteiro que Betsy havia escrito com base no livro. Os alunos não tiveram medo de expressar suas opiniões: "Não parece realista", "Nenhum adolescente fala desse jeito", "Precisa mudar o enredo".

"Certo, pessoal, reescrevam o roteiro", Betsy disse. Ela dá aulas no Children's Theatre de Palo Alto há anos, então sabe bem trabalhar com adolescentes.

No encontro seguinte, os alunos haviam revisado o roteiro. Analisamos tudo, cena por cena, com James e Betsy guiando o caminho. Depois lemos em voz alta e continuamos a fazer alterações, mas apenas se fossem aprovadas por todo o grupo. Levou bastante tempo, mas ficou incrível. Todos ficaram animados, e Betsy concordou que a revisão melhorou muito o original.

Então tínhamos um filme a fazer. James, Tom, Iris e eu criamos quarenta papéis — um para cada aluno. Todos tinham algum cargo, assim como aconteceria num filme profissional. Queríamos que eles tivessem suas próprias responsabilidades e contribuíssem com algo importante para a equipe. Vou dizer agora que esse filme deve ter sido o projeto mais complexo que já empreendi, e durou um ano. Tínhamos cinco diretores, diversos atores e roteiristas, e alunos cuidando de todo tipo de departamento, incluindo elenco, música, cinematografia, edição, figurino, câmeras, animação, sonoplastia e efeitos especiais. Todos estavam trabalhando três dias por semana depois da escola e nos fins de semana durante a filmagem. Logo aprendi que não apenas precisávamos trabalhar juntos, mas também que o equipamento e o clima cooperassem. Todo dia dava alguma coisa errado: alguém ia ao lugar errado, trazia a câmera errada, não conseguia ligar o equipamento de iluminação. Mas todos estavam aprendendo algumas das lições mais difíceis da vida: como fazer algo funcionar mesmo quando não funciona, como trabalhar em equipe com tantas peças em movimento, tantas opiniões conflitantes. Era um filme de verdade, não uma tentativa de filme, e o resultado foi incrível. Chegou até a entrar em vários festivais de cinema, incluindo o Mill Valley Film Festival na área da baía de San Francisco.

Esse tipo de experiência é o campo de treinamento no mundo real de que precisamos para o mercado de trabalho, onde a colaboração funciona de formas inesperadas (e complexas). Como CEO da 23andMe, Anne fez um trabalho incrível para contratar os profissionais mais talentosos, mas nunca pensou que colaboraria com o adversário. No entanto, em novembro de 2013, Anne descobriu que a Food and Drug Administration havia considerado o kit de teste de saliva da 23andMe como um "equipamento médico" que precisava passar por um processo gigantesco de aprovação para comercialização. Da noite para o dia, depois de seis anos de trabalho, ela foi proibida de vender seu produto.

Se Anne não tivesse mais garra do que qualquer pessoa que conheço, nunca teria sobrevivido. Mas ela se recusou a se deixar derrotar. Foi extremamente estratégica. E mais do que sua tenacidade, foi sua capacidade de colaborar que acabou salvando a empresa. Basicamente, ela teve de convencer a Food and Drug Administration da importância e da eficácia da ideia por trás do produto, o fato de que os consumidores podiam e deveriam ter suas próprias informações genéticas e ser capazes de tomar decisões sobre sua saúde. Não havia precedentes para esse tipo de produto, então coube a ela colaborar com a Food and Drug Administration sobre o que estava fazendo e por quê.

Tracy Kein, vice-presidente de comunicação da 23andMe, recorda que Anne tinha "uma determinação constante de buscar as opiniões de pessoas dentro do sistema da Food and Drug Administration e entender essas pessoas, respeitá-las. A descoberta de que ela nunca as tinha conhecido em um nível humano a fez querer conhecer, entender e respeitar esses indivíduos". Ela se dedicou a mostrar à Food and Drug Administration que era possível instruir os consumidores sobre a probabilidade envolvida no cálculo do risco genético. Foi uma grande campanha que envolveu toda a empresa. "O nível de colaboração e carinho que surgiu naquele momento da história da empresa foi inacreditável", Keim afirma. "Enquanto Anne equilibrava liderança e escuta, essa sensação reforçada de colaboração entre os funcionários gerou resultados. Todos queriam vencer. Todos queriam vencer juntos."

A 23andMe apresentou seu argumento, e na primavera de 2017 recebeu a aprovação da Food and Drug Administration para vender os testes que avaliam o risco genético para diversas doenças. Desde então, acrescentou outros marcadores genéticos, incluindo os genes BRCA 1 e 2, associados ao câncer de mama, ovário e próstata. Essa é uma vitória não apenas para a 23andMe, mas para todos os consumidores que agora têm acesso direto a suas informações genéticas.

Durante todo esse processo, Anne se deu conta de que a Food and Drug Administration não era sua adversária afinal. Era um grupo de pessoas com uma opinião diferente da sua sobre assistência médica, mas, assim como ela, tinha a intenção de proteger o consumidor. Ela não agiu como um trator, não foi uma ditadora. Foi uma verdadeira colaboradora.

No clima político atual, não seria nada mau aprender esta lição: respeitar seus adversários, entender suas motivações, encontrar um ponto em comum e buscar soluções colaborativas. Todos queremos um país melhor, não importa se moramos nos Estados Unidos, no México ou na China, e trabalhar de maneira colaborativa é o único caminho real para atingirmos esse objetivo.

Encontrar um ponto em comum é mais fundamental do que a maioria das pessoas entende. Talvez hoje mais do que nunca. Envolve paciência, flexibilidade, doação e escuta. Significa prestar atenção no outro e levá-lo em consideração. Também implica tolerar o caos e a incerteza, sobretudo quando se trata de jovens. Se pudermos fazer isso, se pudermos aprender a trabalhar juntos, conseguiremos resolver problemas complexos, passar por questões moralmente difíceis e tirar proveito máximo de muitas opiniões e ideias (tantas vezes conflitantes). Também teremos mais consciência de como tratamos nossos filhos. Eles são nossos colaboradores de verdade? Valorizamos suas ideias e interesses? E o que estamos ensinando a eles, através de nossos atos, sobre como viver no mundo adulto? Essa é uma das colaborações mais importantes de todas, porque quem somos como pais determina as pessoas que nossos filhos vão se tornar.

E, claro, as pessoas que nossos filhos vão se tornar determinam o futuro de tudo.

7. As crianças escutam o que você faz, não o que você fala

Claudia estava na porta da minha sala, à beira das lágrimas. No fim de semana anterior, eu tinha dado a notícia de que ela não havia ganhado a eleição para editora-chefe. Detesto dar esse telefonema ou pedir para meus editores o darem. Durante meus primeiros anos como professora, era fácil escolher os editores porque a turma era muito pequena, e normalmente surgia um candidato óbvio. Hoje é diferente. Na última eleição, foram 28 alunos competindo para apenas cinco vagas de editor-chefe. A campanha é acirrada. E consolar os perdedores? Fica mais difícil a cada ano.

"Não acredito que não ganhei", Claudia disse entre lágrimas. Ela era uma aluna inteligente e talentosa que havia escrito muitos artigos importantes para o jornal. Era terrível vê-la tão triste.

Eu a deixei chorar e tentei tranquilizá-la com a certeza de que, a longo prazo, isso não faria diferença. "Você vai entrar para a faculdade e se sair bem mesmo sem ser editora", eu disse. Deu para ver que ela não estava convencida.

No dia seguinte, ficou óbvio que ela estava com inveja dos alunos que venceram. Isso era ruim para o clima da turma, e para ela também, então decidi telefonar para os seus pais. Quando sua mãe atendeu, fiquei chocada ao notar que ela também estava chorando. "O que fiz de errado?", ela perguntou. Ela tinha interpretado essa única eleição como um referendo de como criou a filha e um reflexo do valor da menina. Já vi isso inúmeras vezes, mas é sempre preocupante. Ela estava obcecada em evitar que esse tipo de fracasso voltasse a acontecer. "Como posso garantir que meus outros filhos vençam na vida?", ela perguntou. Decidi sacar minha arma secreta: o discurso sobre Gady Epstein. Contei a ela que Gady perdeu a eleição, se dedicou a fazer um excelente jornal qualquer que fosse seu cargo e acabou entrando em Harvard. "O importante é falhar com elegância", eu disse. "Isso vale muito mais do que ser editora."

Mas não tive certeza de que isso havia entrado na cabeça dela, e fiquei com medo de que Claudia não se comprometesse com o curso pelo restante do ano. Tive alunos que não conseguiram se recuperar e acabaram desistindo. Não queria que isso acontecesse de novo.

Claudia finalmente superou. Chegou sorridente e disposta para trabalhar e, como previsto, entrou em uma boa faculdade. Esse foi um dos muitos exemplos em que precisei resolver "o problema materno". Então, como em um passe de mágica, o filho ficou bem.

Alguns anos depois, tive uma aluna muito esforçada que vomitava toda vez que precisava fazer um exame padronizado. Ela tinha um horário muito complexo com quatro matérias avançadas e professores particulares depois da aula. Seus pais eram imigrantes da China, e ela falava muito bem deles, mas ouvi conversas entre os dois sobre o desempenho acadêmico da menina. Ela estava sob muita pressão. Não parecia uma situação muito agradável.

Os pais estavam tão preocupados que foram atrás do chamado Plano 504 para a filha, o qual oferece adaptações em provas para alunos com deficiências. Eles queriam que ela conseguisse fazer o SAT* sem o limite de tempo habitual. São necessários ajustes alternativos na prova para alunos com transtornos de aprendizagem — isso eu não questiono. Mas existe uma epidemia de pais apreensivos que fazem de tudo para garantir que seus filhos tenham bons resultados. Essa aluna não tinha um transtorno de aprendizagem; tinha um transtorno emocional.

Encontrei os pais e perguntei se eles não estariam projetando o nervosismo deles na filha. Eles entraram na defensiva de imediato. "Não somos nós", eles me falaram. "É o ambiente escolar." Essa é uma defesa comum — sempre escuto isso. Os pais não querem acreditar que estejam causando algum mal aos filhos. Eu entendo. Mas a verdade é: eles estão.

Esses pais acabaram conseguindo a condição de 504 para a filha. O interessante é que, assim que ela descobriu que poderia fazer os testes sem limite de tempo, seu vômito e sua ansiedade passaram. Não acho que a questão fosse o tempo. Vi que seus pais relaxaram e, em resposta, a filha também relaxou.

Os pais dessas duas histórias cometeram um erro comum: esqueceram que os filhos repetem o que os pais sentem e o exemplo que eles dão. Isso é tão óbvio, tão automático, que simplesmente esquecemos. Tanto pais como professores caem nessa armadilha, apesar de décadas de pesquisa — e senso comum — que provam esse ponto. As crianças notam indícios subconscientes tão bem quanto

---

* Exame educacional padronizado dos Estados Unidos semelhante ao Enem. (N. T.)

comportamentos manifestos. Nos anos 1960, o famoso experimento do João Bobo em Stanford provou que crianças que observavam comportamentos agressivos de exemplos adultos, como bater em um boneco com um martelo, eram mais propensas a repetir a agressão. Um estudo de 2010 publicado em *Behavior Research and Therapy* descobriu que crianças cujos pais exibiam atitudes e pensamentos ansiosos demonstravam maiores comportamentos de ansiedade e fuga em provas acadêmicas — o que observo há anos.[1] Outros estudos mostram que as crianças aprendem a regular suas emoções observando os pais e que, se os pais conseguem expressar uma grande variedade de emoções, os filhos são mais bem preparados para controlar os próprios sentimentos. Seu filho é seu reflexo de verdade, para o bem ou para o mal.

O exemplo se dá muitas vezes de forma subconsciente. Podemos perceber isso a partir dos nossos comportamentos como pais. Por exemplo, meu pai tinha uma regra: *Nunca tome banho quando estiver doente*. Mais tarde, essa se tornou uma regra absoluta na minha casa, porque eu havia crescido com ela. Nunca tinha pensado direito nisso até minhas filhas dizerem: "Que regra boba, mamãe". Então parei e pensei no que estava fazendo, e de onde meu pai poderia ter tirado essa ideia. Talvez fosse da sabedoria popular da Ucrânia, onde meu pai viveu mais de um século atrás. Talvez fosse mesmo uma má ideia tomar um banho no inverno gelado quando se está doente. Mas vivíamos na Califórnia. Havia calor e água quente de sobra. Então a regra ficou para trás, mas apenas porque minhas filhas me fizeram olhar para ela.

Mesmo se estivermos conscientes do que estamos fazendo, somos bastante incoerentes. Alguns de nós são simplesmente hipócritas (eu mesma às vezes). Pisamos no acelerador, mas esperamos que nossos filhos não andem um quilômetro acima do limite de velocidade. Olhamos o celular durante o jantar, mas gritamos com os filhos quando eles fazem o mesmo. Perdemos a paciência com eles, e depois não sabemos por que eles respondem. Alguma parte disso lhe soa familiar?

E há também a ansiedade e a insegurança, alguns dos comportamentos mais debilitantes que podemos passar para os nossos filhos e, infelizmente, alguns dos mais comuns. Tudo começa quando você se torna pai ou mãe pela primeira vez. Nem sei quantas vezes mães ou pais de primeira viagem vieram falar comigo em uma conferência dizendo: "Preciso conversar com você. Não sei como criar um filho. Preciso de orientação". E dispararam uma pergunta após a outra sobre sono, alimentação, disciplina — tudo quanto é coisa. Dá para entender. Ninguém sabe direito como é criar um filho. É por isso que quis escrever este livro. Porque, sem o apoio e as informações certas, ficamos inseguros. Nos preocupamos que nossos filhos não tenham sucesso por causa de nossas dificuldades; pairamos ao redor deles porque temos medo de cometer erros. A ansiedade antes das provas entre os filhos de pais obcecados pelo sucesso acadêmico é um exemplo perfeito disso — quando os pais projetam seus medos em uma criança, ela pode ficar tão paralisada por esses medos que não consegue fazer a prova. O mesmo acontece quando crianças pequenas estão aprendendo a dormir sozinhas. Elas absorvem tantas inseguranças dos pais que não conseguem efetuar uma simples atividade natural por conta própria. Passa a ser uma espécie de codependência, uma relação disfuncional em que os limites entre os dois parceiros são turvos e cada parte desencadeia o comportamento doentio do outro. Normalmente se pensa em codependência no contexto de relações românticas, mas ela também pode acontecer entre pais e filhos. Podemos prejudicar nossos filhos com a nossa ansiedade. Podemos desencorajá-los e tirar sua força.

No fundo de toda essa ansiedade e insegurança, toda essa incoerência e confusão, há um desejo simples: que nossos filhos prosperem. É isso. Queremos que eles sejam melhores do que nós, que não tenham os mesmos problemas e hábitos, não fracassem por algo que poderíamos evitar. É um objetivo nobre, claro. Mas pais e mães são humanos. Cometemos erros. Todos sentimos ansiedades que nossos filhos absorvem. Todos dizemos ou fazemos coisas na frente das crianças das quais nos arrependemos depois. Não tem problema. Vai acontecer, e seus filhos vão crescer perfeitamente. A última coisa que quero é deixar você mais ansioso. O que quero é conversar sobre como podemos dar exemplos melhores e como podemos tornar a educação um pouco mais fácil para crianças e adultos. Porque é possível, desde que estejamos dispostos a examinar nosso próprio comportamento.

UM OLHAR MAIS ATENTO

Uma das maiores dádivas de sermos pais e mães é que isso nos torna pessoas melhores. É difícil e frustrante às vezes, claro. Você precisa enfrentar hábitos e convicções antigas. Precisa confrontar coisas sobre si mesmo de que talvez não goste. Mas, no fim, a experiência é transformadora. É a maior oportunidade que temos de nos transformar para melhor. Com isso em mente, gostaria que você considerasse os comportamentos a seguir. Em relação a esta lista, muitos estão dando o exemplo contrário do que gostariam de ver em seus filhos. (Eu mesma já cometi vários destes erros.) O importante é começar reconhecendo o que estamos demonstrando aos nossos filhos e o que você quer mudar:

1. Você costuma ser pontual ou vive se atrasando para eventos e compromissos? A pontualidade mostra respeito ao tempo do outro. O hábito de se atrasar demonstra o contrário. Morando no Vale do Silício, sei muito bem como é. A riqueza torna isso pior. Algumas pessoas ricas pensam que só por terem fama ou dinheiro podem ditar a hora em que chegam aos compromissos. É como se dissessem: "Sou tão ocupado e importante que posso definir meu próprio horário, e o mundo vai girar em torno de *mim*". Já vi gente aparecer com duas horas ou mais de atraso e achar que tudo vai correr como o planejado. Infelizmente, elas não sofrem consequências. E muitas pessoas não famosas têm o hábito de se atrasar e serem desorganizadas. Tento ensinar aos meus alunos (e filhas e netos) que algo tão simples como chegar na hora é importante. Se você não puder comparecer ao compromisso, pelo menos ligue ou mande uma mensagem para avisar a outra pessoa. É uma questão de cortesia, de estar disposto a ver a situação pela perspectiva do outro.

2. Outra questão simples: como você se apresenta em termos de roupas e cuidados pessoais? A maneira como se apresenta para o mundo diz muito sobre sua confiança, capacidade e respeito pelos outros. Se você usar um short de basquete em uma festa chique, é uma falta de respeito aos anfitriões. Não é uma questão de renda ou de classe socioeconômica — mas sim de autoestima e de

respeito pelas outras pessoas e de entender o que convém a cada ocasião.

A melhor maneira como as crianças aprendem isso é observando você. Não estou dizendo que você precisa ensiná-las que aparência é tudo. Estou dizendo que é preciso ensinar a ter uma aparência respeitável e profissional. Sempre me questionei por que minhas filhas não usam muita maquiagem, até que me dei conta de que eu também quase não uso. Nunca foi uma coisa que ensinei para elas ou em que me concentrei enquanto elas cresciam. Elas não precisavam se encher de maquiagem antes de sair de casa, mas precisavam tomar banho, se arrumar e se vestir bem. Sempre tive uma aparência digna e profissional, mas nunca me senti pressionada a usar a roupa da moda. Isso também influenciou minhas filhas — exceto pela vez em que Anne foi de chinelo para a entrevista. Acho que ela ainda está aprendendo. Felizmente, consideraram as realizações dela, não suas roupas.

3. Como você interage com as pessoas? Costuma ser simpático? Convida para a sua casa? Como trata os amigos e professores dos seus filhos? E os garçons e caixas? Como fala ao telefone? Você é profissional e gentil quando alguém telefona?

A etiqueta ao telefone é uma medida bastante confiável do que as crianças estão aprendendo. Eu me esforcei ao máximo para dar o exemplo e pedia para as meninas treinarem para saber exatamente o que dizer. Talvez seja por causa da minha origem humilde, mas sempre fiz questão de reconhecer e agradecer a todos que prestavam serviços ao meu redor. Tenho certeza de que nem sempre fui perfeita. Às vezes eu perdia a paciência ou ignorava alguém na correria de um dia agitado. Mas sempre me esforcei.

4. Você limpa sua sujeira ou deixa bagunça por todo lugar que passa? Sei que existem muitas famílias em que o casal trabalha e precisa contratar ajuda de fora. Não há mal nenhum nisso, mas ainda assim você pode limpar parte da casa e mantê-la arrumada por conta própria. Também sugiro que faça um projeto mensal de limpeza ou organização com os seus filhos. Isso vai ajudar a dar o exemplo dessas habilidades importantes e a reforçar o respeito das crianças pela casa em que elas moram.

   Chegará o dia em que você vai deixar os adolescentes sozinhos, responsáveis por cuidar da casa e dos animais de estimação. E se eles não souberem fazer isso? Um adolescente que conheço foi deixado para tomar conta da casa sozinho e não sabia a diferença entre o detergente para máquina de lavar louça e o detergente normal, e colocou o detergente normal na lava-louças. Se você nunca fez isso, não faça. Foi uma sujeirada de espuma tão grande que precisaram refazer o piso. Quando você trata os filhos como membros da realeza, quando não lhes dá responsabilidades sérias, acaba com um jovem adulto sem experiência nenhuma em ser responsável ou manter a casa limpa, e é você quem vai ter o prazer de visitá-lo no primeiro apartamento dele.

5. Você tem uma relação saudável com a tecnologia? Essa é importante. Pesquisas mostram que o norte-americano olha o celular em média oitenta vezes ao dia. Dá para acreditar? Na verdade, como professora do ensino médio, eu acredito. Esse uso compulsivo do celular provoca o que a especialista em tecnologia Linda Stone chama de

"atenção parcial contínua". Ficamos em um estado constante de fazer várias coisas ao mesmo tempo, mas estamos completamente desfocados em todas elas. Sabemos exatamente como é a sensação: almoçar digitando um e--mail enquanto ouvimos um podcast. Esse comportamento é ruim para as crianças que precisam se concentrar em sua lição de casa, mas pior ainda para os pais. Um estudo publicado na *Developmental Science* descobriu que crianças pequenas cujas mães relatavam maior uso do celular tinham dificuldades para se recuperar do estresse emocional.[2] Existe uma relação clara entre o nível de atenção e cuidado que recebemos e a nossa capacidade de processar as emoções. Além disso, uma pesquisa com mais de 6 mil participantes descobriu que 54% dos *filhos* achavam que seus *pais* usavam os aparelhos com frequência excessiva.[3] Trinta e dois por cento dos filhos se sentiam "insignificantes" quando seus pais estavam no celular. *Insignificantes*. Isso me deixa muito triste. E preocupada — e não apenas com as crianças. Quantos adultos não se sentem insignificantes quando alguém olha o celular no meio da conversa? Sei que os celulares são viciantes, mas pelo bem dos nossos filhos e pelo nosso próprio bem, devemos impor alguns limites.

6. Você tem uma relação saudável com a comida? E com a prática de exercícios e o tempo ao ar livre? Fica acordado até tarde assistindo à televisão e depois não sabe por que seu filho criou o mesmo hábito? Sofre muito estresse? Se sim, consegue lidar com isso? É gentil consigo mesmo? Cuidar da nossa saúde é a melhor maneira de ensinar os filhos a fazer o mesmo. O exercício, o sono adequado e o relaxamento são muito importantes. Para

mim, o bom humor ajuda muito em tempos de estresse. E, ao contrário do que muitos pensam, podemos dizer não quando estamos sobrecarregados demais para encaixar mais uma atividade em nossas agendas. Também precisamos passar mais tempo com os amigos, fazer coisas divertidas de vez em quando e ter perspectiva quando a vida fica muito difícil.

Em relação à comida, muitos dos pais poderiam tomar decisões melhores. Na minha família, ensino meus netos que nem toda comida faz bem. Eles aprendem a ler rótulos desde cedo e sabem evitar junk food processada. Nas minhas aulas, os alunos sabem que confisco refrigerantes. Sem exceções! Toda a turma leva o "sermão antirrefrigerante" no começo do ano e depois em intervalos ao longo do ano quando acho necessário. A saúde deles é importante para mim porque me preocupo com eles como seres humanos.

7. Como você trata seus parentes? Até que ponto prioriza a família? Como trata seu ex-marido ou sua ex-mulher? O que seu filho está aprendendo sobre a importância das relações familiares? Mesmo em famílias divorciadas, os pais devem dar o exemplo de colaboração e cooperação pelo bem dos filhos.

Temos sorte porque todos os nove netos moram perto e são amigos. Comemos juntos, brincamos juntos, viajamos juntos e dormimos nas casas uns dos outros. Mas minhas filhas não nasceram com a família perto. Elas tinham primos em Ohio, mas os viram poucas vezes durante a infância. Por isso, nossa família consistia nos amigos e vizinhos que adotamos. Passávamos as festas com eles, acampávamos e comíamos juntos toda semana. Muitos também não tinham a família por perto. Hoje, eles ainda são uma família para mim, e fico grata por conseguir mostrar às minhas filhas a importância de criar e manter uma comunidade.

Priorizar a família também significa compartilhar experiências, boas e ruins. Os membros da família são exemplos primordiais de como enfrentar os problemas de maneira inteligente e formam um sistema forte de apoio para a criança. Significa ter alguém com quem conversar, alguém que possa ajudar a resolver algum problema, alguém que estará lá por você.

Sempre pensei que as interações familiares positivas são fundamentais para a felicidade de uma criança. A melhor maneira de ensinar a importância da família é se divertir juntos. Quanto mais experiências positivas, mais apoio a criança sente. Pode ser um simples jogo de tabuleiro ou um passeio no parque ou pular numa cama elástica. Temos sorte de ter minha neta, Amelia (hoje com dezessete anos), que é muito sociável e uma das melhores organizadoras de atividades infantis. Ela fez com que as crianças imaginassem que estavam em Marte e vestiu todas com fantasias engraçadas que encontrou no guarda-roupa de algum adulto. Sentamos na sala de estar e os vimos brincar, o que é sempre hilário. Às vezes, vemos Amelia no quintal com as crianças atrás dela como se fosse o Flautista de Hamelin.

8. Você é disposto a discutir assuntos polêmicos? Dá o exemplo para seu filho de como conversar sobre questões importantes, de como discordar de alguém de maneira respeitosa? Demonstra capacidade de ouvir e de negociar?

Sempre conversamos sobre o que está acontecendo no mundo com os nossos netos. Ouvimos e respeitamos as opiniões deles. As conversas à mesa são animadas. O clima político atual significa que nunca há um dia monótono — ninguém fica sentado passivamente. Boa parte do tempo estamos debatendo com Ethan e Leon, ambos de treze anos, que leem a *The Economist* toda semana. Não é algo que os mandamos fazer. Eles querem saber o que está acontecendo no mundo e acham que a *The Economist* é a melhor fonte. Inevitavelmente, alguém perde a discussão ou se prova que alguém está enganado. Emma e Mia sempre entram na conversa fazendo o papel de advogadas do diabo. Esses são os momentos mais instrutivos. Como adultos, nos esforçamos para demonstrar nossa capacidade de mudar de opinião e considerar novas informações. Nunca fugimos de uma discussão acalorada, mas queremos mostrar que as opiniões e as ideias evoluem, assim como as pessoas.

9. Você mente para seus filhos? Acho que todos os pais mentem para os filhos em algum momento. Falamos coisas como: "Acho que a sorveteria está fechada agora" ou "O papai está muito cansado e quer voltar para casa" quando na verdade ele só quer fazer outra coisa. Depois de um tempo, as crianças sacam — elas não são bobas —, mas esse tipo de mentira não é tão prejudicial. São as mentiras sobre questões importantes que criam brechas de confiança. Dizer ao filho que "ninguém mais vai ao show" é um grande problema quando ele descobrir que todos os outros foram. Eles vão criar o hábito de não confiar em você, e sabemos que confiança é a base de todas as relações.

10. Você grita? Certo, todos gritamos em algum momento, mas será que sem querer você está ensinando a seu filho que gritar é uma forma aceitável de comunicação? Você fala palavrões, mas briga com seus filhos quando eles falam?

    Ninguém é perfeito, ninguém tem controle absoluto de si mesmo, mas algumas pessoas gritam mais do que as outras só porque estão irritadas. Gritar significa levantar a voz. Falar de maneira negativa e agitada pode não ser gritar, mas ainda assim cria uma situação desagradável para os pequenos. Todos precisamos ser verdadeiros com os nossos filhos — não adianta fingir ou segurar as emoções —, mas ajuda a entender que a raiva não melhora as coisas. É uma escolha e um estilo de vida que gostaríamos que nossos filhos evitassem.

11. Como você reage à adversidade? Se você encontra um obstáculo, se compromete com seu objetivo e encontra outro jeito de atingi-lo? Ou se deixa derrotar facilmente?

    Existem momentos na vida em que as coisas dão errado. Você vira à direita em vez de virar para a esquerda e acaba em um acidente. Termina um relacionamento quando deveria se esforçar para que ele desse certo. Todos cometemos esses tipos de "erros". Mas não são erros de verdade; são coisas do destino. A sorte representa um papel importante na nossa vida. É ela que nos coloca no lugar certo na hora certa. Definitivamente posso dizer isso em relação a Susan, que comprou uma casa em Menlo Park e depois acabou tendo de alugar parte dela para conseguir pagar a hipoteca. Se não tivesse precisado alugar a garagem, ela nunca teria conhecido Larry e Sergey, os cofundadores do Google. Quase tudo tem um lado positivo na vida, uma lição a ser aprendida, mesmo quando ela é difícil de encontrar.

12. Você está disposto a aprender e a admitir que está errado? Está disposto a perdoar? Muitas pessoas não. Mas o orgulho atrapalha a reconciliação. Todos falamos sobre generosidade e perdão, mas isso não quer dizer que sabemos colocar essas coisas em prática. Em todas as minhas décadas de ensino, aprendi a perdoar os meus alunos por tudo. Isso não quer dizer que não haja punições, mas sim que sempre dou a chance de consertarem o erro. Embora seja doloroso admitir que estou errada, acho menos doloroso do que tentar acobertar algum engano que cometi. Ninguém pode estar certo o tempo todo, nem na maioria das vezes. É aí que entram a humildade e a tolerância. Não podemos ser exemplos perfeitos, mas podemos estar conscientes dessas qualidades e de como damos o exemplo para os nossos filhos.

O QUE FAZER SE VOCÊ NÃO FOR O EXEMPLO IDEAL (DICA: NINGUÉM É)

Você tem algumas falhas. Identificou alguns comportamentos que quer mudar. Talvez se irrite facilmente com frequência. Em vez de se sentir culpado ou derrotado, pense o seguinte: você é o melhor exemplo possível para o seu filho. Por quê? Porque o processo de mudança é uma lição formidável. As crianças não podem aprender isso com pais perfeitos o tempo todo (o que obviamente ninguém é), e elas não vão aprender isso com pais que repetem o mesmo comportamento negativo várias e várias vezes. Considere-se uma pessoa de sorte: você tem uma oportunidade única. Pode ensinar ao seu filho como se tornar uma pessoa melhor sendo um exemplo vivo da mudança. Não estou dizendo que é fácil. Desculpe por falar a verdade. Pode não acontecer da noite para o dia. Pode levar alguns meses. Mas, com tempo e paciência, creio que tudo é possível. Se seu filho vir você trabalhando em sua raiva, ele vai aprender a trabalhar com os próprios problemas dele. Ter a mentalidade de que o comportamento pode ser mudado e mostrar aos seus filhos que você está trabalhando nisso com a ajuda deles mostra que é possível.

Existem diversos métodos e teorias por aí, mas a mudança para os pais se resume a estes três princípios:

ESTEJA CONSCIENTE E DISPOSTO. O primeiro passo para realizar qualquer tipo de mudança é a consciência. Você precisa reconhecer o problema antes de decidir resolvê-lo. Pare um momento e estude o comportamento problemático. Por que você age dessa forma? É em grande parte inconsciente? Herdou isso dos seus pais? Tem origem em alguma ansiedade ou insegurança que sente em relação a si mesmo sobre ser pai ou mãe? Não importa o motivo, tente aprender sobre isso. Identifique um padrão em que talvez esteja preso. Mas deixe de lado depois. Perdoe-se. Você vai poupar muito tempo e dor. Lembro de como foi difícil admitir para mim mesma que havia cometido erros com as minhas filhas (e cometi vários). Nem sempre fui a mãe que queria ser. Houve momentos em que ficava brava, ou castigava as meninas da forma errada. Perdia a paciência completamente. Mas isso acontece com todos. E, no meu caso, percebi que havia herdado esse comportamento por gerações. No entanto, a partir do momento em que tive consciência do que queria mudar, me comprometi. Acreditei em mim mesma. Comecei pedindo perdão a elas e admitindo que estava errada (como na vez em que li o diário de Janet). Como pais, não paramos de aprender — na verdade, só paramos de aprender quando morremos. Podemos mudar se estivermos decididos. Sempre podemos ser melhores. Pense em seus filhos e em como eles são importantes para você. Eles valem esse esforço.

IDENTIFIQUE E COMUNIQUE SEU OBJETIVO. Escolha apenas uma coisa que queira mudar de cada vez, não tudo. Sugiro que comece pelo comportamento que mais afeta seu filho. Talvez você precise ser mais paciente quando ele estiver se aprontando para a escola. Talvez precise começar a se exercitar e mostrar à sua filha a importância de ter hábitos saudáveis. Ou queira melhorar sua relação com a sua mãe e, ao fazer isso, ensinar aos seus filhos uma lição profunda sobre perdão. O que quer que seja, comunique o objetivo ao seu filho. Você pode falar algo como: "Meu objetivo é ser mais paciente com você de manhã. Pode me ajudar a pensar no que devo me concentrar primeiro? O que te incomoda mais? Quais manhãs são mais difíceis para nós?". Isso certamente torna você vulnerável e atencioso, e vai chamar a atenção do seu filho. Essa é uma oportunidade para ele ver que mãe e pai são pessoas de verdade com esperanças, sonhos, falhas e imperfeições. E a maioria dos filhos quer ajudar os pais. Sophie, filha de Anne, sempre tem ótimas sugestões mesmo com apenas sete anos. Ela diz: "Mamãe, pode me deixar fazer mais coisas sozinha com meus amigos" ou "As crianças sabem o que querem. Você só precisa deixar a gente fazer". Explique que todos estão tentando melhorar, e você também como pai. Também diga *por que* quer mudar. O que quer mostrar ao seu filho, que lições quer passar? E por que isso é tão importante para você? Por que começar por esse objetivo? Por que começar agora?

SEJA FLEXÍVEL ENQUANTO BUSCA UMA SOLUÇÃO. Você tinha a melhor das intenções, mas perdeu a calma com o seu filho de novo. Fez horas extras e não correu com a sua filha como havia prometido. A situação com a sua mãe está ainda mais difícil do que você imaginava. Tudo bem. Assim como tantas outras coisas, a mudança de comportamento não funciona na primeira tentativa. Mas isso não é motivo para perder o objetivo de vista. Mudar nosso comportamento depois de adultos é como escrever. É necessário fazer um primeiro rascunho para ter uma noção do que você quer dizer. Depois, você precisa revisá-lo de novo e de novo, encontrando as frases feitas e os erros de lógica. Você vai se sentir muito mais saudável se não esperar a perfeição de cara. Seja fiel ao seu objetivo, mas seja flexível. Talvez a estratégia que planejou não esteja funcionando. Por que não? O que está atrapalhando? Como você pode resolver o problema e seguir em frente? Existe uma solução criativa em que você não pensou? Seus filhos podem ajudar você a resolver esse problema? Podem representar um papel importante no processo? Talvez, na noite antes da aula, seu filho possa separar as roupas que quer usar ou você pode pedir para ele lembrá-lo de respirar fundo quando ele se atrasar alguns minutos. Não se acanhe em pedir a ajuda e o apoio dos seus filhos. Ao fazer isso, você vai mostrar como é preciso determinação para mudar. E não se esqueça de manter um diário do seu progresso para poder olhar para trás e ver quantas mudanças conseguiu implementar. Um registro por escrito vai deixar você motivado e comprometido, e escrever pode despertar ainda mais ideias sobre revisões inteligentes em seu plano.

O COMPORTAMENTO MAIS IMPORTANTE QUE VOCÊ PODE DEMONSTRAR PARA SEUS FILHOS

Na minha opinião, a habilidade mais importante que podemos dar de exemplo para os nossos filhos é a capacidade de ter relacionamentos funcionais com as pessoas. A felicidade que sentimos na vida é proporcional à qualidade dos nossos relacionamentos. Talvez mais do que qualquer outra coisa, isso prepara nossos filhos para o sucesso ou o fracasso na vida adulta. Para muitos, a relação mais significativa é com um cônjuge ou companheiro. Mas nem todos hoje têm um companheiro de longa data ou se encaixam nas definições tradicionais de família. Se você é viúvo ou viúva, pai solteiro ou mãe solo por escolha ou pelas circunstâncias, a mesma ideia se aplica a você. A qualidade das suas relações interpessoais — com amigos, membros da família, colegas e outras pessoas — vai influenciar profundamente as relações que seu filho vai criar na vida dele. Ao observá-lo, seu filho aprende como o mundo funciona, como as pessoas se relacionam e como os conflitos se resolvem. Se você tiver relações hostis na sua vida, seus filhos sofrerão as consequências. Mas, se tiver uma relação positiva com seu marido, companheiro, colegas e amigos, vai dar aos seus filhos a melhor chance de ter uma vida feliz e plena.

Sou a primeira a admitir que relacionamentos duradouros não são nada fáceis. Não há ninguém casado há 55 anos que não tenha enfrentado dificuldades. Meu casamento com Stan ainda é um projeto em construção, o que significa que trabalhamos na relação todo dia. Durante a criação das nossas filhas, nós brigávamos — por religião (Stan é católico; eu, judia), estilos de educação (Stan é naturalmente mais rígido; eu, mais colaborativa), e sempre tínhamos de ficar separados por causa do trabalho de Stan. Mas éramos comprometidos um com o outro, e nosso objetivo era sempre o mesmo: proporcionar um lar amoroso para as nossas filhas. Não tivemos um lar perfeito, mas era um bom lar, e criamos uma vida boa para as meninas. Nosso casamento também não é perfeito. Mas nos amamos e nos empenhamos. Não existe casamento perfeito. Histórias de amor de Hollywood só existem no cinema. Isso é uma coisa que os jovens precisam entender. Estamos nos enganando ao pensar que existe "apenas uma pessoa para cada um de nós" ou que "o amor resolve tudo". A vida real não funciona desse jeito.

O casamento é um compromisso. Pode parecer simples, mas vale a pena repetir. Em um casamento, os dois precisam fazer sacrifícios. É uma parceria, não uma competição. Vocês não devem disputar: *ganhei a discussão sobre a louça, mas ele gastou mais dinheiro no mês passado*. Às vezes, um vai ganhar mais do que o outro, mas talvez no ano que vem a situação se inverta. Se estiverem sempre disputando, vocês vão perder de vista o objetivo em comum, que é ter uma boa relação e criar os filhos em um ambiente amoroso.

Mas o casamento também é um jeito incrível de levar uma vida gratificante. Eu e Stan temos mais de cinquenta anos de memórias, pessoas que conhecemos, viagens que fizemos, erros que cometemos, ideias ridículas que tivemos. Podemos nos sentar e folhear cem álbuns de fotos documentando nossas vidas. Não seria o mesmo com um parceiro de cinco ou de dez anos — acumulamos tantas experiências de vida e fizemos isso juntos. Temos lembranças dos primeiros dias, passeando por Berkeley na scooter Vespa de Stan; o primeiro carro que compramos (um Fusquinha tão pequeno que, quando machuquei o joelho esquiando, minha perna mal cabia no carro). Viajamos pela Europa, tendo Stan como motorista e eu como copilota, embora eu nunca conseguisse saber onde estávamos (às vezes era culpa de Stan, porque ele não seguia os mapas!). E tem a família que criamos com as nossas filhas, vendo-as crescer, nossa família se expandindo depois com nove netos lindos. Com quem mais posso conversar sobre essas coisas? Quem mais poderia preencher as lacunas na minha memória? Ninguém. Detesto pensar em como seria minha vida sem Stan. Nós dois teríamos muito a perder. Todo o arco da nossa vida juntos se dissolveria.

Mas muitos relacionamentos acabam. Vi isso com amigos e parentes, e tenho certeza que você também. Com base em todos os meus anos e todos os relacionamentos que já observei — casamentos, amizades, relações entre pais e filhos —, posso dizer que nenhum deles dá certo sem os princípios da CRIAR. Podemos ver a deterioração desses valores fundamentais em todos os tipos de relações, sobretudo nas relações conjugais. Quando os casais se separam, nem sempre é a grande bomba em que as pessoas pensam: infidelidade. Às vezes é, mas a infidelidade costuma acontecer por falta da CRIAR. Existem muitos outros motivos pelos quais os relacionamentos fracassam — divergências sobre objetivos em comum, necessidades sexuais diferentes, afastamento —, mas todos resultam de uma falta desses valores humanos básicos.

FALTA DE CONFIANÇA. O minuto em que você para de confiar em seu parceiro é o minuto em que o relacionamento começa a se deteriorar. Mas ele deu motivo para você ter ciúmes ou desconfiança? Se não, confie que vocês querem o melhor um para o outro. Confie no compromisso que assumiram. Se existe um problema, resolva. Lembre-se, é possível recuperar a confiança quebrada.

FALTA DE RESPEITO E AMOR. A causa número um de divórcio é a falta de respeito e, depois que se perde o respeito, é difícil recuperar. Respeito significa valorizar e admirar uma pessoa. Você é o apoiador número um dela. Não vai dar as costas de repente porque ela cometeu um erro. Quando ocorrer um problema, tente primeiro entender a questão e sempre dê o benefício da dúvida antes de acusar. Não tire conclusões precipitadas; dê a oportunidade para a pessoa se explicar.

FALTA DE INDEPENDÊNCIA E PRIVACIDADE. Os adultos precisam de certo grau de privacidade, mesmo se forem casados. Uma das noções erradas sobre o casamento é que tudo precisa ser feito em conjunto o tempo todo. Na verdade, as pessoas precisam de um pouco de espaço e independência. O excesso de intimidade é restritivo. Sou casada há mais de meio século, e há muito percebi que eu e meu marido não temos de fazer tudo juntos. Podemos jantar com amigos sem o marido, e até viajar com amigos sem o marido. Muitas pessoas duvidam que seja uma boa ideia. Para mim, é. Claro, eu e meu marido passamos muito tempo juntos, mas temos a liberdade de agir de maneira independente se quisermos. Também damos privacidade um ao outro, mas isso não significa que guardemos segredos importantes. Significa que valorizamos a ideia de autonomia e liberdade.

FALTA DE COLABORAÇÃO E COMUNICAÇÃO. Relacionamentos com filhos envolvem muita colaboração, especialmente em relação à criação deles. Não existe viver juntos sem colaboração, mas às vezes as pessoas ficam tão bravas que param de colaborar. Viram a cara para o parceiro, o que impede a conversa, a resolução e a continuidade da comunicação. Uma das piores coisas que um casal pode fazer é ir para a cama com raiva. Assim, além de não resolverem as diferenças, eles não conseguem dormir bem. Muitas pessoas conhecem essa regra e ainda assim a violam. Muitas dessas memórias negativas, sem perdão, representam o começo do fim. As linhas de comunicação foram rompidas, e ninguém quer pedir ou aceitar desculpas. Esses também são os motivos por que amizades e relações entre pais e filhos se rompem. Não importa a idade, as causas são as mesmas.

FALTA DE GENEROSIDADE. INCAPACIDADE DE PERDOAR. A generosidade deve ser um hábito diário nas relações. Sorrir, ajudar a carregar sacolas pesadas, segurar a porta, cozinhar o prato preferido do namorado — questões de gentileza. Isso é muito importante, então por que tendemos a negligenciar as pessoas mais importantes em relação ao básico? Acho que por causa da correria do dia a dia, mas, sério, quanto tempo leva para ser gentil? E o perdão? Se você não consegue perdoar, pode esquecer estar em qualquer tipo de relação. Perdoar significa ser humilde. Não guardar rancor. Significa colocar o relacionamento e a família acima de qualquer discordância boba, ou mesmo de uma grande briga. No fim das contas, o que é mais importante?

Mesmo se você e seu companheiro estiverem se esforçando para manter os elementos da CRIAR vivos na relação, os filhos vão gerar tensões. Um estudo longitudinal de oito anos descobriu que os pais demonstravam uma "deterioração súbita" no casamento que era mais drástica do que em casais sem filhos, e que essa tensão persistia ao longo de toda a duração do estudo.[4] Até os melhores relacionamentos são postos à prova. Outras pesquisas, contudo, mostraram que programas de intervenção e oficinas para casais podem ajudar os pais a lidar com as pressões de criar uma família. Em outras palavras, vocês podem dar um jeito, desde que estejam dispostos.

Mas não parece que muitos estejam: tantas crianças têm pais divorciados atualmente. É uma epidemia. Quando eu era pequena, o divórcio era raríssimo. Hoje, porém, a média nacional dos Estados Unidos é de cerca de um em cada dois casais. Isso me faz pensar: valorizamos de verdade os nossos votos de matrimônio? As pessoas fazem um juramento, mas não se preparam para a confusão que é ter filhos. Então elas são pegas de surpresa e chegam à triste conclusão de que se separar é a única solução. Mas é isso que é o melhor para o relacionamento? E, mais importante, é isso que é o melhor para as crianças?

Vi com meus próprios olhos como o divórcio pode ser continuamente doloroso. Parece uma epidemia no Vale do Silício, onde o enriquecimento súbito contribui para o problema. É por isso que muitos filhos de famílias divorciadas sofrem problemas psicológicos. Especialistas dizem que crianças pequenas são afetadas negativamente porque ainda são muito apegadas aos pais, e que os adolescentes, que já estão em um estágio de rebeldia, tendem a se sentir traídos, o que só faz com que se afastem mais. Em uma análise de 2014 de três décadas de pesquisa sobre estrutura familiar e bem-estar infantil, a dra. Jane Anderson conclui que, com a exceção de relacionamentos abusivos, "as crianças ficam melhores quando os pais se esforçam para manter o casamento".[5] Dezenas de estudos mostram os efeitos adversos do divórcio, incluindo tempo reduzido com cada pai, perda de segurança econômica e emocional, redução de desenvolvimento social e psicológico, deficiência de desenvolvimento cognitivo e acadêmico e diminuição da saúde física. Isso definitivamente deve ser um motivo de preocupação, embora haja outros pesquisadores que defendam que os efeitos negativos a curto prazo sofridos pelas crianças em divórcios não costumam durar. Eles argumentam que a separação em si não é tão prejudicial às crianças, mas sim a exposição a altos níveis de conflitos entre os pais durante e após o divórcio. Não sou uma cientista social, mas não sei se concordo com esses pesquisadores.

Poucas vezes vi uma separação que deixasse os filhos felizes; na verdade, vi divórcios destruírem a motivação da criança pela vida. Vi divórcios causarem depressão a longo prazo. Estudantes de ensino médio chorando quando souberam que seus pais se separariam. Eles são lançados subitamente em uma situação em que sentem a falta do pai ou da mãe. Muitos casais de hoje têm guarda compartilhada, o que significa que os filhos transitam entre as casas e sofrem o fardo de se deslocar de tantos em tantos dias ou semanas. Algumas crianças param de se importar com a escola e começam a ter relações disfuncionais. Estão à procura de apoio e um grupo que se importe com elas. Estão à procura de estabilidade. Também vi raiva e conflitos inacreditáveis entre casais se divorciando. Parece que o divórcio desperta o pior das pessoas, sua natureza mais vingativa. É como se tentássemos ser tão maldosos que a outra pessoa — que antes amávamos — é completamente arruinada.

Este é o exemplo que estamos dando para nossos filhos: como viver com raiva. Há muitas coisas na vida que nos deixam nervosos. Acontece o tempo todo. O segredo é como você se recupera dessas desavenças e se guarda rancor. Às vezes as desavenças são pequenas, mas outras são grandes. Seja como for, que lição você quer passar para o seu filho? O divórcio mostra às crianças que nenhuma relação é para sempre, que não se pode confiar em nenhum relacionamento. É uma mensagem triste e assustadora para diversas crianças, sobretudo para as menores. A separação também ensina às crianças que, se você não gosta de alguma coisa, pode fugir correndo em vez de ficar e resolver o problema. Vivemos em uma sociedade em que tudo acontece muito depressa, em que as informações viajam na velocidade da luz, em que a principal fonte de notícias é dividida em mensagens de até 140 caracteres, e isso tudo afeta nossa disposição para enfrentar as dificuldades. Estamos perdendo a garra, o que diminui nossa capacidade de lidar com os desafios de relacionamentos duradouros.

O que eu recomendo? Evite o divórcio se possível (exceto no caso de abuso, vício intratável ou violência). Sei que isso pode ser controverso para algumas pessoas, mas falo sério. Em algum momento, você amou seu parceiro o suficiente para se casar com ele. Talvez ainda consigam agir de maneira civilizada e resolver os problemas. Agir de maneira civilizada não significa concordar com tudo o que seu parceiro diz ou faz, mas é importante mostrar aos filhos que vocês conseguem se dar bem apesar das diferenças, que, quando um relacionamento se deteriora, ele pode ser reparado. Tudo, tudo mesmo, pode ser perdoado — até a infidelidade. Como diz a psicóloga e autora de best-sellers Esther Perel, o divórcio não é o momento para se ter pressa: "O ímpeto de se divorciar não abre espaço para o erro, para a fragilidade humana. Também não abre espaço para a reparação, a resiliência e a recuperação". Há tanta infidelidade nos dias de hoje e tanto estigma. A mulher é uma cretina por se afastar do marido. O homem é fraco por ficar. No fim, a decisão cabe apenas ao casal. Eles devem ouvir o que pensam, escutar a voz do coração e não se deixar influenciar pelos amigos.

E considere as consequências. Se há crianças envolvidas, pense duas vezes. Não apenas as crianças serão abaladas. Toda a família, a rede social, os netos. Um divórcio dura por gerações. Afeta anos e anos da sua vida. Reavalie e questione se vale a pena trocar essa quebra de confiança, esse rompimento da comunicação, por uma vida de distanciamento e discórdia, uma vida que afeta a sua felicidade e a dos seus filhos. A dor não passa depois do divórcio. Em muitos casos, ela se intensifica. É melhor corrigir e perdoar. Tanta infelicidade pode ser evitada para tantas pessoas. Claro, sei que nem sempre é possível resolver os problemas. Minha filha Anne passou por um divórcio bastante público. Quando me contou sobre os problemas em seu casamento, eu a aconselhei a tentar resolver. Ela e o marido tentaram, mas não havia como salvar a relação deles. Era hora de seguir em frente e cuidar para que os filhos fossem os menos afetados possível.

Se você já se divorciou, ou se tem uma relação difícil com seu ex ou sua ex, nunca é tarde para começar a colaborar, começar a cooperar. Deixe claro que você quer melhorar a vida das crianças e, consequentemente, a de vocês. É muito mais fácil deixar a raiva de lado e voltar os olhos para um futuro positivo. Isso não significa reatar o relacionamento, mas sim trabalhar juntos. Seu ex-companheiro quer o mesmo que você — filhos felizes, saudáveis, produtivos. Isso é algo em que vocês podem concordar sem medo de conflitos. Em geral surgem os conflitos em relação a *como* atingir esse objetivo. Dê o exemplo das habilidades de colaboração e negociação que você quer que seus filhos tenham. Todos serão mais felizes e você estará ensinando habilidades para a vida adulta. E, se já tiver chegado a um ponto em que colaborar não é mais possível, seja gentil consigo mesmo, perdoe-se e siga em frente. Esse também é um exemplo importante para dar aos seus filhos: seguir com a vida e ser otimista diante de tempos difíceis.

É importante que as crianças saibam que as pessoas mudam e que a mudança faz parte da vida, ainda que às vezes aconteça de formas inesperadas. Algumas pessoas mudam tanto que se tornam irreconhecíveis. Querem outra vida. Sofrem doenças, acidentes, problemas financeiros — tantas mudanças podem acontecer. Na maior parte do tempo, essas mudanças podem ser resolvidas com seu parceiro, senão, sempre há formas racionais de enfrentar os problemas. Este é o principal exemplo que você precisa dar e ensinar ao seu filho: *não importa o que aconteça, você vai encontrar um bom jeito de resolver o problema.* Todos temos uma escolha: se deprimir ou ser otimista — e escolho ser otimista e ativista. Tome as medidas necessárias para se sentir melhor e se planejar para o futuro. A alternativa não leva a lugar nenhum. Acredito que as coisas vão melhorar, as pessoas serão melhores e que, em geral, os seres humanos são fundamentalmente bons — parece que basta acreditar para isso se tornar realidade.

O lado bom é que os índices de divórcio nos Estados Unidos caíram entre 2008 e 2015 e recentemente atingiram o ponto mais baixo dos últimos quarenta anos, segundo o National Center for Family and Marriage Research. A maioria das pessoas está ciente da importância de resolver os problemas pelo bem dos filhos e pela própria felicidade. O declínio nas taxas de divórcio pode ser atribuído a diversos fatores, incluindo a tendência de as pessoas se casarem mais velhas, os casais que moram juntos antes de se casar e — graças ao feminismo — o poder de se casar por amor em vez de por suporte financeiro. As pessoas que encontram seus parceiros em sites de relacionamento também tendem a ter índices mais baixos de divórcio. Talvez porque procurem por parceiros com origens e interesses semelhantes.

São muitas as lições na educação dos filhos e em relacionamentos. Algumas são difíceis, claro, mas todas são uma oportunidade. Uma oportunidade de tornar nossa vida melhor e de sermos exemplos adequados aos nossos filhos. Todos somos capazes de mudar para melhor. Só precisamos estar dispostos.

RECIPROCIDADE

8. Dê o exemplo. É contagioso

Generosidade é cuidado; esse é meu mantra. No outono de 2002, recebi uma ligação do médico da minha mãe dizendo que ela tinha dado entrada no hospital. Ela tinha 91 anos e fazia anos que estava doente e sem conseguir andar. Recentemente, vinha sofrendo de infecções do trato urinário e precisava de antibióticos quase o tempo todo. Fiquei muito preocupada, então peguei um avião para visitá-la no Eisenhower Hospital, em Palm Desert. Lembro de como ela parecia pequenina naquele grande leito de hospital, mas ela ficou muito feliz ao me ver. Minha mãe sempre teve um sorriso maravilhoso.

Pelo jeito, não havia muito que se pudesse fazer por ela. O médico sugeriu que ela fosse transferida para uma casa de repouso com uma unidade de cuidados paliativos. Eu não sabia na época que essas unidades eram voltadas para doentes em estado terminal. Deveria ter feito mais perguntas. "Eles cuidam do paciente", ele explicou, "mas não fazem intervenções médicas agressivas." Essa me pareceu a decisão certa para alguém na casa dos noventa. Ele prometeu que cuidariam bem dela.

Depois que ela se instalou lá, peguei o avião de volta. Algumas semanas depois, minha filha Anne decidiu visitá-

-la. Anne sempre teve uma relação especial com a minha mãe. Depois da faculdade, ela foi a Krasnoyarsk, na Sibéria, e visitou a cidade natal da minha mãe para vê-la com seus próprios olhos. Minhas outras filhas também eram próximas da avó. Como não seriam? Ela era a pessoa mais doce, mais atenciosa que já conheci.

Sempre incluí minha mãe o máximo possível, mas não era fácil. Ela não podia viajar por causa da esclerose múltipla, que afetou sobretudo as pernas. Primeiro, usava uma bengala, depois um andador, até não conseguir mais andar. Anne, Susan e Janet visitavam minha mãe em Palm Desert pelo menos uma vez por ano, onde ela morava com meu irmão, Lee. Andavam juntas pela cidade em um carrinho de golfe. Elas sabiam que a avó não estava bem. Passavam todo tempo que podiam com ela; escreviam cartas e ligavam quando não estavam perto. Tentei ensinar às minhas filhas a serem amorosas e gentis com todas as pessoas, especialmente com os idosos. Deixei claro que todos são importantes, independentemente das circunstâncias, e dei o exemplo desse comportamento. Eu não falava apenas da boca para fora.

Quando Anne entrou na unidade de cuidados paliativos, viu o oposto de generosidade. Ouviu diversos pacientes gritando e gemendo. As pessoas nesse tipo de lugar não costumam gritar. Havia algo de errado. Ela não conseguia encontrar a avó. Depois se deu conta de que sua avó era uma das pacientes angustiadas. Anne não conseguia encontrar nenhum enfermeiro. Mas, quando encontrou, eles viraram as costas. Parecia ser assim que a unidade funcionava. Nenhum dos funcionários parecia preocupado. (A maioria dos cuidados hospitalares não é assim, felizmente — acontece que tivemos uma experiência muito ruim.)

Anne não achou aquilo aceitável: sua avó não seria tratada daquela forma. Ela se mobilizou. Ligou para uma ambulância, que chegou em seis minutos. Falou que sua avó estava à beira da morte e precisava ser transferida de volta para o Eisenhower Hospital, que estava completamente desidratada e precisava de cuidados de emergência. Em choque, a equipe de enfermagem assistiu a todo o processo, boquiaberta. Eles não falaram nada enquanto minha mãe era levada de cadeira de rodas. "Difícil acreditar que vocês chamam isso de cuidado", Anne disse. "Vocês não estão cuidando dos seus pacientes." E partiu com a ambulância.

No hospital, minha mãe recebeu soro intravenoso e um pouco de comida. Aparentemente, fazia horas que ela não comia nem bebia água. Era por isso que estava tão incoerente. Ela começou a recuperar um pouco da força, o que foi animador, mas Anne sabia pelo seu trabalho no pronto-socorro do San Francisco General Hospital que ainda havia mais a ser feito. Decidiu que precisava de novos médicos no caso, então encontrou dois e substituiu o anterior que a havia mandado para a unidade de cuidados paliativos. Os médicos novos mudaram a medicação e, em dois dias, houve uma melhora acentuada. Minha mãe estava alerta e falante.

Agora a grande dúvida era como cuidar dela depois que recebesse alta. Como poderíamos garantir que aquilo não iria se repetir? Morávamos na área da baía de San Francisco, e era difícil monitorar a situação a centenas de quilômetros de distância. Minha mãe precisava de um membro da família que pudesse supervisionar seu tratamento. Não tinha como se defender sozinha.

Sempre criativa, Anne traçou um plano. Tínhamos de transferir minha mãe, mas o custo de uma ambulância era impossível. Então ela decidiu que nós mesmas a traríamos, com o suporte intravenoso e as demais medicações. O hospital ficou estarrecido. "Vocês vão transferir uma paciente por oitocentos quilômetros sem uma ambulância?", eles disseram. "Isso é perigoso."

"Menos perigoso do que deixá-la com pessoas que não se importam com ela", Anne respondeu. Ela pensou em um jeito de fazer a transferência, assumiu a responsabilidade pelas medicações e alugou uma van e uma maca. Alguns dias depois, às cinco da madrugada, entramos na Interestadual 5 e levamos minha mãe de Palm Desert até a área da baía de San Francisco, para uma casa de repouso em Los Altos. Demorou oito horas, mas ela passou o trajeto todo bem. Eu havia ligado com antecedência para saber se a aceitariam, e eles disseram que sim, embora tivessem uma lista de espera. Ficaram comovidos com o drama da história.

A nova casa de repouso em Los Altos se revelou ótima, talvez porque estivéssemos sempre lá visitando. Eles tinham atividades diárias, fisioterapia e um horário de socialização, além de cuidar bem dos pacientes. Toda a família celebrou o Dia de Ação de Graças com ela na casa de repouso, uma lembrança maravilhosa que nunca teríamos se Anne não tivesse intervindo. Minha mãe viveu mais dois anos antes de falecer aos 93 anos de idade.

A generosidade, a compaixão e a persistência de Anne salvaram a vida da minha mãe. Ela criou um jeito inovador de salvar a avó e tirou duas semanas de folga para isso. Generosidade faz parte da personalidade de Anne. Ela não é só de falar ou de pensar sobre isso; ela põe em prática. Foi uma criança muito amorosa, sempre com uma consciência social, sempre preocupada com o gatinho menor na caixa de areia ou com o cachorro que quebrou a perna ou com as crianças sem amigos. No jardim de infância, quando perguntaram pelo que ela era grata, escreveu: "Sou grata pelo Kenji", um amigo dela. Ela também é uma mãe muito carinhosa.

Empatia e generosidade sempre fizeram parte do meu jeito de olhar o mundo. Notei muitos anos depois que, sem perceber, estava ensinando às minhas filhas empatia, gratidão e perdão através da forma como eu agia e olhava para o mundo, dos livros que escolhia ler para elas, dos programas que sugeria que elas vissem. Talvez isso também estivesse relacionado à minha infância e a todas aquelas histórias dos meus pais sobre suas vidas difíceis sobrevivendo aos pogroms na Rússia, ou à perda do meu irmão David. Qualquer que fosse o motivo, fazia parte da minha vida: afeto, preocupação e empatia eram o meu jeito de ser.

Anne levou essas lições a sério, mas não foi a única. Susan e Janet também. Todas trabalharam em algum momento depois da faculdade para tentar fazer do mundo um lugar melhor. Susan foi à Índia; Janet à África do Sul. Elas fizeram isso sozinhas — sem sugestões minhas. Durante a faculdade, Anne foi voluntária no pronto-socorro de um hospital da cidade e ficou chocada com os problemas que os pacientes enfrentavam. Isso a levou a fazer ainda mais trabalhos voluntários. Os pacientes não conseguiam se defender porque estavam doentes demais, e isso muitas vezes significava que não recebiam o tratamento adequado. Mais tarde, ela trabalhou no San Francisco General Hospital e no Stanford Hospital, pensando em se tornar médica. No fim, decidiu que teria mais impacto se fizesse algo além de ser uma médica confinada em um consultório. Primeiro quis criar um serviço de defesa dos pacientes, visto que em geral eles estavam doentes demais para se defender sozinhos. Ela viu uma verdadeira falta de cuidado e carinho. O problema não era que os médicos e enfermeiros não se importassem. Era que viviam sobrecarregados e simplesmente não tinham tempo. Eles estavam na medicina para ser gentis, mas suas escalas exaustivas não tornavam isso possível. É um grande problema ainda hoje.

Em vez de criar um serviço de defesa dos pacientes, ela foi muito além. Fez algo de maior impacto para todos os pacientes do mundo ao abrir uma empresa que coloca as pessoas no comando do seu DNA, os elementos estruturais do seu corpo. Entender seu DNA é a chave para entender sua saúde e para prevenir doenças. Como cofundadora e CEO da 23andMe, ela dá a milhões de pessoas acesso às informações de saúde com base na ideia de que ninguém se importa mais com você do que você mesmo. E ela continua a lutar por um tratamento melhor para todos. Alguém com quem ela se preocupa em particular é sua ex-sogra, Genia Brin, que sofre de mal de Parkinson. Uma das primeiras ações de Anne foi juntar forças com a Michael J. Fox Foundation para estudar o Parkinson e encontrar tratamentos. A empresa publicou recentemente a maior metanálise sobre a doença de Parkinson até o momento.

Uma questão que tenho é: as crianças de hoje estão aprendendo a ser generosas? Qual é o exemplo norte-americano quando elas leem matérias sobre operações anti-imigração, bebês e crianças sendo separados dos pais, imigrantes retidos por dias na fronteira? Quero acreditar que todos os pais, independentemente de afiliação política, tenham empatia pelos imigrantes e conversem sobre o tema com os seus filhos. Mas diversos estudos sugerem que não. Quando pesquisadores da Harvard Graduate School of Education questionaram 10 mil crianças para o Making Caring Common Project, uma iniciativa para ajudar a tornar as crianças mais solidárias e dedicadas à comunidade, descobriu-se que

80% das crianças identificavam o sucesso ou a felicidade pessoal como sua maior prioridade. Apenas 20% diziam que "cuidar dos outros" era sua prioridade. Essa pesquisa também revelou que "Os jovens são três vezes mais propensos a concordar do que a discordar da seguinte frase: 'Meus pais sentem mais orgulho de mim se eu tirar boas notas do que se for um membro preocupado com a comunidade'". Nada estimulante. Outro estudo da Universidade de Michigan encontrou uma queda acentuada de empatia em estudantes universitários norte-americanos desde 2000.[1] Um dos meus colegas professores fez uma descoberta semelhante quando criou uma pesquisa informal com seus alunos em uma escola pública nos Estados Unidos. Ele pediu para que as crianças levantassem a mão se vivenciavam a CRIAR na escola. Começando por confiança, a maioria levantou — um ótimo sinal. Respeito e independência: cerca de metade. Dois terços dos alunos disseram que eram amparadores. Mas ninguém levantou a mão quando a pergunta foi sobre reciprocidade e generosidade.

Viramos vítimas do estilo dominante de educação — os pais-helicópteros —, que não valoriza a generosidade. Muitos pais e mães estão focados em vencer. Nosso principal objetivo é criar filhos de sucesso, e nosso maior medo é que não consigam sem a nossa ajuda. Ficamos convencidos de que, se eles não forem perfeitos, vão fracassar na vida, o que é ruim para eles, mas ainda pior para nossas ansiedades e inseguranças. Quando eles fracassam, nós fracassamos — e não podemos deixar isso acontecer. A generosidade desapareceu dos nossos objetivos educacionais. A mãe-tigre Amy Chua chegou a dizer em sua fala comigo em Puebla, no México, que nunca se preocupava com generosidade ou felicidade. Queria apenas que suas filhas fossem a número um.

Mas estamos pagando um preço alto ao nos concentrar no sucesso individual e na perfeição. Sem perceber, estamos criando filhos narcisistas sem generosidade ou empatia. Não é a intenção, mas é o que está acontecendo. Eles não têm tempo para pensar nos outros: estão focados demais em fazer um bom trabalho. Se não se destacarem, podem não receber o amor e a aceitação de que precisam dos pais. Isso lá é generosidade? Eles então canalizam a energia deles para ter sucesso, o que pode gerar notas perfeitas, mas não faz nada por sua independência ou autonomia, que dirá pela generosidade para com os outros. E, quando isso tudo acaba, nossos filhos se tornam arrogantes e egocêntricos em uma sociedade que valoriza o sucesso individual acima de quase tudo.

A generosidade não entra em parte alguma desse estilo de educação ou desse tipo de sociedade. Acredito que é porque a generosidade é mal falada. Costuma ser vista como uma fraqueza. As pessoas pensam que, quando você é bonzinho, os outros passam por cima de você. Ouvi isso durante minhas décadas como professora tentando trabalhar junto com os alunos em vez de patrulhá-los. Quando era diretora do departamento de inglês da Palo Alto High School, pelo menos metade do corpo docente questionava a maneira como eu tratava os alunos. Eles não gostavam das minhas "punições", nas quais eu tentava entender as motivações dos estudantes e dar uma segunda chance. Meus colegas sempre falavam: "Eles vão passar por cima de você. Vão quebrar as regras de novo. Sabe o que você é? Uma trouxa". Eles não entendiam que a generosidade gera resultados. Torna sua vida melhor ao melhorar a vida das pessoas ao seu redor. Não estou dizendo que você não deva ser criterioso quando pedem sua ajuda. Claro, algumas pessoas querem manipular você, mas normalmente dá para ver quando elas têm segundas intenções (são excessivamente solícitas, pedem grandes quantias de dinheiro, o que prometem em troca parece ser bom demais para ser verdade). Existe mal no mundo, mas ele não deve nos impedir de tentar fazer do mundo um lugar melhor. Temos apenas que tomar cuidado.

Os pais de alguns dos meus alunos têm a mesma atitude que os professores. Como a generosidade ajudaria meu filho a entrar na universidade? Há pouco tempo, encontrei Marc Tessier-Lavigne, presidente da Universidade Stanford, e ele me falou que a qualidade mais procurada nos candidatos é a generosidade e o cuidado com os outros. São essas as habilidades que determinam o sucesso de um estudante tanto em Stanford quanto como um cidadão do mundo. As universidades falam que não querem alunos competitivos e maldosos. Podemos ter entrado em um sistema cruel e excessivamente competitivo que premia estudantes ricos que têm notas e pontuações altas, mas a maré está virando. Muitas universidades estão deixando de lado os exames padronizados e olhando para o aluno como um todo, considerando como seus talentos específicos podem beneficiar a comunidade.

A generosidade também é fundamental no mundo dos negócios atual. Quando o Google fez uma pesquisa interna (chamada Project Oxygen), descobriu que eram as chamadas "soft skills" — e não as habilidades em ciência, tecnologia, engenharia ou matemática — que diferenciavam seus gerentes de alto escalão dos outros funcionários da empresa. Na realidade, quatro das sete principais habilidades de gestão eram diretamente relacionadas à generosidade: empatia, consideração pelos funcionários como indivíduos com valores e pontos de vista diferentes, treinamento e avaliação com feedback construtivo e discussões relevantes sobre evolução de carreira. A generosidade é essencial para o mercado de trabalho. Muitas empresas se concentram hoje em generosidade em relação aos funcionários e consumidores. A Zappos é uma, e outra é a Whole Foods. Jeff Bezos, CEO da Amazon, quer que os consumidores sejam felizes (embora admita abertamente que seus funcionários enfrentam um ambiente de trabalho hostil — não se ouve muito sobre generosidade com os funcionários da Amazon). Estão fazendo de tudo para ser generosos com os consumidores. Minhas filhas me ensinaram em primeira mão a importância da generosidade no trabalho. Janet tem uma história semelhante à de Anne em termos de luta pela saúde e pelo bem-estar da população. Ela viu comunidades desfavorecidas dizimadas por doenças crônicas e quis fazer algo a respeito. Seu cuidado a aproximou de pessoas reais dessas comunidades, a quem ela ajudou com orientações sobre amamentação, tratamento de HIV e aids, combate à obesidade infantil e outros problemas de saúde complexos.

Na vida profissional de Susan, generosidade significa cuidar melhor dos seus funcionários. Uma coisa importante que ela fez no Google foi ajudar a criar um programa de creches. Ela queria um programa de primeira linha não apenas para seus filhos, mas para o maior número possível de funcionários. Ela sabia que os pais seriam mais felizes e trabalhariam melhor se as crianças estivessem em boas mãos. Também lutou por licenças-maternidade maiores para as funcionárias. Foi uma grande notícia quando ela conseguiu oferecer uma licença de oito semanas com remuneração integral para as mães do Google. Ela continuou reforçando o programa ao longo dos anos, e o Google agora concede dezoito semanas de licença remunerada para as mães e doze para os pais.

O Google é um grande exemplo de como as melhores empresas estão se concentrando na generosidade com seus funcionários. Todas as pessoas querem trabalhar em lugares onde sintam que a administração se preocupa de verdade com a sua saúde e a sua felicidade, e onde tenham um projeto apaixonante. O Google leva essa ideia a sério e oferece comida de graça, médicos no local, lugares para cochilar e um ambiente de trabalho colaborativo, por isso é sempre classificado como uma das melhores empresas para se trabalhar nos Estados Unidos. Suas políticas generosas motivaram outras empresas a mudar e inauguraram uma nova visão sobre o que significa ser um funcionário.

A generosidade traz muito mais do que uma admissão na universidade e um bom emprego. Ser generoso torna as pessoas ao nosso redor mais felizes e faz o mesmo conosco. Todas as boas ações possuem um quê de interesse pessoal: nos dão uma sensação de paz e propósito que não tem preço. Todos precisamos passar pela vida — por que não tornar a jornada mais agradável, especialmente em uma época em que estamos tão conectados?

A epidemia de abuso de drogas atual oferece muitas oportunidades para a generosidade. Diversas pessoas estão se viciando em opioides vendidos sob prescrição, e mais gente está morrendo por overdose do que morria de aids no auge da epidemia. Mas o que isso tem a ver com generosidade? As pesquisas mostram que o que os adictos mais precisam é de bondade e amor para ajudá-los a lidar e a superar sua dependência. Eles precisam do apoio de pessoas de quem gostam, e não apenas do apoio de terapeutas. O best-seller de Johann Hari *Lost Connections* [Conexões perdidas] discute as verdadeiras causas da depressão e da ansiedade, que podem levar ao vício. Alguns dos fatores de risco que ele cita incluem a desconexão de outras pessoas, de trabalho e valores significativos, de status e respeito, e de esperança.

Enquanto todos apreciam os terapeutas e os cuidados prestados pelos programas de tratamento, outra solução que funciona é uma rede de suporte de amigos e familiares. Infelizmente, muitas pessoas lutam para encontrá-la, porque todos nós assumimos que o programa de tratamento irá cuidar do problema. Mas não é assim, como podemos ver pelas estatísticas: alguns estudos descobriram que mais de 85% das pessoas que recebem o tratamento de toxicodependência têm uma recaída no primeiro ano. Programas de doze passos têm ajudado muitos — e continuam ajudando — porque eles te ensinam a acreditar em você mesmo, mas esses programas precisam de muito mais apoio do mundo exterior. Uma das razões pelas quais as pessoas usam drogas, mesmo sabendo que é terrível, é para aliviar dores emocionais ou físicas; se a família e os amigos puderem ajudar a mitigar a dor emocional, junto com o tratamento profissional, pode fazer diferença. A verdadeira cura milagrosa para o vício é a bondade.

Vi situações trágicas com adolescentes viciados em drogas, por isso sempre faço meu discurso antidrogas em sala. Não o chamo assim. É um discurso sobre como o órgão mais importante do corpo não é o coração, mas o cérebro. É por isso que usamos um capacete ao andar de bicicleta. Por isso nunca queremos nada que afete nosso cérebro, como drogas. Existem muitas outras formas de sentir emoções que não nos prejudicam para sempre. Também faço questão de que saibam que, embora se sintam independentes (o que é ótimo), precisam lembrar que o desenvolvimento do cérebro continua depois dos vinte anos. Você pode pular de bungee jump, de paraquedas ou participar de uma corrida de carros (em uma pista), mas esqueça a ideia de usar drogas pela adrenalina.

Como pais, não podemos pensar na generosidade como uma competência bonita porém desnecessária. Ela está no cerne do verdadeiro sentido da educação: trazer os filhos ao mundo e torcer para que façam dele um lugar melhor.

INSPIRANDO GENEROSIDADE

Generosidade é um estilo de vida. Não é algo que se faz apenas algumas vezes por ano, no Natal, no Dia de Ação de Graças ou no Dia dos Namorados. É uma atitude que começa pelo respeito. Respeito é reconhecer a presença do outro. É o antídoto perfeito para a nossa atual cultura egocêntrica.

"Bom dia. Como vai?" Algo tão simples, mas tão eficaz. Esse deveria ser um cumprimento comum quando entramos na escola, no escritório ou na casa de alguém. Cumprimente sua esposa, seus pais, parentes ou amigos quando eles chegam. Certifique-se de que seus filhos façam o mesmo. Parece tão fácil, mas isso está faltando em muitas famílias. Pergunte: "Como você está?". Tantas pessoas deixam de fazer isso. Faça com que olhem em seus olhos. Contato visual é importante. E não se esqueça de sorrir. Aqui vai um fato estranho sobre as famílias: muitas pessoas que praticam essas gentilezas simples fora de casa não as incluem em suas próprias famílias. Entram em casa sem dizer "oi". Veem um membro da família carregando compras e não oferecem ajuda.

Outros atos diários simples incluem ajudar alguém a tirar as compras do carro, segurar a porta para uma mãe com um bebê, ajudar um idoso a descer do ônibus em segurança, deixar alguém passar na sua frente no trânsito, ser um bom ouvinte. Até mandar um e-mail agradecendo é um ato importante de gentileza. Parece tão pequeno — e é, mas faz diferença.

Como pais, podemos ensinar nossos filhos dando o exemplo de boa educação e orientando para que isso faça parte do cotidiano deles. "Obrigado" deveria ser uma palavra comum em casa. Ensinei minhas filhas a me agradecerem, a agradecerem umas às outras, e a agradecerem todos que faziam algo por elas, quer fosse pessoalmente, ao telefone ou em uma carta. Todas as crianças devem entender que, mesmo pequenas, elas podem dizer coisas gentis — aos amigos, aos pais, aos adultos em suas vidas. Isso começa por dizer "Oi", seguido de "Tudo bem?" e então ouvindo ativamente.

A gratidão faz parte da generosidade. Pressupõe que você preste atenção aos outros, considere as formas como eles tornam sua vida melhor e faça algo para demonstrar sua gratidão. Pelo que vejo, muitas crianças de hoje não sabem o que é gratidão. Talvez seja porque estamos focados demais em cuidar para que nossos filhos sejam felizes. Fazemos de tudo por eles, e eles ficam mal-acostumados. Uma das principais questões de pais de adolescentes é eles se arrependerem de terem mimado os filhos dando demais para eles. É um problema comum. Os filhos não são gratos por nada porque pensam que vão ter tudo. Só querem mais. Acontece até em famílias de renda baixa.

A gratidão deixa todos felizes: aquele que dá e aquele que recebe. Muitos estudos encontraram uma relação entre expressar gratidão e uma sensação geral de bem-estar. Um novo estudo de 2018 descobriu que estar em um estado mental de gratidão aumenta os níveis de esperança e felicidade.[2] Outro estudo publicado no *Journal of School Psychology* descobriu que adolescentes que relatavam maiores níveis de gratidão eram mais otimistas, sentiam mais satisfação na vida e tinham um risco menor de desenvolver depressão.[3] A gratidão também melhora nossos relacionamentos com amigos, pais, colegas e sócios. Quando você é grato pelas pessoas na sua vida, elas querem estar com você. É uma ferramenta poderosíssima para criar não apenas generosidade no mundo, mas para se tornar uma pessoa melhor.

Para ensinar gratidão, dê o exemplo, assim como faz com gentileza e generosidade. As crianças estão observando você. Você é o professor mais influente. Se for grato pelo que tem, seus filhos também vão ser. Se viver reclamando, pode ter certeza de que eles farão o mesmo. Aqui vai uma lição que muitos pais precisam aprender: se certifique de que seus filhos apreciem os presentes que recebem por aniversários ou feriados. Não estou dizendo que presentear é ruim. Para algumas famílias, toneladas de presentes debaixo da árvore de Natal podem ser um golpe de sorte porque não havia dinheiro suficiente para isso no ano anterior. Em outras famílias, as crianças abrem presente após presente sem nunca agradecer uma só vez ou sem entender o tempo e o esforço que foi para comprar os presentes. Precisamos ensinar aos nossos filhos que, quando alguém lhe dá um presente, você deve estar sempre grato (mesmo que você não goste ou mesmo que já tenha algo semelhante).

Converse com eles sobre gratidão. Pelo que eles são gratos? A maioria dos filhos sente gratidão pelos pais. Minhas filhas eram gratas pelos avós e escreviam cartas para o avô na Polônia regularmente. Algumas das cartas eram bem triviais, mas elas compartilhavam a vida com ele. "Fui ao parque hoje e brinquei com a minha amiga Jessica. Estou com saudades." Elas também escreviam para os meus pais e para a mãe de Stan. Escreviam regularmente, com ou sem presentes. Era uma forma de reconhecer o esforço de alguém e de valorizar todas as pessoas que as amavam. A arte de escrever bilhetes de agradecimento precisa ser ressuscitada.

O ato de escrever ajuda todos a refletir sobre a vida e as suas ações. Minhas filhas faziam diários, especialmente quando viajávamos, e aprenderam a refletir e a ser gratas por suas experiências. Recomendo que as crianças escrevam sobre seu dia e pelo que são gratas toda noite antes de dormir. É uma boa maneira de praticar a escrita, uma boa maneira de pensar pelo que são gratas e uma boa maneira de manter um diário. Será divertido ler alguns anos depois. Algumas das anotações podem ser engraçadíssimas.

"Sou grata por ter encontrado uma joaninha hoje."

"Estou feliz porque meu irmão dividiu o sorvete dele comigo."

"Estou muito contente porque fui a uma festa de aniversário que tinha um pula-pula."

É um ritual formidável e foi comprovado que aumenta a atividade cerebral relativa à gratidão. Eu também fazia questão de agradecer e reconhecer as ações das minhas filhas quando elas faziam alguma coisa em casa. "Você fez um ótimo trabalho fazendo limpeza com a mamãe" era algo que eu sempre dizia. "Seu quarto está muito arrumado hoje. Parabéns." Mesmo longe de estar perfeito. Seria maravilhoso se pudéssemos ser gratos pelo que temos na vida todos os dias. Sou como todo mundo — nem sempre tenho tempo. A vida é muito agitada. Mas minha família celebra o shabat toda sexta-feira à noite, e é então que pensamos em nossa gratidão por toda a semana.

Na escola, falo para os alunos que, ao entrevistarem as pessoas para o jornal, eles devem confirmar a veracidade das citações e agradecer a todos que separaram um tempo para falar com eles. Fazemos questão de agradecer a nossos anunciantes. Muitas empresas maravilhosas, incluindo diversas pequenas, apoiam o programa de jornalismo há anos com publicidade e doações de alimentos ou serviços. Também lembro os alunos de agradecerem aos pais por ajudarem nos jantares em grupo. A cada três semanas, eles jantam juntos por três noites seguidas durante a produção — sessenta estudantes superfamintos. Os pais são gentis o bastante para oferecer essas refeições. Imagine a bagunça. Mesmo depois de limpar, ainda sobra muito lixo, então lembramos de agradecer aos zeladores, que são uma parte importante do nosso programa.

A FORMA MAIS PROFUNDA DE GENEROSIDADE

Quando minhas filhas eram pequenas, tínhamos uma tradição natalina de comprar a árvore mais deplorável que conseguíamos encontrar na "Lucky National Forest", o terreno do nosso mercado Lucky. Comprávamos a árvore que ninguém queria, a que tinha sido abandonada, e levávamos essa árvore para casa e fazíamos nosso melhor para deixá-la bonita. Minhas filhas adoravam decorar a árvore. Originalmente, os ornamentos não passavam de caixas de ovo recortadas que elas pintavam e enchiam de purpurina, mas, com o passar dos anos, os enfeites foram ficando mais sofisticados. O que estávamos criando, sem notar, era uma sensação de empatia. Eu e Stan estávamos ensinando-as a olhar além de si mesmas e a tentar entender o que a outra pessoa (ou, nesse caso, a árvore) estava sentindo. Elas consolavam e cuidavam dos animais assim como faziam com as árvores de Natal. E esses comportamentos se estenderam naturalmente a todas as pessoas, fossem parentes, amigos, um paciente aleatório no pronto-socorro que precisasse de ajuda ou uma jovem mãe em uma região pobre passando por dificuldades para criar o filho.

Existem muitas atividades simples e divertidas que ensinam empatia às crianças. Em casa, os pais podem incentivar o faz de conta. Basta dar à criança o começo de uma história, uma roupa ou um brinquedo, e ela vai inventar seus próprios personagens, mundos e universos. É de graça e as crianças adoram. Quando fingem ser outra pessoa, elas aprendem como é estar no lugar do outro. Isso as faz parar de pensar em si mesmas, algo necessário para se ter empatia. Como os pesquisadores de desenvolvimento infantil Dorothy Singer e Jerome Singer apontam: "Assumir um papel diferente oferece às crianças a oportunidade única de aprender habilidades sociais como comunicação, resolução de problemas e empatia". Portanto, todas aquelas fantasias e a correria pela casa fazendo o que parecem "maluquices" na verdade estão ajudando as crianças a aprender uma habilidade importantíssima.

Ler para os filhos com regularidade, em particular livros sobre generosidade e empatia, também é outra atividade útil. Todos precisamos nos lembrar da força das histórias. Pesquisas mostram que ler ficção e considerar os sentimentos de outros personagens ajuda as crianças a desenvolver empatia. Alguns dos meus livros favoritos para crianças são *O peixinho do arco-íris*, sobre um lindo peixe que encontra a felicidade quando aprende a compartilhar, *Tikki Tikki Tembo*, no qual um jovem menino resgata o irmão, e *A árvore generosa*, de Shel Silverstein, uma história clássica de amor e altruísmo. As crianças adoram esses livros porque reconhecem aquelas emoções, e é fácil se identificar com os personagens. Assim como no faz de conta, eles conseguem se imaginar na pele de outra pessoa. Não deixe de conversar sobre os personagens e suas decisões e seus sentimentos. Eu e Stan fazíamos isso toda noite (quase toda noite, na verdade). Líamos para as crianças e refletíamos sobre a história. Conversar sobre o que líamos era o que fazíamos antes da internet. Eu não fazia isso especificamente para desenvolver empatia. Fazia porque queria ensinar as minhas filhas sobre o mundo, outras culturas, viagens, história. Mas havia essa vantagem extra.

Outra dica para as famílias: tenham um animal de estimação. Animais de estimação são um jeito maravilhoso de ensinar compaixão (e responsabilidade). Tivemos diversos animais: uma golden retriever chamada Truffle, dois gatos e três ratos. As meninas tinham que colocar Truffle para fora todos os dias. Levavam-na para passear e davam comida. Brincavam com ela, a escovavam e abraçavam. Cuidavam também dos gatos e ratos. Nossos animais eram parte da família, incluídos em tudo. Eles até ganhavam presentes de Natal e de aniversário. Por isso, minhas filhas estavam sempre pensando nos outros e tomando conta para que todos fossem bem cuidados.

Em um verão, decidimos deixar Truffle virar mãe. Cruzamos nossa cachorra com um lindo golden em Oakland, e ela deu à luz oito filhotinhos adoráveis. Foi muito emocionante. As meninas não conseguiram acreditar na própria sorte e levaram essa nova responsabilidade muito a sério. Todos os dias cuidavam dos filhotinhos e os viam crescer, e mudamos os carros de lugar para deixar que ocupassem toda a garagem. Elas cuidaram para que Truffle tivesse comida e água de sobra, que os filhotes fossem bem cuidados e que todos tivessem brinquedos. Nossa casa se tornou a mais visitada do quarteirão. Dois meses depois, minhas filhas ajudaram a encontrar um novo lar para cada filhote e arranjaram um jeito de manter contato com os novos donos. Elas queriam garantir que todos os cachorrinhos levassem boas vidas.

A empatia nas crianças é natural. Se dermos o exemplo, nossos filhos vão seguir.

COMO SER GENEROSO QUANDO É DIFÍCIL

Anos atrás, tive um aluno, Dominic, que vinha de uma família humilde de East Palo Alto e, involuntariamente, entrou para minha turma de inglês avançado no primeiro ano. O lugar dele não era naquela classe, e não foi ele quem se inscreveu. O sistema de informática havia cometido um erro. O desempenho dele era baixo, então ele deveria estar em uma turma de reforço.

Dominic era um menino nervoso, do tipo que a escola considera um caso perdido. Era agressivo e grosseiro, aparentemente sem motivo. Dava para ver que estava apenas refletindo a forma como foi tratado durante toda a vida. Fiquei preocupada com ele desde o início.

Quando percebi o erro duas semanas depois do começo do semestre, ele e eu já havíamos criado um laço. Perguntei se ele queria se transferir para a turma mais básica. "De jeito nenhum", ele disse.

"Então você precisa de trabalho extra", eu disse. Dominic aceitou o desafio. Ele já estava começando a se ver como outro tipo de aluno, talvez um que pudesse ter sucesso no mundo, apenas por sentir confiança e respeito na minha turma. Eu o tratava como se fosse igual a todos, porque ele era. Apenas nunca tinha sido visto dessa forma. A energia que ele vinha dedicando ao mau comportamento foi canalizada para se recuperar academicamente. É incrível o que um pouco de generosidade pode fazer.

Não era pouco o trabalho de recuperação que Dominic tinha pela frente. Ele precisava ficar depois da aula comigo todos os dias para treinar as habilidades de leitura e escrita durante o ano inteiro. Depois, quis participar do meu curso de jornalismo. Ali estava um menino considerado abaixo da média pelo distrito escolar focado não apenas em chegar à pontuação necessária, mas em ultrapassá-la. Foi uma transformação incrível.

Dominic entrou no programa. Dei a ele um computador velho da minha casa para que ele pudesse dar conta da carga de trabalho, e ele fez muitos amigos novos. O programa de jornalismo é uma comunidade de alunos que se conhecem e cuidam uns dos outros. Ele parecia bem feliz, mas nem tudo eram flores para ele. Chegar ao nível de escrita necessário para o jornal era difícil, e ser avaliado pelos colegas ainda mais. No entanto, como todos estavam no mesmo barco, Dominic não levava isso para o lado pessoal e continuou trabalhando duro em seus artigos.

Em determinado momento, porém, a pressão falou mais alto. Ele queria apresentar um bom trabalho, mas não se considerava capaz. Certo dia, outro aluno da turma denunciou que havia um artigo plagiado. Como ele sabia? Havia lido na internet... exatamente o mesmo artigo. Descobri que tinha sido "escrito" por Dominic.

Dominic ficou envergonhado e pediu mil desculpas. "Estava sem tempo e não consegui escrever", ele me disse. "Pensei que ninguém descobriria."

Conversamos sobre a importância de fazer o próprio trabalho, e decidi suspendê-lo do jornal por um ciclo. Eu tinha de deixar clara a gravidade do plágio, mas não queria envergonhá-lo ou reacender a raiva que ele sentia quando chegou na minha sala de aula pela primeira vez. Eu sabia por que ele havia feito aquilo. Conseguia ver a situação do seu ponto de vista. E o que ele mais precisava era de um pouco de generosidade e compreensão para seguir nesse novo caminho. Ele não precisava levar bronca. Estava claro que já havia sofrido demais com isso na vida. Esses são os momentos mais importantes na educação dos filhos e dos alunos: em vez de sentir raiva, você pode ter uma conversa e entender o ponto de vista deles? Pode ter compaixão? Pode mostrar generosidade mesmo nas circunstâncias mais extremas? Fico feliz em dizer que meu método surtiu efeito: Dominic nunca plagiou de novo.

No último ano, Dominic decidiu tentar entrar para a universidade. Ele foi a primeira pessoa da família a fazer isso. Eu o ajudei a conseguir uma bolsa na Costa Leste, e para lá ele foi. Hoje trabalha com comércio em Nova York. Mudou não apenas sua vida, mas a vida e a autoimagem de sua família.

Alguns anos depois de Dominic, tive outro aluno prestes a ser expulso por beber na escola. Ele e a namorada haviam sido pegos com bebida na sala escura. Eram bons alunos e ficaram envergonhados com a situação. O supervisor da escola estava se preparando para levá-los à diretoria quando intervim e disse: "Deixe que eu cuido disso". Se fossem mandados para a diretoria, seriam suspensos por mais de uma semana. Suspensões não permitem que você compense o trabalho; fazem com que fique permanentemente atrasado nas aulas, e todas as suas notas são afetadas. Imagine como isso é devastador para os alunos.

A punição deles foi meu protocolo habitual: uma conversa, uma redação e ficar na escola depois da aula para me ajudar. Eles também ajudaram outros alunos que precisavam de apoio em seus artigos. Nunca levei o comportamento deles para o lado pessoal. Obviamente, eu não era mole; tinha minhas regras. Mas minhas consequências eram diferentes de suspensão. Perdoei a pequena aventura deles na sala escura e dei a chance para que reparassem o erro.

Grande parte de praticar a generosidade é lembrar que os filhos são adultos em treinamento. Eles estão aprendendo — vão cometer erros. É aí que entra o perdão. Os professores e pais precisam saber que violações e erros não são necessariamente ataques contra nós. Às vezes é um caso típico de falta de discernimento do adolescente. Sim, esses erros podem nos magoar e frustrar, mas guardar rancor, reagir mal e impor um castigo severo apenas perpetua a dor e a raiva. Em vez disso, tente demonstrar generosidade e perdão. Lembre-se do que *você* fez na idade deles. Isso não faz de você uma pessoa mole; não significa que não tenha regras. Significa que se mantém firme, mas é grande o bastante para perdoar.

Mas e se um adolescente atacar o outro? Isso pode acontecer de inúmeras maneiras. Recentemente, tive uma aluna que sofria bullying por estar acima do peso. Ela usava em geral roupas sem graça na escola — camiseta e jeans rasgado. Os adolescentes podem ser cruéis em relação à aparência. Eles a ridicularizaram no Facebook. A aluna chorava, muito triste. Tentei fazer a postagem ser removida, mas isso era bem difícil na época. (Foi há seis anos.) Enviei um pedido ao Facebook para retirar os comentários, mas eles não responderam. Então liguei para pessoas que conhecia no Facebook, ex-alunos, e contei o problema a eles. O conteúdo foi removido finalmente — e depois lidamos com o praticante do bullying. Nem todo mundo tem contatos no

Facebook. Eu tive essa sorte. Hoje, o Facebook e outras redes sociais estão se esforçando para reduzir o bullying na internet. A saúde mental dos nossos filhos agradece.

Ninguém quer que seu filho seja um praticante de bullying. A maioria dos pais fica horrorizada quando seu filho é o agressor. Mas acontece o tempo todo. De acordo com o National Center for Education Statistics e com o Bureau of Justice Statistics, 28% dos alunos do sexto ano do fundamental ao último ano do ensino médio nos Estados Unidos sofreram bullying. É provável que seja muito mais comum, visto que boa parte dos casos não é denunciada. E, claro, o bullying agora também se estende à esfera digital. Um estudo de 2016 do Cyberbullying Research Center descobriu que 34% dos adolescentes entre doze e dezessete anos sofreram bullying virtual em algum momento da vida. Os médicos acreditam que isso tenha origem em diversos fatores: relações tensas com os pais, baixa autoestima, disciplina contraditória e colegas pouco solidários. Alguns dos praticantes também são vítimas. Às vezes, as crianças estão repetindo o comportamento que veem nos pais. E o bullying virtual está piorando. É porque nossos comentários são muitas vezes anônimos. Podemos ser cruéis sem nenhuma consequência. Perdemos o respeito porque é muito fácil menosprezar os outros. Em muitos casos, a compaixão e a empatia desaparecem por completo. E também há os video games violentos. Que tipo de influência isso tem? Nossos filhos precisam mesmo contar o número de pessoas que mataram? Existem estudos que afirmam que os video games não causam impacto negativo nos jovens, mas duvido deles. Toda forma de violência insensibiliza as crianças. Ensina o exato oposto de generosidade, o que certamente pode promover o bullying.

Outra coisa que aprendi em décadas de ensino: senso de humor é algo que se desenvolve com a idade. Muitos adolescentes não entendem a diferença entre o que é engraçado e o que é perverso. Costumávamos fazer uma edição de 1º de abril do jornal da escola, mas percebi ao longo dos anos que não dava para confiar que meus alunos do ensino médio acertassem o tom. Eles achavam aceitável tirar sarro de alguém com distúrbio de fala. Ensinei que não. Era difícil monitorar, por isso acabamos com essa tradição. Eles aprendem com o tempo, mas problemas com o humor podem levar à crueldade na adolescência.

No fundo, o bullying é uma crise de gentileza que expõe verdades desagradáveis sobre a natureza humana. Parece que atacamos os que se destacam. Alguns dos alunos que sofrem bullying têm dificuldades acadêmicas ou sociais. Adolescentes desajeitados em qualquer aspecto são especialmente vulneráveis. Eles têm a aparência estranha, falam a coisa errada e têm dificuldades para interagir com os colegas, e os outros adolescentes implicam com isso. O termo *schadenfreude* me vem à mente, o ato de sentir prazer na infelicidade ou no sofrimento alheio. É triste, mas faz parte do comportamento humano.

Destacar-se no bom sentido também pode ser um problema. Tive uma aluna que ganhou um prêmio estadual de física e se recusou a contar aos outros porque tinha medo de que tirassem sarro ou que ficassem com inveja dela. Como comprovado por pesquisas, a inveja é muitas vezes o ponto de partida da *schadenfreude*. Você sente inveja do sucesso do outro, e espera para atacar quando o outro fracassa. Pais e escolas deveriam ensinar os adolescentes sobre essas tendências humanas inatas. Podemos não ser capazes de mudar nossa natureza fundamental, mas a consciência pode revolucionar a maneira como tratamos uns os outros.

Claro, mesmo se todos os adolescentes fossem conscientes o bullying ainda existiria. Quando acontece, faço o possível para pôr um fim nele. Se vejo algum comportamento negativo em sala, começo fazendo um discurso — sempre a professora de inglês contando uma história. Basicamente, falo sobre uma criança que sofreu bullying e como isso a afetou pelo resto da vida. Inovo toda vez, adaptando esses discursos ao que a turma em particular precisa ouvir. Os adolescentes não pensam nas implicações a longo prazo de seu comportamento com os outros no ensino médio, mas, quando começo a falar, eles param e escutam. Mais importante, as crianças me veem dando o exemplo de aceitação dia após dia. Não importa de onde você é: da China, da África ou de East Palo Alto. Você faz parte da minha turma e sua opinião importa. A única vez em que os alunos veem um comportamento incisivo da minha parte é quando estou defendendo o direito de todos de estarem lá e de serem incluídos.

Tomo muito cuidado para não expor a vítima durante esses discursos. Esse aluno não precisa de mais estresse. Normalmente, falo com ele depois da aula e pergunto em que posso ajudar. Digo: "Vamos conversar sobre o que aconteceu hoje na aula. Tem alguma coisa que eu possa fazer para ajudar?". Em geral ele responde: "Acho que não". E então digo: "Vamos conversar. Já vi isso antes e posso ajudar". Costuma dar certo.

Também converso com o praticante do bullying depois da aula. Os agressores também precisam de generosidade. Seu comportamento costuma ser assim porque eles sofreram o mesmo ou porque gostam de ver alguém sofrer. Eles aprenderam esse comportamento com alguém. O que esses jovens precisam é de uma pessoa que possa entender suas motivações, a razão de agirem dessa forma. Também precisam saber como o bullying pode ser doloroso, como pode causar sofrimento psicológico a longo prazo. Eles querem mesmo ser responsáveis por destruir a vida do colega?

Se seu filho estiver sofrendo bullying, essa é a hora de intervir. Os adolescentes são jovens e vulneráveis demais para enfrentar o bullying agressivo por conta própria. Use todas as vias possíveis. É muito difícil, e não existe solução simples, mas aqui vão algumas ideias. Converse com a direção da escola e com o professor. Todas as escolas trabalham ativamente contra o bullying, mas, apesar desses programas, ele ainda ocorre. Às vezes você não vai receber uma resposta positiva da escola, então deve tentar de novo. Essa é a sua chance de aprender a importunar, de fazer barulho suficiente para que a situação seja resolvida. Não deixe de conversar com seu filho sobre por que o bullying acontece, como pode afetar as pessoas, e que às vezes os adolescentes não são maldosos e não entendem o que estão fazendo. Ele precisa saber que não está sozinho, que muitas pessoas sofrem o mesmo, e que ele é forte o bastante para se defender. Às vezes ajuda comunicar os pais do agressor, se eles estiverem dispostos a intervir. Você também pode conversar com os amigos e com os pais dos amigos do seu filho para reforçar o círculo de apoio. Acima de tudo, deixe claro ao seu filho que ele pode procurar sua orientação.

O que é ainda pior do que sofrer bullying? Ser excluído. Uma pesquisa com mais de 10 mil estudantes australianos descobriu que a "exclusão social era fortemente associada ao sofrimento psicológico e ao baixo bem-estar emocional dos adolescentes".[4] Meus alunos sofrem isso o tempo todo. Oliver Weisberg, um dos meus alunos da década de 1990, era um menino ótimo, mas tinha dificuldade para ser aceito como novato. Ele havia sido transferido de outro colégio e, durante seu primeiro ano, escreveu uma reflexão sobre ser um aluno novo e como se sentia excluído. O título era: "A dor de não ser ninguém". Ele escreveu sobre como era difícil ser o menino novo na turma, como os outros faziam questão de convidar alguém para a sua casa enquanto Oliver ouvia tudo e não recebia o convite também. Ou como descreviam seu fim de semana divertido com os amigos na frente dele. Lembro disso muitos anos depois porque sua redação foi escrita do fundo do coração, e não era verdadeira apenas para Oliver, mas para todos os adolescentes. Ser excluído é um dos piores sentimentos que existem. É por isso que a excomunhão é o pior castigo na maioria das religiões e o isolamento é a pior forma de punição nas prisões. O abandono é um dos maiores medos que as crianças enfrentam. A exclusão desencadeia isso.

Ver adolescentes isolados me faz pensar em como precisamos profundamente de generosidade e comunidade. Uma das minhas principais defesas contra a exclusão é fazer exercícios que desenvolvam o senso de comunidade no início do ano letivo. Quero que todos os alunos sejam incluídos; é uma grande família. Outro exercício que comecei a fazer anos atrás nas turmas de primeiro ano era pedir que escrevessem em cartõezinhos os nomes de três outros alunos que quisessem em seu grupo. Eu lia todos os cartões e procurava os alunos cujos nomes não apareciam em nenhum, e cuidava para que esses alunos fossem colocados em um grupo e que todos se dessem bem. Também vivia falando em aula sobre inclusão independentemente de origem étnica, capacidade intelectual ou aparência. Falava sobre como amizades diversas são o que torna a vida interessante, fazia questão de que soubessem que eles não queriam ser responsáveis por tornar a vida de alguém infeliz ou, ainda pior, por alguém tirar a própria vida. Na última primavera, recebi uma carta de agradecimento de um aluno que dizia: "Você não é apenas uma professora, se importa com os alunos como pessoas". É verdade. Eu me importo muito. Me importo com o que comem, com sua saúde emocional, seus planos para o futuro. Sou vista como uma amiga pelos meus alunos. Sei que muitos professores não acham apropriado serem vistos como amigos. As faculdades de educação ainda recomendam que os professores mantenham distância, ainda mais no mundo de hoje, em que os professores têm medo de ser amigáveis demais.

Fico feliz que algumas escolas estejam repensando essa filosofia. A generosidade é importante para o mundo, não apenas para a nossa felicidade pessoal. É para a felicidade de todos. É difícil ser feliz quando os outros estão sofrendo. O que faço é simples: demonstro o máximo possível de generosidade para os alunos e torço para que eles reflitam isso para o mundo. Uma boa vantagem é que ela sempre volta para mim. Dominic, o aluno que foi posto na minha turma sem querer, mas fez mais do que merecer sua vaga, é um grande lembrete disso. Sua mãe me manda flores todo ano desde que ele se formou. Ela nunca se esqueceu de como minha aula mudou seu filho. Muitos professores têm histórias como essa. São essas as lembranças que nos fazem continuar ensinando. Não há nada mais gratificante do que ajudar um aluno a ter sucesso por meio da generosidade. Você pode mudar uma vida para sempre.

9. Ensine seu filho a se importar

Logo depois que Janet nasceu em 1970 e de nos mudarmos para nossa casa nova no campus de Stanford, fui à biblioteca de Palo Alto para pegar um livro. Me falaram que as bibliotecas eram apenas para moradores de Palo Alto. Stanford não faz parte de Palo Alto; é uma área não incorporada do condado de Santa Clara. Me aconselharam a usar a biblioteca do condado de Santa Clara, que ficava a alguns quilômetros de distância. Fiquei em choque, porque os alunos da região universitária de Stanford frequentavam as escolas públicas de Palo Alto. Pensei: "Isso é muito injusto com as crianças de Stanford. Elas têm acesso desigual a serviços importantes". Fiquei brava e minha mente entrou em ação. O que eu poderia fazer para mudar essa regra? Com duas crianças a tiracolo, fui a reuniões na câmara municipal de Palo Alto e a reuniões no campus de Stanford e defendi meu argumento. Acho que estar com as meninas ajudou. Foi uma batalha fácil de vencer, porque felizmente todos concordaram. Tive a impressão de que estavam preocupados com o assunto mesmo antes de eu aparecer, e percebi que algumas mudanças são mais fáceis de fazer do que pensamos. Nesse caso, bastou que eu notasse o problema e comunicasse os responsáveis. Hoje, todos os alunos das escolas de Palo Alto, independentemente de onde moram, têm acesso às bibliotecas de Palo Alto, uma excelente fonte de informações.

Quando as meninas eram um pouco mais velhas, me propus a convencer Stanford a construir um parque na região. Havia 160 famílias em nossa comunidade, chamada Frenchman's Hill. Precisávamos de um lugar para as crianças se encontrarem e para as famílias se conhecerem. É para isso que servem os parques, então por que não tínhamos um? Acho que simplesmente esqueceram. Comecei a agitar, escrevi cartas, marquei reuniões, encontrei pessoas e fiz uma petição assinada por diversos pais. O comitê habitacional de funcionários da universidade e o comitê de desenvolvimento de terras e construções finalmente concordaram com o parque — se *eu* o projetasse. Como fiquei animada! Essa foi a parte divertida. Lembro de folhear catálogos de equipamentos de playground e projetar o melhor parque possível. O Esther Wojcicki Playground foi um enorme sucesso. O brinquedo de escalar era um lindo castelinho: as crianças entravam engatinhando por um buraco embaixo e subiam dentro dele, olhando para fora de janelinhas ao longo do caminho. Instalamos balanços e cavalinhos de alta qualidade, e um escorregador foi construído na encosta da montanha, uma grande atração.

Em 1975, por causa de uma escassez de babás na nova região universitária do campus de Stanford, abri uma cooperativa de babás para resolver a falta de profissionais. Tínhamos um secretário rotativo por mês, e bastava ligar, agendar outro pai para cuidar de seus filhos e depois retribuir o favor quando estivesse livre. A cooperativa de babás criou uma sensação maravilhosa de comunidade, e também tornou possível que muitos pais tivessem um tempo para si.

Tenho orgulho em dizer que durou mais de uma década. Alguns anos depois, em 1980, supervisionei uma enorme reforma da piscina de natação da Stanford Campus Recreation Association. Organizei a troca de encanamento e reboco da piscina, o remanejamento de alguns brinquedos e a reforma do clube.

Eu vivia em busca do que poderia ser melhorado, à procura de onde precisavam de uma mãozinha. Achava que era meu dever contribuir e melhorar nossa comunidade. Ainda penso dessa forma. Se todos ficarmos apenas falando, ninguém faz nada. Sempre fui de colocar a mão na massa. Tudo isso influenciou minhas filhas, não porque eu ficava discursando sobre a importância de servir à comunidade ou porque quisesse ser um modelo — mas apenas porque me importava. Eu tentava mostrar a elas o que podia ser feito através das minhas ações. Essa atitude é importante para se levar uma vida boa, mas não imaginei na época o impacto profundo que tinha no bem-estar das crianças, o que foi confirmado por vários estudos interessantes. Adolescentes que fazem trabalho voluntário com crianças sofrem menos humores negativos e têm o risco cardiovascular reduzido, segundo um estudo publicado no *Journal of the American Medical Association*.[1] Um estudo indiano de 2006 descobriu que adolescentes que faziam trabalho voluntário tinham uma probabilidade significativamente menor de praticar atos ilegais e também menos condenações e prisões entre os 24 e 34 anos.[2] As salas de aula que dão ênfase a habilidades sociais e emocionais e ajudam as crianças a trabalhar na comunidade fazem com que os alunos menos favorecidos ultrapassem as médias estaduais em exames padronizados.[3] Sabemos que o oposto também acontece. A ausência de relações e serviços à comunidade em geral pode afetar a saúde física e mental. Pesquisadores argumentam que a solidão é um risco à saúde pública maior do que a obesidade. Um estudo descobriu que participantes com relações mais fortes com outras pessoas tinham uma chance 50% maior de viver por mais tempo.[4] Sentir que fazemos parte de um grupo pode ser uma questão de vida ou de morte.

Mas como os pais pensam isso em relação aos filhos? Quantos de nós abraçam causas e mostram aos filhos, por meio do próprio comportamento, como lutar por nossas comunidades? Quantas crianças sentem que têm voz ativa para enfrentar os grandes desafios da nossa era e encontrar uma forma de contribuir? Estamos mesmo mostrando aos nossos filhos como servir aos outros ou os estamos ensinando a fugir para dentro de suas próprias vidas?

É triste dizer isto, mas noto cada vez mais jovens completamente egocêntricos. Que universidade *eles* vão frequentar, que viagem *eles* querem fazer, coisas que *eles* querem comprar. Às vezes parece que estamos treinando uma nação e um mundo de narcisistas, e não acho que seja um exagero dizer que os pais-helicópteros sejam os grandes responsáveis por isso. As crianças estão crescendo com a ideia de que são o centro do universo. Ganham carona dos pais, são postas em atividades competitivas que as ensinam que o mais importante é ser o número um e são levadas a crer que, se não forem perfeitas, se não tiverem sucesso o tempo todo, são fracassos na vida. Não é de admirar que as crianças estejam mais autocentradas (e ansiosas) do que nunca.

Os jovens adultos estão não apenas sem garra e independência, mas também completamente despreparados para assumir causas que possam melhorar o mundo. Em vez disso, se concentram no dinheiro, porque, na cabeça deles, isso os tornará felizes e plenos. É a ideia americana:

fique rico, depois fique sem fazer nada. Relaxe na praia. Saia para um jantar caro. Vá a Las Vegas. Mas esse tipo de atividade transforma as pessoas em narcisistas viciados em adrenalina. Parece haver bastante gente assim no Vale do Silício, pessoas que se preocupam consigo mesmas antes de qualquer outra pessoa. Não priorizam o bem da comunidade, não lutam por causas sociais e não estão buscando uma vida com sentido e propósito. Como resultado, costumam acabar isoladas e deprimidas. Conheci muitos milionários infelizes e até alguns bilionários infelizes.

Muitos deles provavelmente começaram como jovens desorientados. Conversando com meu amigo Ken Taylor, ex-diretor de filosofia em Stanford, ele refletiu sobre como os estudantes parecem confusos quando se trata de levar uma vida boa. Taylor me disse que percebe as prioridades dos jovens em suas escolhas de graduação. De acordo com ele, 37% de todos os formandos em Stanford, cerca de mil estudantes, são bacharéis em ciência da computação. Por quê? "Porque se você tiver um diploma de Stanford em ciência da computação", ele diz, "pode entrar para o Vale aos 22 anos começando com 100 mil por ano, pensando que esse salário é apenas o início, não é nada." Para alguns estudantes, essa é a escolha certa porque ciência da computação é sua paixão verdadeira, mas Taylor me contou que alguns alunos no curso precisam fazer a matéria introdutória cs 107 três vezes para passar. Porque ciência da computação não é sua paixão ou porque seus talentos e habilidades combinam melhor com outra área. Taylor diz que uma de suas principais funções como professor, sobretudo quando dá aulas para calouros, é ser subversivo, libertar os estudantes da influência dos pais, que muitas vezes transmitiram a ideia de que uma vida bem vivida tem a ver com "compras e status".

Não é de admirar que os jovens estejam confusos. É porque seus pais e professores também estão confusos. Todo o mundo adulto precisa estar ciente disso. Por que você acha que aqui nos Estados Unidos temos uma epidemia de vício em opioides, depressão e suicídio? Parece que não temos as informações certas sobre como viver bem, como cuidar de nós mesmos e do outro. Parece que não entendemos o porquê. Estamos atrás de dinheiro e posses. Nenhum serviço, nenhum propósito. Se temos algum propósito, é *nos* fazer felizes. Mas, se existe uma coisa que sei, é o seguinte: você é mais feliz — e mais benéfico à sociedade — quando está fazendo coisas para ajudar os outros.

Bill Damon, diretor do Stanford Center on Adolescence e autor de *The Path to Purpose* [O caminho para o propósito], reflete muito sobre esse problema. Damon é especialista no ensino das habilidades de vida mais importantes para os jovens. Ele diz o seguinte sobre egocentrismo e propósito:

> Especialmente nesses tempos de foco intenso em desempenho individual e status, um risco real no desenvolvimento da juventude de hoje é o egocentrismo. Tanto por sua saúde mental como pelo desenvolvimento de seu caráter, todos os jovens precisam ouvir a mensagem "você não é o centro do universo" de tempos em tempos. Encontrar um propósito que contribua para o mundo além de si próprio é a melhor forma de escutar essa mensagem.

Pensar além de si — esse é o segredo. Quantos dos nossos filhos estão fazendo isso?

Quando visitei Damon em Stanford, ele me falou sobre uma conversa formal que havia tido com o Dalai Lama em Vancouver, na qual perguntara o que os pais podem fazer para ajudar os filhos a encontrarem sentido na vida. O Dalai Lama deu duas recomendações: 1) ensine ao seu filho a ideia vívida de como uma vida sem propósito é vazia e pouco gratificante. Se você não acredita em nada, não se apega a nada, não desenvolve um propósito e não o segue. Não está servindo aos outros. Embora o hedonismo seja prazeroso por um tempo, ele enjoa rápido, e você fica amargurado; 2) você também deve retratar vividamente a alegria de levar uma vida com sentido. Seja através de histórias, teatro, religião ou dando seu exemplo pessoal de comportamento, devemos ensinar aos nossos filhos o que é ter um propósito. E não é uma Mercedes e uma casa na praia. Propósito é união, relações, contribuição e serviço. É isso que os nossos filhos devem entender como uma vida bem vivida.

Mas a questão é o seguinte: isso vai além de suas realizações pessoais. É muito mais profundo do que o sentido que *você* encontra em ajudar e servir aos outros, e de como *você* fica feliz. Quando falamos sobre servir à comunidade, criar ativismo social e lutar por mudanças, o que estamos falando na verdade é sobre melhorar nossa cultura e sociedade em geral. Afinal, não é para isso que temos filhos? Levar a cultura adiante? Tornar todas as pessoas mais humanas, compassivas e unidas? E nos unir para lidar com os problemas colossais que enfrentamos enquanto espécie, assim como combater o aquecimento global, difundir o acesso à água potável, ajudar refugiados e confrontar doenças e guerras nucleares? Se não trabalharmos juntos, vamos fraquejar. Podemos não sobreviver. Isso é importantíssimo. São lições vitais para as crianças. Você pode estar se perguntando se tudo isso é responsabilidade dos pais. É claro que é. *Tudo começa na família.* Depois, sua família se une a outra, à comunidade em geral e, no fim, ao mundo todo. As crianças são fundamentais para resolver os problemas que nos aguardam, muitos dos quais nem podemos prever. Por isso digo, pelo bem de todos, vamos preparar nossos filhos da melhor maneira possível.

CRIAR UM SENSO DE ASSISTÊNCIA

Para mim, o comprometimento com o ativismo social foi inevitável considerando o que vivi na infância. Depois da morte do meu irmão, e depois de ver meu outro irmão, Lee, sofrer de dislexia em uma época em que crianças disléxicas eram classificadas como deficientes mentais, eu me sentia na obrigação de proteger os mais fracos. Toda a minha família era oprimida, sem informação e sem voz ativa. Não sabíamos como nos defender, e queria que isso nunca acontecesse com outras famílias. Também cresci à sombra da longa história de perseguição da minha família. Meus pais fugiram da Rússia e da Ucrânia, escapando por pouco dos pogroms. Perdemos muitos parentes tanto do lado da minha mãe como do lado do meu pai. Quando visitei Auschwitz, descobri que dezenas de mulheres chamadas Esther Hochman (meu nome de solteira) haviam morrido no Holocausto. Por algum motivo, eu tinha sido poupada. Mas sempre soube que podia ter sido uma daquelas meninas que não saíram vivas.

E havia o ativismo da minha própria família. Meu pai foi um dos primeiros membros do Sierra Club. Meu tio era diretor da United Jewish Appeal no leste dos Estados Unidos, e meus dois avôs eram rabinos e líderes de comunidade. Meu primo, o rabino Benzion Laskin, foi o primeiro rabino do movimento Lubavitch homenageado recentemente por seu trabalho em Nova York com a Chamah, uma organização judaica internacional sem fins lucrativos que oferece programas educacionais e ajuda humanitária. Um primo por parte de mãe possui um grupo de clínicas populares em Portland, no Oregon; outro primo por parte de mãe, Tad Taube, é um filantropo que doou milhões de dólares a Stanford e à UC Berkeley, bem como ao museu Polin em Varsóvia. Também tenho um parente que foi embaixador da ONU da Argentina. Todos seguimos o conceito judaico de *tikkun olam*, que significa "reparação do mundo". Estamos aqui para melhorar as coisas, de todas as maneiras que pudermos. Para mim, isso significou estudar jornalismo e ciências políticas durante o auge do movimento pela liberdade de expressão de Berkeley. Estudar estruturas políticas e escrever sobre a injustiça se tornou minha maneira de fazer a diferença. Do lado de Stan, seu pai, Franciszek Wojcicki, foi um dos fundadores do Estado da Polônia moderno depois da guerra; sua mãe, Janina, foi diretora da divisão eslava da Biblioteca do Congresso, e o próprio Stan passou a vida tentando entender como o universo foi criado e tentando encontrar maneiras de explicar isso para todos nós.

A sua família deve ter histórias parecidas e um impulso natural para ajudar. Você deve saber exatamente como eu me sentia como uma estudante universitária convencida de que podia mudar o mundo. Mas e se não souber? E se foi ensinado a se concentrar no sucesso pessoal e não sabe ao certo por onde começar? Bom, tenho uma boa notícia: não é tão difícil. O que você mais precisa é a atitude certa — em relação a você mesmo e aos seus filhos. Você pode começar aos poucos. Seja voluntário por uma hora em sua comunidade. Vá a uma reunião da câmara municipal. Pesquise sobre um problema que afeta seu bairro. No mínimo, você pode votar. Aproveite para ensinar ao seu filho a importância de participar de uma democracia. Quando estiver com a mentalidade de servir, verá oportunidades por toda parte. Em cada lugar há algum problema a ser resolvido, alguma pessoa ou grupo para apoiar e defender. É realmente uma forma de estar no mundo e, quando se trata dos nossos filhos, vale a pena moldar essa perspectiva o quanto antes.

O quanto antes mesmo. Recentemente, assisti à "formatura" da pré-escola da minha neta Ava. Em sua pré-escola, cada ano recebe nomes de aves. Ava estava saindo dos "pardais" para entrar nos "sabiás". A cerimônia começava com os pardais se parabenizando por um ano fantástico juntos. Eram 25 crianças se revezando para falar umas das outras, sem nenhuma interrupção dos professores. Uma garotinha se aproximou da minha neta e disse: "Te amo, Ava, e estou muito orgulhosa de você". Mal consegui acreditar! Depois, os sabiás deram as boas-vindas oficiais a cada aluno novo. Era tudo muito positivo e encorajador. No fim, Ava passou por um túnel simbólico de sabiás, que a cumprimentavam e a aplaudiam. Os professores atenciosos e dedicados, dois homens e duas mulheres, tinham claramente uma ótima relação com as crianças. E haviam criado uma forte sensação de comunidade da qual cada criança sentia que fazia parte. Imagine o alicerce que isso estava desenvolvendo, mesmo nas mais novas. Todas as crianças em idade pré-escolar devem ter uma experiência positiva como essa em que possam entender que fazem parte de um grupo. Elas serão apoiadas por seus colegas e, juntos, farão parte de um objetivo maior: aprender e crescer. Você não adoraria ser um pardal ou um sabiá? Eu sim. Talvez seu filho possa ser. Estou trabalhando com um grupo incrível de empreendedores solidários que estão abrindo pré-escolas chamadas

WeCare. O objetivo é ajudar os pais a encontrar assistência pré-escolar, criando centros de cuidados domiciliares licenciados. Isso fará com que se abram mais pré-escolas de qualidade, tornando mais fácil para os pais procurarem ajuda, proporcionando empregos àqueles que precisam.

À medida que os filhos crescem, os pais devem incentivá-los a ajudar suas comunidades. Basta olhar ao redor. Que problemas precisam de solução? Como seus filhos podem participar? Eles podem cuidar de idosos, colaborar em mutirões de limpeza ambientais ou ajudar em um sopão, como alguns dos meus netos fazem. Aqui vai uma grande ideia: incentive seu filho a orientar um colega. A maioria dos alunos se forma no ensino médio sem ninguém que os apoie. As pessoas podem pensar que isso não é verdade, mas pergunte a um grupo de adolescentes do seu bairro se eles sentem que têm um mentor na escola, alguém que acredita neles e está cuidando deles. Se sim, então são sortudos, porque a maioria das crianças não tem. Todos — incluindo as crianças — têm algo importante para oferecer a alguém. Por si só, isso já pode mudar o mundo.

Para deixar claro, não estou falando em "serviço comunitário" como uma forma de punição. Não gosto desse termo e não gosto que seja visto como uma punição, porque isso tem uma conotação muito negativa. A imposição do serviço comunitário tem benefícios pequenos. Pode abrir os olhos dos adolescentes para como as outras pessoas vivem, mas eles também podem resistir porque sabem que estão sendo punidos. Eles devem sentir prazer em ajudar os outros e fazer disso uma atividade gratificante de praticar com os amigos. Recomendo programar uma atividade por semana para as crianças ajudarem os outros. Deixe que elas escolham a causa e juntem forças com amigos e colegas da escola. Queremos que elas entendam que contribuir é divertido e importante.

Outra ressalva: não use o trabalho comunitário para encher o currículo acadêmico de seu filho. Claro, pega bem, mas os recrutadores sabem muito bem quando os adolescentes fazem trabalho voluntário apenas pelo crédito. Esse é um dos motivos pelos quais as universidades americanas começaram a fazer entrevistas: é fácil sentir se os jovens têm ou não paixão. Dá para ver se eles se importam de verdade ou se só querem ser admitidos. Quando propomos o trabalho voluntário como um elemento para o currículo, isso passa a mensagem errada para eles. Mostra que tudo é para o ganho pessoal, o que é exatamente a ideia que devemos combater.

Se você olhar ao redor, poderá encontrar um espírito de ativismo social em lugares inesperados. Veja o acampamento de verão. Claro, seus filhos podem ir a um acampamento de tênis para aperfeiçoar a técnica deles, mas e se os acampamentos puderem inspirar valores importantes de assistência e serviço? Um dos grupos mais efetivos para ensinar ativismo social que vi nos últimos anos é o Camp Tawonga, um acampamento localizado perto do Yosemite National Park na Califórnia. Ele existe desde 1923... muito tempo, e por um bom motivo. Esse acampamento é incrivelmente bem-sucedido porque sua intenção é instigar nos jovens, primeiro, uma autoimagem positiva. O Tawonga cria isso por meio de atividades como artesanato, natação, trilha e futebol, além de responsabilidades para com o grupo, como servir o jantar e limpar depois. Na sequência, passam para lições mais aprofundadas. Ensinam também as crianças a desenvolver uma "parceria com a natureza". Os campistas exploram a linda região em passeios noturnos que ensinam a importância de proteger o meio ambiente. Eles são ensinados a se tornarem defensores da natureza e voltam às suas comunidades com uma motivação e um respeito renovados para cuidar de seus ambientes. Essa é a intenção do acampamento. Não aperfeiçoar alguma habilidade para benefício próprio, mas ampliar os horizontes e aprender o significado de ser um cidadão engajado no mundo.

Aqui vai outra ideia para as famílias: planeje rituais de festas de fim de ano para ajudar os outros. Tudo que sirva para vocês não pensarem apenas em si mesmos. Convide vizinhos para o jantar, dê presentes para crianças que não tenham nada, doe tempo ou dinheiro a abrigos para sem-teto ou apoie uma fundação que trabalhe com os mais pobres. Se for acampar, convide as pessoas da barraca vizinha para uma bebida ou divida seu churrasco. Meu objetivo pessoal é fazer mais isso com a minha família nos próximos anos. Todos contribuímos para organizações por meio de nossas fundações e doamos regularmente roupas, móveis e brinquedos para institutos de caridade da região, mas há muito mais que podemos fazer. Ainda temos posses demais, e há pessoas que precisam delas mais do que nós. Nem todas as famílias estão nessa situação de ter demais, mas, se a sua estiver, por que não tornar a doação parte importante de suas festas de fim de ano? Cuidar do bem-estar dos outros, em vez de ficar pensando no número de presentes que você dá ou recebe, pode ser uma lição formidável.

Todos os professores querem apoiar e fortalecer os outros para tornar o mundo melhor, mas a maioria dos educadores é forçada a seguir um currículo ultrapassado. Em vez de fazer os alunos decorarem fatos, devemos, como uma comunidade, defender um currículo que os ajude a entender o "porquê" do que eles estão aprendendo e como podem aplicar isso para fazer do mundo um lugar melhor. Percebi desde cedo que era importante conversar com os alunos diretamente sobre isso, contextualizar todas as suas matérias do ensino médio. A Palo Alto High School faz isso, e tenho muito orgulho em participar dessa escola; também sei que centenas de outras escolas estão fazendo o mesmo. Precisamos apoiar todas as escolas, todos os professores em suas tentativas de oferecer um currículo que explique o "porquê" e dê aos alunos uma oportunidade de criar um projeto para o mundo real. O objetivo é servir os outros. Sempre que posso falo sobre isso. E sou um exemplo vivo. Tenho dinheiro suficiente para me aposentar, mas ainda estou ensinando e dando aulas. Por quê? Porque as relações e ajudar o próximo são o que importa para mim, e o que deveria importar para todos nós. Não ser o número um, não enriquecer, mas fazer a diferença. Não estou dizendo que os alunos não devam ter o objetivo de levar uma vida confortável. É claro que isso importa, mas, além de um certo nível, as verdadeiras recompensas vêm do serviço, das relações, de saber que você fez algo para melhorar a vida de outra pessoa.

Anos atrás, comecei a fazer um discurso chamado "O poder de um", porque muitos dos meus alunos pareciam derrotados antes mesmo de começarem. Eles achavam que uma única pessoa não teria como fazer a diferença, então por que tentar? Eu falava o exato oposto, que todos podem fazer a diferença. Um dos exemplos mais fortes que eu poderia oferecer era a história de Varian Fry.

Nos anos 1990, o sobrevivente do Holocausto Walter Meyerhof, um professor de física em Stanford, me pediu para ajudá-lo a promover um livro e a criar um filme a fim de divulgar a incrível história de Fry. Quando a Segunda

Guerra Mundial começou, Fry, recém-formado em filosofia por Harvard, soube que centenas de judeus estavam escondidos no sul da França, e que o governo francês se recusava a emitir vistos de saída para eles. Parecia uma batalha impossível, mas Fry viajou para Marselha em 1940 com o plano de driblar o governo de Vichy e falsificar vistos para cem judeus. Quando o plano deu certo, ele continuou fazendo isso. Acabou permanecendo por dois anos e resgatou entre 2 mil e 4 mil pessoas, entre as quais Walter Meyerhof e seu pai famoso, Otto Meyerhof, que tinha ganhado o prêmio Nobel de Fisiologia e Medicina em 1922. Outros resgatados por Fry incluem Hannah Arendt, Marc Chagall, André Breton e Marcel Duchamp. Ele era um homem completamente dedicado à sua causa. Em um dia era um estudante de pós-graduação, no outro um salvador solitário. O que ele conquistou foi simplesmente milagroso, e mais estudantes precisavam conhecer a história dele.

Ajudei a criar um guia de estudo e viajei com Walter pelos Estados Unidos, discursando em conferências sobre Fry e *Assignment: Rescue* [Missão: Resgate], o livro que ele publicou em 1968. Ajudamos a produzir um filme com o mesmo título, narrado por Meryl Streep. Fui diretora de educação da Varian Fry Foundation durante dez anos e supervisionei a distribuição do filme para mais de 50 mil alunos. Nem sei dizer o quanto essa história incrível influenciou os alunos da Palo Alto High School e todo o país. A cada ano, meus alunos levavam essa mensagem muito a sério. Saíam com a convicção de que não precisavam esperar por alguém que lhes desse permissão. Eles podiam agir agora.

Todo jovem precisa ter paixão, assim como Varian Fry tinha. Famílias e escolas podem fazer um trabalho muito melhor ajudando os jovens a encontrar algo em que acreditar, alguma coisa pela qual lutar. Meu colega Marc Prensky escreveu o livro *Education to Better Their World* [Educação para melhorar o mundo deles], no qual defende permitir que os estudantes identifiquem "problemas que os próprios jovens vejam em seu mundo, tanto local como globalmente. A escola passa a ser assim o lugar de encontrar e botar em prática soluções para esses problemas do mundo real em sentidos que apliquem integralmente os pontos fortes e as paixões de cada jovem". É muito importante trazer os problemas do mundo para a sala de aula e para dentro de casa. Como Prensky defende, "O resultado positivo a curto prazo é um mundo imediatamente melhor. Mas a longo prazo o resultado é muito mais forte: criamos uma população de cidadãos adultos que foram capacitados, por sua formação, a criar soluções de verdade para os problemas do mundo real". É esse caminho que o ensino deve seguir. Os jovens são muito capazes. Por que não deixar que enfrentem os problemas maiores e mais complexos?

Kiran Sethi, fundadora e diretora da Riverside School em Ahmedabad, na Índia, promoveu a maior reunião de jovens do mundo no Vaticano em novembro de 2019. Centenas de alunos do segundo ciclo do ensino fundamental de mais de cem países foram hospedados pelo papa para buscar soluções para os Dezessete Objetivos de Desenvolvimento Sustentável da ONU:

- Erradicação da pobreza
- Fome zero
- Saúde e bem-estar
- Educação de qualidade

- Igualdade de gênero
- Água limpa e saneamento
- Energia limpa e acessível
- Trabalho decente e crescimento econômico
- Indústria, inovação e infraestrutura
- Redução da desigualdade
- Cidades e comunidades sustentáveis
- Consumo e produção responsáveis
- Ação contra a mudança climática
- Vida na água
- Vida terrestre
- Paz, justiça e instituições eficazes
- Parcerias para atingir as metas

O objetivo é atingir esses objetivos até 2030, e Sethi acredita que os jovens são uma parte importante da solução. Eu concordo. Esses problemas deveriam fazer parte de todos os currículos, de todas as conversas à mesa de jantar. Como os pré-adolescentes vão resolver a pobreza e a fome mundial? Não faço ideia, mas mal posso esperar para descobrir.

Quando seus filhos entrarem no mercado de trabalho, ajude-os a ver o trabalho como algo interligado ao bem maior em algum aspecto, não apenas a margens de lucro, não apenas aos seus próprios bolsos. Lembre-os de que algumas das melhores ideias de negócios vêm do desejo de resolver os problemas do mundo. Como Peter Diamandis, da X Prize e da Singularity University, afirma, "Os maiores problemas do mundo são as maiores oportunidades de negócios do mundo [...]. Quer ser um bilionário? Encontre um problema para 1 bilhão de pessoas que você possa resolver". Fantástico esse conselho.

Ter os exemplos profissionais certos faz uma diferença enorme. Marc Benioff, fundador, presidente e CEO da Salesforce, é outro líder progressista de como as empresas podem ser uma força para o bem maior. Ele é famoso por seu modelo "1-1-1" de filantropia, que requer que as empresas doem 1% do lucro, 1% do produto e 1% das horas dos funcionários para a comunidade ao redor. Benioff falou sobre uma mudança geral nas empresas em relação à ideia de serviço:

> Quando estudei na USC, tudo girava em torno de maximizar o valor para os acionistas. Mas estamos entrando em um mundo onde todos são acionistas. Não são apenas os acionistas em si. Seus funcionários são acionistas, assim como seus clientes, seus parceiros, as comunidades em que você habita, os sem-teto da região, as escolas públicas. Uma empresa como a nossa não pode ser bem-sucedida em uma economia malsucedida ou em um meio ambiente devastado ou onde o sistema escolar não funcione. Devemos ser responsáveis por todas essas coisas.

Ele acredita firmemente que sua empresa tem uma responsabilidade para com a comunidade e é capaz de contribuir de maneiras significativas. "A Salesforce é a maior empresa de tecnologia em San Francisco", ele afirma. "Podemos desencadear uma potência nesta cidade. Todas essas pessoas podem ir às escolas públicas e ser voluntárias, e podem trabalhar para tornar a cidade melhor. Elas podem melhorar a condição da cidade, melhorar a condição do mundo. Tudo que preciso fazer é permitir que façam isso." Queremos que nossos filhos sejam líderes como Benioff, líderes que tenham uma visão sobre como suas empresas levam a cultura adiante e tornam a vida de todos melhor. Você pode achar que essa ideia vai contra a mentalidade corporativa, mas vejo cada vez mais CEOS avançando nesse sentido, e espero que um dia todos os jovens façam parte desse esforço.

SERVIÇO EM AÇÃO

Quando os jovens têm uma consciência do mundo ao seu redor e um interesse em servir, tudo é possível. Eles encontram e defendem suas próprias causas. Já vi isso milhares de vezes, e é sempre incrível. A grande vantagem de ensinar jornalismo para adolescentes é que isso lhes dá uma voz e um público, e eles se sentem capacitados para participar de uma democracia e do mundo. Digo a eles que as notícias são um alerta sofisticado, uma maneira de informar as pessoas para que elas possam ter vidas melhores. Meus alunos não são apenas consumidores: em minha sala de aula eles se tornam participantes com o dever de servir. Carregam o fardo de descobrir a verdade e de proteger os mais fracos e, como aprendi ao longo de décadas, levam essa responsabilidade muito a sério.

Veja o exemplo de Claire Liu, uma aluna recente minha que diz ter recebido

> o espaço e a capacidade para questionar as estruturas e normas tão profundamente arraigadas no ambiente à minha

volta, de olhar com mais atenção para coisas como as divisões de classe e as tensões raciais em minha escola, de contestar ideias como o código de vestuário, de explorar a desigualdade econômica e a crise habitacional da área da baía de San Francisco.

Depois de trabalhar como voluntária em um centro para sem-teto perto da Palo Alto High School, Liu passou a se interessar por comunidades desfavorecidas. Ela havia descoberto um "paradoxo interessante entre a comunidade local e o Vale do Silício. Foi um grito de alerta sobre os problemas que existiam em uma comunidade que sempre pareceu confortável e perfeita".

Em um artigo de destaque para nosso jornal, Liu escreveu sobre o Buena Vista Mobile Home Park e como residentes antigos, muitos dos quais eram membros de minorias e da classe trabalhadora, estavam sendo realocados para que o terreno fosse usado na construção de condomínios de luxo para jovens funcionários de tecnologia. Ela entrevistou muitos moradores do Buena Vista para colher a história deles, levando um amigo que falava espanhol como seu intérprete. Essas pessoas contaram que tiveram de se mudar para longe de seus trabalhos atuais porque não tinham dinheiro para morar em nenhum lugar da região. Crianças precisaram trocar de escola e se afastar dos amigos. Um morador considerava voltar a morar em sua caminhonete. Liu também entrevistou um ativista local que falou de muitos problemas de habitação acessível no Vale do Silício. Liu se preocupou fortemente com essa causa e continuou em busca de respostas, tudo que pudesse ajudar. Seu artigo termina com uma questão sobre o paradoxo do Vale do Silício. Há tanta inovação e tolerância em nossa comunidade, mas nada disso está sendo usado para encontrar soluções para as pessoas que mais sofrem. Liu está se formando agora em tecnologia persuasiva e influência política na Universidade Cornell, onde continua a investigar, questionar e procurar justiça. Mal posso esperar para ver como ela vai contribuir para o mundo.

Ben Hewlett, outro ex-aluno meu, fez manchetes em 1996 sobre uma descoberta sem precedentes em relação à diretoria. Tudo começou quando Ben precisava de ideia para uma matéria. Eu tinha pegado minha correspondência na secretaria e estava descendo o corredor quando Ben perguntou: "Woj, o que eu escrevo para esta edição?". Entreguei as atas de uma reunião recente da diretoria e sugeri que poderia conter alguma coisa.

No dia seguinte, Ben contou que a diretoria havia feito uma reunião a portas fechadas durante algumas horas antes de abri-las às 22h30 e ter levado apenas três minutos para aprovar várias resoluções dando aumentos para o setor administrativo. "Não é estranho?", ele questionou. "Como eles poderiam aprovar três resoluções importantes em poucos minutos se não as tivessem discutido antes em segredo?"

Concordei que sim. O superintendente associado tinha sido promovido a vice-superintendente e recebido um aumento de 9 mil dólares ao ano quando o orçamento estava tão apertado que até os diretores estavam dando aulas. "Vice-superintendente" era um cargo novo sobre o qual ninguém nunca tinha ouvido falar. Tudo muito suspeito.

Ben era tímido e não sabia se deveria "investigar os hábitos financeiros dos adultos mais poderosos do distrito". Mas achei que sim, que ele deveria contar essa história. Como Ben recorda: "Sem hesitar, Woj disse que sim, que era uma boa ideia — eles eram servidores públicos e, se tinham feito algo errado, precisavam prestar contas".

Esse é exatamente o tipo de injustiça que dediquei minha vida a expor, e eu sabia que seria uma experiência transformadora para todos no jornal. Fiquei bem empolgada. James Franco era meu aluno no mesmo ano, e ele se lembra vividamente da minha empolgação: "Você tinha que ver o brilho alegre e travesso nos olhos de Woj quando ela insistiu que Ben e a equipe estudantil fizessem a matéria [...]. A matéria de Ben Hewlett não seria lida por um professor e depois jogada em uma gaveta, era uma história que envolvia o mundo de fora".

Foi maravilhoso ver Ben deixar a timidez de lado. "Tive o luxo de absorver até a última gota da euforia, apreensão e indignação que vinham de expor o que descobri como violações da confiança pública", ele diz. "Conduzi entrevistas, analisei fotocópias de documentos e trabalhei noites em claro em sessões de edição com os outros alunos. E, em todo esse processo, Woj estava lá, nunca longe demais para eu não ter como pedir sua ajuda, mas nunca perto demais para que eu me sentisse obrigado a isso." Nem tudo foi fácil. Ben e seus colegas participavam de reuniões da diretoria e, em algum momento, um membro da diretoria disse: "Por que estão vindo a essas reuniões chatas? Não deveriam estar fazendo lição de casa ou saindo com seus amigos?". A bronca apenas encorajou Ben.

Junto com seus colegas, Ben descobriu que todos os administradores tinham cartões de crédito mal gerenciados. Inclusive, alguns administradores tinham cobranças em lojas de departamento — para fins educacionais? Improvável. Os alunos investigaram mais e redigiram um artigo explosivo sobre o excesso de gastos e a incompetência administrativa no nível distrital. O artigo foi publicado no fim de maio de 1996 e causou um alvoroço. Todos — alunos, pais, professores — voltaram um olhar atento para o conselho escolar. Em junho, o superintendente pediu demissão. Em agosto, o gerente administrativo pediu demissão. O aumento de 9 mil dólares foi revertido e os cartões de crédito administrativos foram cancelados e nunca refeitos.

"É uma boa sensação ter um impacto na comunidade em que estamos", diz Hewlett. "Sou bastante reservado, por isso não gostei muito da atenção pessoal, mas foi bom ter meu trabalho reconhecido e ter [o *Campanile*] reconhecido também." Como professora, fiquei muito orgulhosa de Ben Hewlett e de todos os alunos que trabalharam com ele e realizaram a pesquisa. Eles fizeram uma contribuição importante e mostraram a todos nós que os adolescentes são muito mais capazes do que imaginamos, que podem expor injustiças e lutar por causas que afetam a todos. A partir de então, a comunidade leu o *Campanile* com um respeito renovado.

Estudantes como Claire e Ben vão ao mundo e deixam sua marca. Mas sempre serão filhos de alguém. Não se esqueça de que você é um exemplo até o fim da vida. Como você vive e o que faz importa, mesmo depois de se aposentar. Este é meu problema com a aposentadoria: a maioria de nós está se aposentando de uma vida com significado, se afastando de um propósito e das comunidades. Para os norte-americanos, a aposentadoria em geral é o momento de fazer o que você tiver vontade. Pode acordar tarde, comer o que quiser (e mais do que deveria) e ficar sentado na varanda durante horas. Muitas pessoas fazem exatamente isso. Viajam um pouco, assistem muita televisão. Com o tempo, isso se torna entediante e frustrante, e os aposentados ficam isolados e deprimidos. Nada surpreendente.

Minha sugestão é não se aposentar nunca. Em vez disso, que tal uma miniaposentadoria para se reprogramar como voluntário ou mentor? Concentre-se em retribuir e se envolver. Você sempre precisa de algum propósito e alguma forma de contribuir, e essa é uma lição importante para os seus filhos adultos. Para os idosos do Reino Unido, um desses propósitos veio na forma de galinhas. Isso mesmo, galinhas. Um projeto chamado HenPower descobriu que cuidar de galinhas — um ato simples — resultava em menos depressão e solidão e maior bem-estar geral entre os idosos. Faz sentido para mim, porque é disso que todos precisamos: controle pessoal, uma sensação de propósito, algo com que se importar. Não é isso que queremos ensinar aos nossos filhos adultos, que em muitos casos têm seus próprios filhos?

Educação não é apenas sobre as crianças, mas sim sobre os adultos que elas se tornam. Os cidadãos que elas se tornam. As mudanças pelas quais elas lutam e as ideias com que contribuem. É por isso que devemos começar a inspirar os valores da CRIAR desde cedo e reaprendê-los ao longo da vida, sempre que necessário. Esses valores simples vão pavimentar o caminho para o sucesso, criando resultados profundos. As crianças pequenas precisam de alguém que acredite nelas e de respeito por quem elas são. Sem isso, não têm como desenvolver a independência que será vital para o seu sucesso como adultos em um mundo imprevisível, em constante transformação. Ao longo do ensino formal, todos os alunos precisam desses mesmos valores. Atualmente, a maioria das escolas que tratam as crianças com respeito é particular. Essas crianças não estão mais em uma prisão — e sim em um ambiente de ensino. Mas e as outras crianças? Elas não têm essa sorte. Não deveríamos precisar pagar pelo respeito. Podemos fazer melhor que isso. Os alunos precisam dominar a CRIAR em casa, e seu professores precisam empregá-la na escola. *Todos* precisamos empregá-la no ambiente de trabalho. Não estou dizendo que todas as escolas devem adotar a CRIAR — o que estou dizendo é que todas as escolas deveriam ter princípios como os da CRIAR. Ainda é necessário um currículo típico para ensinar o básico, mas, dentro dele, os alunos precisam de uma oportunidade para se sentirem respeitados e capacitados, para trabalharem em projetos que importem para eles, para aprenderem sobre os problemas em suas comunidades e no mundo. Quando tiverem um gostinho disso, não vão parar de lutar e de batalhar. Vão ganhar confiança e se comprometer com projetos importantes.

Consigo ver algumas empresas mudando e adotando esses valores, e sei que outras vão seguir o exemplo. O Google foi uma das primeiras corporações a tratar os funcionários como pessoas de verdade que precisavam ser cuidadas. Os consumidores esperam ser mais bem tratados pelas empresas agora. Veja a política de devolução da Amazon, por exemplo — tão fácil, um grande respeito pelo consumidor. A Zappos ganhou uma fatia do mercado da mesma forma: criando confiança entre seus consumidores e cumprindo suas promessas. Espero que todas as empresas prestem atenção nisso. Esse é o futuro.

Enfrentamos muitos problemas hoje — problemas que exigem soluções radicais —, e outros mais nos aguardam. Devemos parar de pensar que aquilo que afeta outro país não vai nos afetar. Esse é um grande erro. Não podemos ignorar uma política desumana ou uma guerra distante como se fosse um evento meteorológico que não vai nos atingir. Estamos todos interligados, e os maiores desafios que enfrentamos vai afetar todo o mundo. A mudança climática é a mais urgente. Veja todas as secas e todos os incêndios. Aumentam a cada ano. Uma das muitas pressões sobre a Síria há mais de uma década foi uma grande seca que obrigou milhões de pessoas a fugir de suas casas em busca de comida e água. E, embora a Síria possa parecer distante, o que aconteceu lá também acontece aqui. E os refugiados, as doenças e a poluição da água e do ar? Não podemos deixar que milhões de pessoas apátridas vaguem pelo mundo; isso torna a vida de todos miserável.

Não podemos escapar desses problemas e não podemos resolvê-los sozinhos. Precisamos planejar juntos e com inteligência, pensar em formas de trabalhar com o planeta em busca de soluções colaborativas. Devemos nos unir. Esse é um apelo para todos usarmos a CRIAR em todas as nossas interações — *todas as nossas interações*. Se nossos políticos não adotarem esses valores, nossas comunidades precisarão se organizar e se fazer ouvir; devemos dar o exemplo de como usar esses valores. Queremos avançar, não regredir. Precisamos resistir e lutar pelo que é certo, não recorrer à violência.

Porque, no fim, esse é o sentido de uma vida plena: se aprimorar, aprimorar os outros, melhorar nossas comunidades e o planeta. A educação pode começar pequena, mas apresenta implicações profundas. Todos temos o mesmo futuro, e a forma como tratamos nossos filhos é a forma como eles vão tratar o mundo.

Conclusão

Era uma noite de inverno em Nova York quando encontrei Stacey Bendet Eisner, estilista famosa e fundadora da linha de roupas Alice + Olivia. Planejávamos falar sobre sua vida e seu trabalho e como era treinar funcionários da geração *millennial*. Estou sempre curiosa sobre como os jovens trabalhadores estão se saindo, como sua educação em casa e na escola os está preparando — ou não — para enfrentar a vida adulta.

Stacey entrou no restaurante toda glamorosa com seu sobretudo verde-azulado. Junto dela estava sua filha de sete anos, Scarlet, que usava roupas infantis muito elegantes. "Bom", pensei comigo mesma, "vai ser um tipo bem diferente de reunião." Imaginei que teríamos de dar muita atenção a Scarlet.

Nós nos sentamos, e Scarlet pegou seu caderno e sua caneta e começou a desenhar com um sorriso no rosto. Fiquei imediatamente impressionada. Stacey falou então sobre a nova geração de funcionários, e como a maioria não tinha garra e independência. "É difícil encontrar gente com ideias criativas", ela disse. "O maior medo deles é cometer um erro. E é difícil ser criativo quando se tem medo." Nós duas concordamos que quase sempre o problema é a educação — meu assunto favorito. Conversamos sobre confiar nas crianças e lhes dar mais independência e responsabilidade, e ao menos certo grau de controle sobre suas vidas — como essas habilidades são importantes para que tenham sucesso na escola e na vida. Contei da vez em que deixei minhas netas fazerem compras sozinhas na Target e como minha filha tinha ficado brava. Stacey adorou a ideia, mas admitiu que parecia cada vez mais difícil dar liberdades ainda que pequenas às crianças. Nosso encontro naquela tarde durou cerca de uma hora e meia e, durante todo esse período, a pequena Scarlet não disse uma palavra. No fim, ela tinha um portfólio de lindos desenhos. Eram ilustrações coloridas de labirintos e imagens do que pareciam sorvetes. Fiquei impressionada com sua capacidade de concentração e disse isso a ela.

Recentemente, falei com Stacey mais uma vez. Ela me contou como havia gostado dos meus conselhos, porém, mais importante, como Scarlet havia adorado meus conselhos. Pensei que Scarlet não estava prestando atenção, mas pelo jeito estava sim. Descobri que tinha ouvido todas as palavras que eu disse. *Todinhas*. Agora, sempre que ela e as duas irmãs querem fazer alguma coisa sozinhas, elas falam: "Esther diria que não tem problema". Mesmo em plena cidade de Nova York, elas atravessam a rua sozinhas para comprar sorvete em um restaurante perto da casa delas. Elas ganharam muita independência em poucos meses, e Stacey as viu se tornarem mais autônomas, mais confiantes, mais capazes.

Essa família é um ótimo exemplo de como pequenas mudanças podem gerar grandes resultados. Fico feliz que nossa conversa tenha causado tanto impacto e, para ser sincera, não me surpreendo. Nunca conheci uma criança que não gostasse do que digo, que não quisesse mais respeito e liberdade, que não seguisse meu método imediatamente. É natural: funciona *com* as crianças, não *contra* elas. Toda criança quer ser reconhecida e respeitada. Quer ajudar os outros e causar um impacto. Elas são naturalmente otimistas e idealistas — as qualidades mais maravilhosas nas crianças. Então por que não encorajar o melhor delas? Por que não incentivar que se tornem independentes e solidárias? Isso vai melhorar a vida delas na infância e na fase adulta, bem como as vidas de todos ao redor delas. Qualquer passo rumo aos valores da CRIAR é um passo na direção certa. E você pode começar a qualquer momento. Nunca é tarde para dizer ao seu filho: "Eu acredito em você". Nunca é tarde para dar um passo para trás e deixar que o mundo ensine suas próprias lições.

Sei disso porque vivi isso e vi funcionar toda vez. Enquanto escrevo esta conclusão, outro ano letivo está começando. Este é o 36º ano em que vejo um novo grupo de alunos entrar nas minhas aulas de jornalismo. Como muitos outros estudantes do ensino médio, eles se preocupam se vão conseguir dar conta da matéria, que notas vão tirar e se vão fazer amigos. Ouviram falar do programa de artes e mídia e todas as suas propostas, e que os professores do curso são diferentes — somos em seis agora —, mas ainda não sabem o que esperar. Até o primeiro dia, quando virem que o curso de jornalismo avançado é dado pelos seus colegas. Isso os pega de surpresa.

Eu e os outros professores fazemos muitos discursos ao longo do ano, mas, na primeira vez em que falamos com os alunos, dizemos que esse curso é diferente, que o objetivo do nosso tempo juntos é lhes dar voz ativa e a oportunidade de aprender as habilidades mais importantes para a vida:

CRIAR. São apenas palavras no começo, e os alunos já ouviram palavras demais quando chegam ao ensino médio. A diferença é que eles de fato percebem isso acontecendo e percebem que estão no comando. Assim como a pequena Scarlet de sete anos, ficam entusiasmados com a autonomia, entusiasmados por terem o controle e a capacidade de escolher seus próprios projetos.

Ao longo dos dois anos seguintes, eu e meus colegas observamos sua transformação de alunos tímidos do segundo ano em jovens adultos com voz ativa e poder de decisão. Depois de aprovados em fundamentos do jornalismo, eles podem escolher para qual publicação querem escrever. Atualmente são mais de dez publicações, e outras ainda estão por vir. Meu colega Paul Kandell começou uma matéria nova de empreendedorismo jornalístico no outono de 2018, na qual os estudantes podiam pensar em suas próprias ideias de publicações e, assim como numa incubadora de start-ups, apresentar um pedido de financiamento. Qualquer que seja a publicação que escolherem, eles vão escrever artigos que influenciam a comunidade. O jornal *Campanile* tem a tradição de ser uma voz importante em Palo Alto, e uma das maiores lições para os alunos é como fazer suas vozes serem ouvidas. O mesmo se aplica às outras publicações estudantis de Palo Alto: *Verde*, *C Magazine*, *Voice*, *InFocus*, *Agora* e *Proof*. Eles vão se tornar escritores e pensadores que influenciam seu mundo.

Ao longo de todo esse processo, os estudantes formam uma comunidade que se mantém depois que eles se formam no ensino médio, uma comunidade em que podem se apoiar. Como um dos meus ex-editores afirmou, "É uma grande família". Sempre damos uma festa na última semana de produção do ano. É uma despedida dos alunos do último ano e uma celebração do excelente trabalho que todos realizaram juntos. Desejamos o melhor para eles e pedimos que mantenham contato. A maioria mantém.

Meu programa funciona na Palo Alto High School e pode funcionar em todas as escolas e casas do mundo. Veja o Centro de Capacitación Integral (ccai) em Monterrey, no México, financiado pela Vicente Ferrara Foundation e dirigida por Marco Ferrara (bisneto de Vicente). Conheci Marco cinco anos atrás quando dei uma palestra em Puebla, no México, na conferência Ciudad de las Ideas. Ele adorou o que falei sobre capacitar os estudantes e me pediu para ser mentora e conselheira da sua escola. Aceitei com o maior prazer. A escola foi construída no lugar de um antigo aterro chamado San Bernabe, e os alunos são adultos que, por algum motivo, não tiveram educação formal e carecem de habilidades profissionais. O foco é o aprendizado no mundo real com base na CRIAR e na filosofia Moonshot descrita em meu primeiro livro. Mais de meio milhão de pessoas estão vivendo em extrema pobreza perto da área de Monterrey, e o objetivo é ajudar essas pessoas a sair da pobreza e, mais adiante, melhorar o país. Nos onze anos desde o início do programa, eles formaram 14 mil pessoas e vão formar mais de 10 mil em 2019. Ao fim do programa, todos os alunos recebem uma oferta de emprego, que pode durar de seis meses a três anos. Mas não é apenas um emprego; é um estilo de vida. Eles se focam na pessoa como um todo: autoestima, nutrição, ética, finanças, esportes e outros. Entendem que respeito próprio, autoconfiança e generosidade são as habilidades mais importantes da vida. Seu lema é "Dê um peixe a um homem e o alimento por um dia. Ensine-o a pescar e o alimento por toda a vida". O ccai está educando pessoas de sucesso de todas as idades e lutando para fazer a diferença apesar das dificuldades. O mundo precisa de mais objetivos como esse.

Temos também minha ex-aluna Kristin Ostby de Barillas, presidente e CEO da Boys Hope Girls Hope na Guatemala. Kristin trabalha com crianças que sofreram algumas das piores experiências imagináveis. Mas elas também podem prosperar se tiverem um ambiente estimulante que enfatize a CRIAR. Como Kristin afirma:

> Os jovens que crescem na pobreza adquirem garra e resiliência à força. Se conseguirem encontrar uma comunidade de pessoas que se importe com eles, que os ajude a aprender ao longo da vida e a desenvolver habilidades fundamentais para a vida, eles se tornam os líderes motivados, persistentes, criativos e capazes de trabalhar em equipe de que a nossa sociedade precisa hoje. Eles têm a personalidade que os jovens crescendo com privilégio precisam desenvolver.

A organização tem programas educacionais e residenciais na Cidade da Guatemala, e está fazendo a diferença, uma criança por vez.

Nos Estados Unidos agora temos mais de 4300 Boys & Girls Clubs ajudando crianças e adolescentes na pobreza. Mesmo aqui em Palo Alto temos famílias morando em trailers em El Camino, sem conseguir pagar por habitação em nenhum lugar da cidade. Em todas as cidades dos Estados Unidos, ricas ou pobres, há oportunidades para ajudar os outros. Alex Rodriguez foi ajudado pelos Boys & Girls Clubs e agora contribui ao Boys & Girls Club de Miami. Todos podemos encontrar uma maneira de ajudar. Todos precisamos apoiar as crianças nas nossas comunidades, escolas, organizações como os Boys & Girls Clubs, programas como CCAI no

México e na nossa vida. A CRIAR funciona para todas as idades, todos os estágios da vida. Todos precisam ser dignos de confiança e respeitados por quem são. Todos precisam ter liberdade e ser ensinados a trabalhar com os outros. Todos precisam receber generosidade para que possam espelhar isso para o mundo.

Afinal, esse é o verdadeiro sentido de educar pessoas de sucesso: criar a próxima geração, ensinando as habilidades necessárias para tornar a vida de todos melhor. E é isso que Steve Jobs queria para sua filha Lisa quando a tirou da escola particular e a colocou no meu programa no início dos anos 1990. Como ele ficou famoso por dizer: "As pessoas que são loucas o bastante para achar que podem mudar o mundo são as que de fato o mudam". Talvez ele me visse como "louca o bastante" e, nesse sentido, minhas filhas também. Bom, eu me sinto "louca o bastante", mas preciso de muitos outros loucos para se juntarem a mim e usarem a CRIAR para dar às nossas crianças o poder de mudar o mundo. A CRIAR só parece maluca em um sistema falho que destrói a criatividade, a ambição e os sonhos dos estudantes. Os pais sempre querem o melhor para os seus filhos, mas muitas vezes o que é visto como uma educação "amorosa" ou "acolhedora" na verdade sufoca a capacidade inata das crianças de crescer e aprender. Nós somos os loucos que vão mudar o mundo por confiar e respeitar nossos filhos de verdade para que desenvolvam independência, colaboração e generosidade. É disso que o futuro precisa deles. É disso que o futuro precisa de todos nós.

Este livro é parte de um movimento amplo para mudar a cultura educacional e ajudar a apoiar os primeiros educadores: os pais. Os pais e professores vivem me perguntando como podem ajudar os filhos a terem sucesso. Bom, a resposta é: redescobrindo e ensinando os valores fundamentais em todos nós e, diga-se de passagem, em todas as religiões — CRIAR *com amor*. Essa é a essência de cada religião — incluindo judaísmo, cristianismo e islamismo — ao longo de toda a história. Lembremos disso. Espero que você compartilhe este livro com outros pais, educadores, avós, terapeutas, treinadores, cuidadores — todos os responsáveis pelas mentes e pelos corações dos jovens.

O sucesso começa com os nossos filhos e conosco. Se todos acreditarmos que somos "loucos o bastante" para mudar o mundo juntos, nós vamos conseguir.

Agradecimentos

Este livro surgiu por acidente. Eu não planejava escrever um livro até ter tantas pessoas me perguntando como criei minhas filhas. Queriam saber que técnicas e truques usei. Eu até considerava a possibilidade, mas nada além disso — até que um dia conheci meu incrível agente literário Doug Abrams, fundador do Idea Architects, em um evento de leitura. Foi graças à sua visão e aos seus conselhos que este livro se tornou realidade. Tenho diversas pessoas a agradecer, pessoas que me ajudaram de muitas formas ao longo do caminho. A primeira é Doug Abrams por me ajudar a trazer este livro até vocês hoje. Eu não poderia ter feito isso sem seu conhecimento e sua orientação. Ao lado de Doug está minha assistente editorial Amy Schleunes, que me apoiou dia e noite questionando minhas ideias, ajudando a deixar meus pensamentos mais claros e garantindo que minha escrita fosse de fato compreensível! Além disso, gostaria de agradecer à escritora Katherine Vaz, que foi um terceiro par de olhos treinados, me dando sugestões e conselhos inestimáveis que fizeram uma diferença enorme. Bruce Nichols, meu editor, entendeu a visão do livro desde o primeiro dia e foi um excelente colaborador ao longo de todo o processo.

Em um nível mais pessoal, gostaria de agradecer ao meu marido, Stan, que me tolerou e suportou enquanto eu passava dias, até semanas e meses, enfiada numa poltrona vermelho-viva com o computador no colo, escrevendo este livro. Embora ficasse perguntando em voz alta: "Onde minha esposa foi parar?", ele fazia as compras, cozinhava e aceitava meu novo estilo de vida recluso com tranquilidade. O mesmo agradecimento e apreço vai para minhas três filhas, Susan, Janet e Anne, meu genro, Dennis, e meus nove netos, que reclamavam da minha ausência nos eventos familiares ("Cadê a vovó?"), mas me apoiaram quando expliquei o que estava fazendo. "Está demorando tanto, vovó", eles lamentavam. O tempo passa mais devagar quando se é criança. Minhas filhas, que eram um pouco menos tolerantes, viviam me lembrando de quantas atividades familiares eu estava perdendo, mas, mesmo assim, me incentivaram e apoiaram quando perceberam que isso iria se concretizar de verdade.

Este livro não teria sido possível sem o apoio de centenas de ex-alunos do *Campanile*, que enviaram histórias e lembranças do meu curso desde 1984, quando o iniciei. Não pude incluir a maioria por causa de restrições de palavras do meu editor, mas agradeço muito por ter recebido todas aquelas histórias. Gostaria de agradecer sobretudo aos editores-chefes do *Campanile*, que, ao longo dos anos, me ajudaram a dar forma ao curso e me deram muitas ideias sobre o que poderia ser melhor. Foram as ideias deles que me ajudaram a transformar o programa no que ele é hoje. Alguns dos alunos estão incluídos aqui em ordem alfabética de sobrenome, e me perdoem se deixei seu nome de fora. Todos os alunos são importantes para mim e vocês sabem disso: Karina Alexanyan, Lisa Brennan-Jobs, Aaron Cohen, Ben Crosson, Gady Epstein, James Franco, Ben Hewlett, Maya Kandell,

Forest Key, Chris Lewis, Jennifer Linden, Claire Liu, Aidan Maese-Czeropski, Bilal Mahmood, Andrew Miller, Kristin Ostby, Lauren Ruth, Tomer Schwartz, Jonah Steinhart, Sammy Vasquez, Michael Wang, Oliver Weisberg, Andrew Wong, Brian Wong e Kaija Xiao.

Grande parte deste livro é dedicada ao curso de jornalismo que fundei e à pedagogia que desenvolvi na Palo Alto High School e ampliei ao longo dos anos a partir de 1998. Muito do meu sucesso na difusão do curso de jornalismo resulta da dedicação coordenada do meu colega Paul Kandell, sem o qual eu nunca teria criado o programa que temos hoje. Ele assumiu o comando da *Verde*, uma revista de notícias, em 2000, e da *Voice*, uma publicação on-line, em 2002, e apoiou meus esforços enquanto eu continuava a acrescentar publicações ao curso para abranger os interesses de centenas de estudantes. Ele me deu ideias interessantes e me proporcionou conversas excelentes sobre como usar o jornalismo como uma maneira de capacitar os estudantes no século XXI. O curso agora conta com oito revistas, bem como televisão, rádio e produção de vídeo, e devo muito a todos que contribuíram para o *Campanile* (www.thecampanile.org), *Verde* (https://verdemagazine.com), *C Magazine* (https://issuu.com/c_magazine), *Viking* (https://vikingsportsmag.com), *InFocus* (https://www.infocusnews.tv), *Voice* (https://palyvoice.com), *Proof* (https://issuu.com/proofpaly), *Madrono* (https://palymadrono.com), KPLY Radio (https://www.palyradio.com), *Agora* (https://issuu.com/palyagora), *Veritas Science* e *Veritas Travel* (estas duas não têm site — ainda!). Temos mais outros cinco professores de mídia, todos os quais sempre me apoiaram muito: Rod Satterthwaite, Brian Wilson, Paul Hoeprich, Brett Griffith e Margo Wixsom. É um privilégio ter um grupo de colegas tão excepcional.

Também gostaria de agradecer a todos que me cederam tempo para entrevistas, alguns dos quais conversaram informalmente comigo diversas vezes. São tantas as pessoas que me ajudaram a dar forma às ideias neste livro. Tentei incluir todos, mas posso ter me esquecido de alguns. Perdoe-me se deixei você de fora sem querer:

    Karina Alexanyan, MediaX Stanford

    Stacey Bendet Eisner, CEO da Alice + Olivia

    Marc Benioff, CEO da Salesforce

    Gary Bolles, eParachute.com

    Danah Boyd, presidente da Data & Society

    Andrea Ceccherini, presidente do L'Osservatorio Permanente Giovani

    Freedom Cheteni, presidente da InventXR

    Ulrik Christensen, CEO da Area9

    Shelby Coffey, vice-presidente do Newseum

    Jessica Colvin, diretora da TUHSD Wellness

    Bill Damon, professor de educação, Universidade Stanford

    Linda Darling-Hammond, professora emérita de educação, Universidade Stanford

    Carol Dweck, professora de psicologia, Universidade Stanford

    Charles Fadel, professor de educação, Universidade Harvard

    Marco Ferrara, presidente da Vicente Ferrara Foundation

    Cristin Frodella, chefe de marketing, Google Education

    Ellen Galinsky, Bezos Family Foundation

    Khurram Jamil, presidente de iniciativas estratégicas, Area9

    Heidi Kleinmaus, sócia da Charrette

    Julie Lythcott-Haims, escritora, reitora de admissão, Universidade Stanford

Ed Madison, professor de comunicação, Universidade de Oregon

Barbara McCormack, vice-presidente de educação do Newseum

Dr. Max McGee, ex-superintendente das Palo Alto Unified Schools

Milbrey McLaughlin, professora emérita de educação, Universidade Stanford

Maye Musk, mãe de Elon Musk, supermodelo, nutricionista

Dra. Janesta Noland, pediatra

David Nordfors, cofundador da i4j Summit

Esther Perel, escritora, psicoterapeuta

Marc Prensky, presidente da Global Future Education Foundation

Todd Rose, professor de educação, Universidade Harvard

Dan Russell, Google Search Quality & User Happiness

Sheryl Sandberg, COO do Facebook

Bror Saxberg, vice-presidente da Learning Science, Chan Zuckerberg Initiative

Michael Shearn, Compound Money

Jamie Simon, diretora executiva do Camp Tawonga

Peter Stein, CEO da Reunion

Jim Stigler, professor de psicologia, UCLA

Linda Stone, escritora, palestrante, consultora

Ken Taylor, professor de filosofia, Universidade Stanford

Jay Thorwaldson, ex-editor do *Palo Alto Weekly*

Tony Wagner, professor de educação, Universidade Harvard

Ann Webb, Compound Money

Veronica Webb, supermodelo, palestrante, atriz

Lina Williamson, diretora de empreendimento e inovação, Brigham and Women's Hospital

Eddy Zhong, cofundador e CEO da Leangap

Gostaria de fazer um agradecimento especial ao ex-diretor da Palo Alto High School Kim Diorio e à minha ex-aluna dra. Karina Alexanyan, com quem tive longas conversas sobre minhas ideias para inovação educacional e envolvimento e sucesso estudantil. Eles estão envolvidos na minha nova ONG GlobalMoonshots.org, a fundação que criei para promover a CRIAR em todo o mundo.

Foi uma experiência intensa escrever este livro durante o último ano e meio. Sou grata a todos que me apoiaram na minha paixão de espalhar a CRIAR pelo mundo, sobretudo para pais e mães, famílias e professores.

Notas

INTRODUÇÃO [PP. 17-31]

1. "Mental Health Information: Statistics: Any Anxiety Disorder", site do Instituto Nacional de Saúde Mental, atualizado pela última vez em 2017. Disponível em: <www.nimh.nih.gov/health/statistics/prevalence/any-anxiety-disorder-among-children.shtml>. Acesso em: 22 out. 2018; "Major Depression", site do Instituto Nacional de Saúde Mental, atualizado pela última vez em novembro de 2017. Disponível em: <www.nimh.nih.gov/health/statistics/major-depression.shtml>. Acesso em: 22 out. 2018; Claudia S. Lopes et al., "ERICA: Prevalence of Common Mental Disorders in Brazilian Adolescents", *Revista de Saúde Pública*, v. 50, n. 1, pp. 14ss., 2016. Disponível em: <www.ncbi.nlm.nih.gov/pmc/articles/PMC4767030>. Acesso em: 22 out. 2018; Sibnath Deb et al., "Academic Stress, Parental Pressure, Anxiety and Mental Health Among Indian High School Students", *International Journal of Psychology and Behavioral Science*, v. 5, n. 1, pp. 26-34, 2015. Disponível em: <http://article.sapub.org/10.5923.j.ijpbs.20150501.04.html>. Acesso em: 22 out. 2018; "Mental Disorders Among Children and Adolescents in Norway", site do Instituto Norueguês de Saúde Pública, atualizado pela última vez em 14 de outubro de 2016. Disponível em: <www.fhi.no/en/op/hin/groups/mental-health-children-adolescents>. Acesso em: 22 out. 2018.

1. A INFÂNCIA QUE VOCÊ GOSTARIA DE TER TIDO [PP. 33-56]

1. L. Alan Sroufe et al., "Conceptualizing the Role of Early Experience: Lessons from the Minnesota Longitudinal Study", *Developmental Review*, v. 30, n. 1, pp. 36-51, 2010. Disponível em: <www.ncbi.nlm.nih.gov/pmc/articles/PMC2857405>. Acesso em: 22 out. 2018.
2. J. A. Simpson et al., "Attachment and the Experience and Expression of Emotions in Romantic Relationships: A Developmental Perspective", *Journal of Personality and Social Psychology*, v. 92, n. 2, pp. 355-67, 2007. Disponível em: <www.ncbi.nlm.nih.gov/pubmed/17279854>. Acesso em: 22 out. 2018.

2. CONFIE EM SI MESMO, CONFIE EM SEU FILHO [PP. 59-94]

1. Isaac Chotiner, "Is the World Actually Getting... Better?", *Slate*, 20 fev. 2018. Disponível em: <https://slate.com/news-and-politics/2018/02/steven-pinkerargues-the-world-is-a-safer-healthier-place-in-his-new-book-enlightenment-now.html>. Acesso em: 22 out. 2018.

4. NÃO FAÇA PELOS SEUS FILHOS O QUE ELES PODEM FAZER POR CONTA PRÓPRIA [PP. 129-65]

1. Ian M. Paul et al., "Mother-Infant Room-Sharing and Sleep Outcomes in the INSIGHT Study", *Pediatrics*, v. 140, n. 1, pp. e20170122, 2017. Disponível em: <http://pediatrics.aappublications.org/content/early/2017/06/01/peds.2017-0122>. Acesso em: 22 out. 2018.
2. Jean M. Twenge et al., "Increases in Depressive Symptoms, Suicide-Related Outcomes, and Suicide Rates Among U. S. Adolescents After 2010 and Links to Increased New Media Screen Time", *Clinical Psychological Science*, v. 6, n. 1, pp. 3-17, 2017. Disponível em: <http://journals.sagepub.com/doi/abs/10.1177/2167702617723376?journalCode=cpxa>. Acesso em: 22 out. 2018.
3. Ryan J. Dwyer et al., "Smartphone Use Undermines Enjoyment of Face-to-Face Social Interactions", *Journal of Experimental Social Psychology*,

v. 78, pp. 233-9, 2018. Disponível em: <www.sciencedirect.com/science/article/pii/S0022103117301737#!>. Acesso em: 22 out. 2018.

5. DÊ GARRA AO SEU FILHO [PP. 166-93]

1. Lingxin Hao e Han Soo Woo, "Distinct Trajectories in the Transition to Adulthood: Are Children of Immigrants Advantaged?", *Child Development*, v. 83, n. 5, pp. 1623-39, 2012. Disponível em: <www.ncbi.nlm.nih.gov/pmc/articles/PMC4479264>. Acesso em: 22 out. 2018.
2. Walter Mischel et al., "Delay of Gratification in Children", *Science*, v. 244, n. 4907, pp. 933-8, 1989. Disponível em: <www.ncbi.nlm.nih.gov/pubmed/2658056>. Acesso em: 22 out. 2018; dra. Tanya R. Schlam et al., "Preschoolers' Delay of Gratification Predicts Their Body Mass 30 Years Later", *Journal of Pediatrics*, v. 162, n. 1, pp. 90-3, 2013. Disponível em: <www.ncbi.nlm.nih.gov/pmc/articles/PMC3504645>. Acesso em: 22 out. 2018; Ozlem Ayduk et al., "Regulating the Interpersonal Self: Strategic Self-Regulation for Coping with Rejection Sensitivity", *Journal of Personality and Social Psychology*, v. 79, n. 5, pp. 776-92, 2000. Disponível em: <http://psycnet.apa.org/doiLanding?doi=10.1037%2F0022-3514.79.5.776>. Acesso em: 22 out. 2018.

6. NÃO IMPONHA, COLABORE [PP. 197-229]

1. Diana Baumrind, "Current Patterns of Parental Authority", *Developmental Psychology*, v. 4, n. 1, pp. 1-103, 1971. Disponível em: <http://psycnet.apa.org/doiLanding?-doi=10.1037%2Fh0030372>. Acesso em: 22 out. 2018.
2. Diana Baumrind, "The Influence of Parenting Style on Adolescent Competence and Substance Use", *Journal of Early Adolescence*, v. 11, n. 1, pp. 56-95, 1991. Disponível em: <http://journals.sagepub.com/doi/abs/10.1177/0272431691111004>. Acesso em: 22 out. 2018.
3. Robert Hepach et al., "The Fulfillment of Others' Needs Elevates Children's Body Posture", *Developmental Psychology*, v. 53, n. 1, pp. 100-13, 2017. Disponível em: <http://psycnet.apa.org/record/2016-61509-005>. Acesso em: 22 out. 2018.
4. Michael Tomasello e Katharina Hamann, "Collaboration in Young Children", *Quarterly Journal of Experimental Psychology*, v. 65, n. 1, pp. 1-12,

2011. Disponível em: <www.ncbi.nlm.nih.gov/pubmed/22171893>. Acesso em: 22 out. 2018.

7. AS CRIANÇAS ESCUTAM O QUE VOCÊ FAZ, NÃO O QUE VOCÊ FALA [PP. 230-58]

1. Marcy Burstein e Golda S. Ginsburg, "The Effect of Parental Modeling of Anxious Behaviors and Cognitions in School-Aged Children: An Experimental Pilot Study", *Behavior Research and Therapy*, v. 48, n. 6, pp. 506-15, 2010. Disponível em: <www.ncbi.nlm.nih.gov/pmc/articles/PMC2871979>. Acesso em: 22 out. 2018.
2. Sarah Myruski et al., "Digital Disruption? Maternal Mobile Device Use Is Related to Infant Social-Emotional Functioning", *Developmental Science*, v. 21, n. 4, p. e12610, 2018. Disponível em: <www.ncbi.nlm.nih.gov/pubmed/28944600>. Acesso em: 22 out. 2018.
3. "Kids Competing with Mobile Phones for Parents' Attention", site da AVG Technologies, atualizado pela última vez em 24 de junho de 2015. Disponível em: <https://now.avg.com/digital-diaries-kids-competing-with-mobile-phones-for-parents-attention>. Acesso em: 22 out. 2018.
4. Brian D. Doss, "The Effect of the Transition to Parenthood on Relationship Quality: An Eight-Year Prospective Study", *Journal of Personality and Social Psychology*, v. 96, n. 3, pp. 601-19, 2009. Disponível em: <www.ncbi.nlm.nih.gov/pmc/articles/PMC2702669>. Acesso em: 22 out. 2018.
5. Jane Anderson, "The Impact of Family Structure on the Health of Children: Effects of Divorce", *Linacre Quarterly*, v. 81, n. 4, pp. 378-87, 2014. Disponível em: <www.ncbi.nlm.nih.gov/pmc/articles/PMC4240051>. Acesso em: 22 out. 2018.

8. DÊ O EXEMPLO. É CONTAGIOSO [PP. 261-89]

1. Sara H. Konrath et al., "Changes in Dispositional Empathy in American College Students Over Time: A Meta-Analysis", *Personality and Social Psychology Review*, v. 15, n. 2, pp. 180-98, 2010. Disponível em: <http://journals.sagepub.com/doi/abs/10.1177/1088868310377395>. Acesso em: 22 out. 2018.

2. Charlotte van Oyen Witvliet et al., "Gratitude Predicts Hope and Happiness: A Two-Study Assessment of Traits and States", *Journal of Positive Psychology*, 15 jan. 2018. Disponível em: <www.tandfonline.com/doi/abs/10.1080/17439760.2018.1424924?journalCode=rpos20>. Acesso em: 22 out. 2018.

3. Jeffrey J. Froh et al., "Counting Blessings in Early Adolescents: An Experimental Study of Gratitude and Subjective Well-Being", *Journal of School Psychology*, v. 46, n. 2, pp. 213-33, 2008. Disponível em: <https://www.ncbi.nlm.nih.gov/pubmed/19083358>. Acesso em: 22 out. 2018.

4. Hannah J. Thomas et al., "Association of Different Forms of Bullying Victimisation with Adolescents' Psychological Distress and Reduced Emotional Wellbeing", *Australian & New Zealand Journal of Psychiatry*, v. 50, n. 4, pp. 371-9, 2015. Disponível em: <http://journals.sagepub.com/doi/10.1177/0004867415600076>. Acesso em: 22 out. 2018.

9. ENSINE SEU FILHO A SE IMPORTAR [PP. 290-315]

1. Hannah M. C. Schreier et al., "Effect of Volunteering on Risk Factors for Cardiovascular Disease in Adolescents", *JAMA Pediatrics*, v. 167, n. 4, pp. 327-32, 2013. Disponível em: <https://jamanetwork.com/journals/jamapediatrics/fullarticle/1655500>. Acesso em: 22 out. 2018.

2. Shabbar I. Ranapurwala et al., "Volunteering in Adolescence and Youth Adulthood Crime Involvement: A Longitudinal Analysis From the Add Health Study", *Injury Epidemiology*, v. 3, n. 26, 2016. Disponível em: <www.ncbi.nlm.nih.gov/pmc/articles/PMC5116440>. Acesso em: 22 out. 2018.

3. "Setting School Culture with Social and Emotional Learning Routines", site da KQED News, atualizado pela última vez em 16 de janeiro de 2018. Disponível em: <http://ww2.kqed.org/mindshift/2018/01/16/setting-school-culture-with-social-and-emotional-learning-routines>. Acesso em: 22 out. 2018.

4. Julianne Holt-Lunstad et al., "Social Relationships and Mortality Risk: A Meta-Analytic Review", *PLoS Medicine*, v. 7, n. 7, p. e1000316, 2010. Disponível em: <http://journals.plos.org/plosmedicine/article?id=10.1371/journal.pmed.1000316>. Acesso em: 22 out. 2018.

Índice remissivo

23andMe, 165, 190, 227-8, 266

aceitação de si mesmo, 54-5, 323
Ad Astra School, 159
adiar a gratificação, 179-80
adolescentes, desenvolver confiança com, 81-2
adversidade, 171-2, 243
agressividade, 76, 233, 284, 286-7
ajudar os outros, 290-315; criar uma consciência de serviço e, 296-307; egocentrismo *versus*, 290, 296; prazer em, 209-10, 299-300
Alice + Olivia (linha de roupas), 317
alimentação e alimentos, 80, 191, 239; refeições e hora de comer, 155
alunos professores, 124
Amazon, 270, 314
amizades, 214, 250, 252, 288
amor, 324
Anderson, Jane, 253
animais de estimação, 279
apego, teoria do, 45-7; "apego conquistado", 47
apoio financeiro, 101-3
apoio, redes de, 271-2
aposentadoria, 312-3
aprendizado, oportunidades de, 121
aquecimento global, 296
Arendt, Hannah, 304
argumentação com crianças, 140
"atenção parcial contínua", 238-9

atitude, 298
atividades, escolha de, 144
ativismo social, 296-308
aulas, gestão da sala de, 197-206
autoaceitação, 54-5, 323
autoconfiança, 45-6, 80, 206, 221, 321; confiar em uma criança e, 73-5; em sua capacidade de criar os filhos, 71-2; habilidade e, 114; respeito próprio e, 125-6; *ver também* confiança
autocontrole, 154, 169, 178-82, 191
autoestima, 74, 132, 236, 284, 321; "movimento da autoestima", 132
autonomia, 62, 73-5, 129, 131-4, 163-4
autoridade *versus* autoritarismo de pais, 208-9
autossuficiência, 131; apego e, 45-6
autotranquilização, 79, 136
avós, 36, 51, 59, 108, 110, 120, 170, 187, 262-4, 275, 297, 324

Baumrind, Diana, 208
bebês, 75, 77-8, 118, 136-7, 142, 164, 266
Behavior Research and Therapy (estudo), 233
Benioff, Marc, 307-8
Bezos, Jeff, 270
Bing Nursery School, 178
birras, 106, 138-40, 211
bons modos, 70-1, 237, 273-4

Bowlby, John, 45
Boys & Girls Clubs, 322
Boys Hope Girls Hope, 322
Branson, Richard, 135
Brasil, 154
Breton, André, 304
brigas, 211; *ver também* conflito
Brin, Genia, 266
Brin, Sergey, 88-9, 159, 161, 171, 243
brincar, 38, 50, 161, 278
Buena Vista Mobile Home Park, 309
bullying, 86, 283-7; cyberbullying, 156, 283-7
Bureau of Justice Statistics, 66

California Mission Project, 145
Camp Tawonga, 176, 301
caos, 150, 206
carreira *ver* emprego
casamento, 249-52
castigo *ver* punição
censura, 163
Center for American Entrepreneurship, 171
Centro de Capacitación Integral (México), 321
Centros de Controle e Prevenção de Doenças dos Estados Unidos, 111
Chagall, Marc, 304
Chua, Amy, 129-31, 133-4, 170, 267
Ciudad de las Ideas, festival (México), 129, 321
ciúmes, 250
Cockerell, Emma, 183
colaboração, 197-258; casamento e, 252; confiança e, 204; conselhos e, 217; controle e, 207-10; dar o exemplo de, 210, 230-57; disciplina e, 218-25; educação colaborativa, 209-10; em relacionamentos, 214-6; ensino e, 197-207; estilos de educação e, 207-10; impulso natural para a, 209-10; na sua infância, 51-2; no cotidiano, 212-3; no mundo real, 225-9; o caminho para a, 210-8; *ver também* CRIAR
comida *ver* alimentação e alimentos
Como criar um adulto (Lythcott-Haims), 131-2
compaixão, 264, 279, 282, 284

competências: interpessoais, 269; profissionais, 89-95
"comportamento pró-social", 76
compras, 60-2, 81, 148, 186-7, 222
comunicação, 211-2; casamento e, 251-2; dar o exemplo de, 241-2; disciplina e, 223-4
comunidade: crise de confiança e, 63; lutar pela, 184-5; servir aos outros e, 290-315
confiança, 59-94; alimentação e, 80; casamento e, 250-1; colaboração e, 204; colocando em prática, 69-72; com adolescentes, 81-2; criatividade e, 87-94; crise da confiança na cultura moderna, 62-6; disciplina e, 221-4; em si mesmo, 67-8; Escala de Confiança Global, 63; excursões/viagens e, 83-5; mutualidade da, 76; na infância, 75-9; na sua infância, 51-2; no seu filho, 73-82; quebra de, 84-94; questões de segurança e, 90-4; reparar, 85-6; sabedoria na resistência das crianças e, 140-1; *ver também* CRIAR
conflito: birras, 137-40; dar o exemplo de colaboração e, 210-8, 228-9; dar o exemplo sobre como lidar com, 241-2; entre os pais, 35; generosidade e, 280-9; ordem de nascimento e, 115-7; sobre estilos educacionais, 53-4; sobre religião, 107-8
conforto excessivo, 173-5, 186-93
consciência, 245
conselhos, 217
consenso, 229
contexto familiar, 33-41, 50-3
controle parental, 156
Cooper, Anderson, 83
coragem, 182-5
Cornfield, Julie, 183
cortesia, 273-4
cozinhar, 187
"crescimento pós-traumático", 171
crianças: como extensões dos pais, 107-10; criadas em liberdade, 148-9; criando confiança em, 73-82; deixar que elas guiem, 97-103; diferenças de desenvolvimento em,

69-72; observando para avaliar sua capacidade como educador, 73; respostas das crianças à CRIAR, 319; sabedoria na resistência das, 140-1; ver nossos reflexos nos filhos, 103-15; *ver também* infância
Crianças francesas não fazem manha (Druckerman), 136
CRIAR, 313-5; avaliação de sua infância, 33-42; divórcio e, 250-2; nas escolas, 319-22; questionário, 51-3; respostas das crianças à, 319; *ver também* colaboração; confiança; generosidade; independência; respeito
criatividade, 156, 161; confiança e, 87-94; pobreza *versus* abundância e, 186-93
criminalidade, 65-6
cuidados paliativos em doentes terminais, 261-4
culpa, 173
cultura: conflitos sobre, 107-9; crise de confiança na, 62-6; de confiança, 66-8; escolhas na criação da sua família, 80; transmissão da, 49-50; valores da CRIAR, 53
curiosidade, 157-61
cyberbullying, 156, 283-7
Cyberbullying Research Center, 284

Dalai Lama, 295-6
Damon, Bill, 295
Dantzig, George, 215
decisões, habilidades de tomada de, 50
Departamento de Saúde e Serviços Humanos dos Estados Unidos, 111
depressão: divórcio e, 254; falta de respeito e, 112-4; generosidade e, 271, 275
desculpas, pedidos de, 121
desenvolvimento: diferenças nas taxas de, 69-72, 97-9; ordem de nascimento e, 115-7; responsabilidades apropriadas para, 150
desistência, 144, 184-5
Dewey, John, 162
Dez Mandamentos da Tecnologia, 155-6
Diamandis, Peter, 306

dinheiro e questões financeiras, 35, 39, 41, 180-1, 186-93
disciplina, 117-8; colaborativa, 218-25; comunicação e, 223-4
discriminação de gênero, 35-7, 50, 135-6
disposição para assumir erros, 245
divórcio, 54, 250-8
doentes terminais, cuidados paliativos em, 261-4
domínio, sistema de, 152, 174, 185
Dorio, Kim, 112
Dr. Spock's Baby and Child Care (Spock), 44-5
drogas, abuso de, 271, 273
Druckerman, Pamela, 136-7
Duchamp, Marcel, 304
Duckworth, Angela, 169
Dweck, Carol, 174-5

Edelman Trust Barometer, 63
educação: apego e, 45-7; autoaceitação para, 54-5, 323; avós e, 59-62; colaborativa, 209-10; confiar em seus instintos, 67-8; controle parental, 156; dr. Spock sobre, 44-5; ego em, 110; estilos, 53, 207, 209-10; exigente, 102-3; influência de nossos pais sobre o estilo de educar nossos filhos, 33-41; listar suas habilidades em, 72; oportunidade de crescimento como ser humano, 48, 235; paciência para, 99-103, 180-1; "tigre"/"helicóptero", 129-34; tornar-se obsoleto e, 162-5; transmissão de cultura na, 49
Education to Better Their World (Prensky), 305
"ego" na criação dos filhos, 110
egocentrismo, 293-6
Einstein, Albert, 43, 70, 171
Eisner, Stacey Bendet, 176, 317
elogios, 173-5
emergência, procedimentos de, 150, 155
emoções: aprender a falar sobre, 140; autoconhecimento e, 180; birras e, 137-40; dar o exemplo de como regular, 231-3; frustração, 219; serviço aos outros e, 292

empatia, 184, 219, 265-9, 277-80, 284
empreendedorismo, 156-7, 320
emprego: criar confiança e, 87-94; criatividade e, 164-5; desenvolvimento de habilidades e, 122; ensinar respeito e, 122; escolha de carreira, 100-3, 110-5; garra e, 170-1, 176; generosidade e, 268-1; independência e, 156-7, 163-5; objetivos dos pais *versus* objetivos dos filhos em, 103-15; orientação ao serviço e, 306-7; orientação sobre, 101-3; para adolescentes, 189
enfrentamento, 187, 241
"Entrevista de apego adulto" (questionário), 46
Epstein, Gady, 166, 168, 231
erros, aprender com, 152-3; *ver também* fracasso, aprender com o
Escala de Confiança Global, 63
escola/escolarização: colaboração na, 213; colaboração na, 197-207; confiar nas crianças na, 73-5; crianças no comando na, 188; crise de confiança e, 64; curiosidade e, 156-7; elogios na, 173-5; ensinar e viver o respeito na, 122-6; "filhotinhos" na, 205; função dos professores na, 162-4; garra e sucesso na, 169-71; independência e, 38; lição de casa e, 146; pais--helicópteros e, 129-34; plágio e, 219-21, 282; serviço aos outros e, 302-6; sistema de domínio na, 152-3, 185; tiroteios em escolas, 66, 183; valores de CRIAR na, 313-4, 319-22; viagens e, 103
escolha, oferecer, 212
escrita, 121-4, 219, 275-6
especialistas: busca por, 68; jovens como, 114
esportes, 216, 321
estatísticas criminais, 65-6
exclusão social, 287-8
exemplo: colaboração, 210-8, 230-57; desenvolvimento pessoal e, 244-6; garra, 190-2; generosidade, 261-89; gestão financeira, 190; gratidão, 275-6; inconsistência no, 233-5;

medo/ansiedade, 230-5; na aposentadoria, 312-3; parceria, 248-57; pontualidade, 236; respeito, 121-6; roupas e cuidados pessoais, 236-7; serviço aos outros, 290-315; uso de tecnologia, 156
experimentos: do João Bobo, 233; do marshmallow, 179

família e contexto familiar, 33-41, 50-3
FBI (Federal Bureau of Investigation), 66
felicidade, 54, 295
férias, 198, 213-4
Ferrara, Marco, 321
festas de fim de ano, 302
filantropia, 307
finanças, 35, 39, 41, 180-1, 186-93
First-Born Advantage, The (Leman), 117
flexibilidade, 193, 247
fracasso, aprender com o, 151-3, 172-5, 184-5
Franco, Betsy, 226
Franco, James, 225-6, 311
Friedman, Thomas, 111
frustração, 218-9
Fry, Varian, 303-4

garra, 166-93; adversidade na construção da, 171-2; coragem para revidar e, 182-5; definição, 169; elogios e, 173-5; ensino da, 178-82; fartura e, 186-93; habilidades na, 180; imigrantes e, 169-71; pobreza *versus* abundância e, 321-2; pobreza *versus* abundância e, 186-93; serviço aos outros e, 293; sucesso e, 169-70
Garra: O poder da paixão e da perseverança (Duckworth), 169
gênero, discriminação de, 35-7, 50, 135-6
generosidade, 261-315; casamento e, 252; definição, 261-4; em situações difíceis, 280-9; em sua infância, 53; gratidão e, 274-6; inspirando a, 273-7; níveis de generosidade na sociedade atual, 266-7; pais-helicópteros e, 267-8; vantagens da,

271-3; vista como fraqueza, 268; ver também CRIAR
gentileza, 273-4
gestão da sala de aula, 197-206
Gibran, Khalil, 125-6
Global Citizen Year, 103
Gmail, 90
Google, 88-90, 101, 111, 159, 161, 164, 179, 185, 206, 243, 269-71, 314; Google Video, 185; GoogleDocs, 206
gratidão, 274-6
gratificação, adiar a, 179-80
gritar, 243
Grito de guerra da mãe-tigre (Chua), 129, 170

Hari, Johann, 271
Hazelwood × Kuhlmeier, caso, 163
HenPower (projeto), 313
Hewlett, Ben, 310-2
Holdheim, Saurin, 183
Holocausto, 297, 303
humildade, 244
humor, 84-5, 199-200, 285

imaginação, 159-61, 186-93
imigrantes, 33, 41, 107, 125, 170-1, 231, 266
imprensa, 66
independência, 38, 41, 129-72; bases da construção de, 134-45; bebês e, 136-7; birras e, 137-40; colaboração e, 204, 210; compras e, 59-62; confiar nas escolhas de seu filho e, 89-94; crise de confiança e, 62-6; curiosidade e, 156-61; dar controle para as crianças e, 139-42; dar responsabilidade e, 145-56; desenvolver confiança e, 81-2; discriminação de gênero e, 135-6; em sua infância, 52; ensino de autocontrole e, 153-6; frutos da, 156-61; garra e, 166-93; interesses diferentes e, 143-4; pais tigres/helicópteros e, 129-34; respeito próprio e, 124-6; serviço aos outros e, 293; sistema de domínio para, 152-3; sistema de estrutura e su-porte para, 149; tornar-se obsoleto e, 162-5; *ver também* CRIAR
individualidade, 97-126
infância: ambiente confiável na, 71; avaliação dos valores da CRIAR na, 50-3; memórias distorcidas da, 48; padrões de apego na, 45-7; pais-helicópteros e, 133-4; reflexão sobre a, 33-5, 46-7; *ver também* crianças
inovação, 87-94, 156-61, 306, 309
inseguranças, 79, 110-1, 126, 234-5, 245, 267
instintos, confiar em seus, 67-8
intoxicação por monóxido de carbono, 40-1
inveja, 230, 285
isolamento, 112, 288

João Bobo, experimento do, 233
Jobs, Laurene Powell, 151
Jobs, Lisa, 151
Jobs, Steve, 151, 161, 323
Journal of School Psychology, 274
Journal of the American Medical Association, 292

Kandell, Paul, 183, 320
Keim, Tracy, 228

Laskin, Benzion, 297
Leangap, 160
leitura, 278
Leman, Kevin, 117
Lewis, Chris, 224
liberdade, 148-9
lição de casa, 146
liderar, deixar a criança, 97-103
limpeza, 238
Liu, Claire, 308-10
Lost Connections (Hari), 271
Lythcott-Haims, Julie, 131-2

Main, Mary, 46-7
Mais velho, do meio ou caçula: A ordem do nascimento revela quem você (Leman), 117
Making Caring Common Project, 266
marshmallow, experimento do, 179

Media Arts Center (Palo Alto), 150, 183
medo: confiança *versus* medo, 79; confiar nas escolhas do seu filho e, 90-4; crise de confiança e, 63-6; dar o exemplo, 231-5; de testar, 231-2; do fracasso, 152-3; ensino colaborativo e, 199; escolha de carreira e, 105; garra e, 173; generosidade e, 271; independência e, 148-9; pais-helicópteros e, 132; projeção parental do, 79, 105
memórias distorcidas da infância, 48
mente aberta, 67, 103, 244
mentiras, 242
mesa, boas maneiras à, 70-1
Metamorphosis: Junior Year (Betsy Franco), 226-8
metas, 129-34, 177, 246
Meyerhof, Walter, 303-4
Michael J. Fox Foundation, 266
mídia, 50, 103, 131-2, 156, 168, 171, 209, 226, 319
Mindset: A nova psicologia do sucesso (Dweck), 174-5
mindsets, 174
Minnesota Longitudinal Study of Parents and Children, 45
Mischel, Walter, 179
morder, 218
mudanças, 314, 318; criar, 244-6; dar o exemplo, 257
Musk, Elon, 146, 159-60, 171
Musk, Maye, 146

nascimento, ordem do, 115-7
natação, 99, 142-3, 190, 216, 292, 301
National Center for Education Statistics, 284
National Center for Family and Marriage Research, 257
National Center for Missing and Exploited Children, 66
National Crime Information Center, 66
negligentes, pais, 209
negociação, colaboração e, 257
Noland, Janesta, 137, 208
Novo Iluminismo: Em defesa da razão, da ciência e do humanismo, O (Pinker), 65

obesidade, 164, 270, 293
Objetivos de Desenvolvimento Sustentável, 305-6
oportunidades de aprendizado, 121
ordem do nascimento, 115-7
orientação de colegas, 300
Ostby de Barillas, Kristin, 322
otimismo, 257, 275

paciência na educação dos filhos, 99-103, 180-1
padrões, definição de, 118, 129-34
Page, Larry, 88-9, 243
PageMaker, 203, 205
pais: autoridade *versus* autoritarismo de, 208-9; avós e, 59-62, 120; conflito no estilo de educação entre os, 53-4; contexto familiar dos, 53-4; controle parental, 156; divórcio e, 54, 251-8; erros dos, 152-3; exemplo de colaboração entre os, 210-1; exemplo de relação dos, 248-57; negligentes, 209; "pandas", 131; perda de confiança nos, 86-7; permissivos, 208-9; ver nossos reflexos nos filhos, 103-15; visão dos pais para a vida dos filhos, 104
pais-helicópteros, 131-4, 175; egocentrismo e, 293-6; garra e, 177; generosidade e, 267-8
paixão: considerações de segurança e, 142-4; curiosidade e, 156-61; garra e, 169, 177-8; impor padrões e, 117-8; mudança de interesses e, 144; pais-helicópteros e, 132-4; por servir, 304-5; respeito e, 112-5
"pandas", pais, 131
Parenting from the Inside Out (Siegel), 48
"pausa" francesa (antes de ninar um bebê), 136
pedidos de desculpas, 121
perdão, 244, 252
Perdendo minha virgindade (Branson), 135
Perel, Esther, 255
perfeição, inexistência da, 54-5
permissividade dos pais, 208-9

persistência em atividades, 144
pertencimento, 293
pessoas desaparecidas e não identificadas, relatórios de, 66
Pew Research, 63
Pinker, Steven, 65-6
plágio, 219-21, 282
pobreza, 186, 321-2
Poder da visão mental, O (Siegel), 47
"Poder de um, O" (discurso), 303
pontualidade, 236
Pope, Denise, 112
Prensky, Marc, 305
prioridades, 239-41, 294
privacidade, 118-9, 251
problemas, resolução de, 154, 156
professores, 162-4; alunos professores, 124
profissão e competências profissionais, 89-95
Project Oxygen, 269
propósito de vida, 295-6
provas, ansiedade antes das, 234
punição, 35, 85, 282-3, 300; física, 38

questionário CRIAR, 51-3

rancor, 219
redes sociais, 66, 111, 156, 284
refeições e hora de comer, 155
relatórios de pessoas desaparecidas e não identificadas, 66
religião, 36, 44, 53, 107, 249, 296, 324
Remnick, David, 83
resistência das crianças, sabedoria na, 140-1
resolução de problemas, 154, 156
respeito, 97-126; casamento e, 250-1; deixar que as crianças liderem, 97-103; depressão e falta de, 112-4; dificuldades em dar, 115-20; "ego" na criação dos filhos, 110; em sua infância, 52; ensinar por meio de ações, 121-6; pelos interesses de seu filho, 112-5; perda do respeito do filho, 119; respeito próprio, 124-6, 321; *ver também* CRIAR
responsabilidade, 121-2; animais de estimação e, 279; colaboração e, 213; independência e, 145-56; nível de desenvolvimento e, 148-9; para tarefas, 146-50
responsabilização, 85; esportes e, 216; respeito e, 118
ressentimento, 219
Rio de Janeiro, 154
rituais de fim de ano, 302
Riverside School (Ahmedabad, Índia), 305
Roadtrip Nation, 103
Rodriguez, Alex, 322
Roizen, Heidi, 189
roupas, 107-9, 139, 236
Russell, Dan, 161

sabedoria na resistência das crianças, 140-1
sacrifícios no casamento, 249
Salesforce, 307
Sam-on, Adul, 172
San Francisco General Hospital, 263, 265
schadenfreude, 285
segurança, 91-2, 94, 140-2
sentido da vida, 296, 315
serviço aos outros, 290-315; CRIAR e, 313-5; criar um senso de assistência, 297-308; egocentrismo *versus*, 293-6; em ação, 308-15; ensino e, 302-6; na aposentadoria, 312-3; paixão pelo, 304-5
Sethi, Kiran, 305-6
sexismo, 35-7, 50, 135-6
sexualidade, 224
Siegel, Daniel J., 47-8
Silverstein, Shel, 278
Simon, Jamie, 176
Singer, Dorothy, 278
Singer, Jerome, 278
sistema de domínio, 152, 174, 185
sonhos, opção de carreira e, 104-15
sono, problemas de, 77-9, 136-7, 155, 234
Sotomayor, Sonia, 171
Spock, Benjamin, 44-5
Sroufe, L. Alan, 45-6
Stanford Campus Recreation Association, 143, 292
Stanford Hospital, 265
Stone, Linda, 238

sucesso: ansiedade antes de provas e, 234; garra dos imigrantes e, 169-71; garra e, 169-71; generosidade e, 267-70
suicídio, 111-2, 155, 295
superproteção, 53, 131-3
Suprema Corte dos Estados Unidos, 163, 172

tarefas, 146-50, 213, 237-8
Taube, Tad, 298
Taylor, Ken, 294
tecnologia: crise da confiança e, 62-6; dar o exemplo do uso de, 238-9; Dez Mandamentos da, 155-6; ensinar autocontrole com, 153-6, 180-1
tédio, 181-2
telefone, etiqueta ao, 237
tempo, gerenciamento do, 82, 236
teoria do apego, 45-7
Tessier-Lavigne, Marc, 269
Tham Luang (Tailândia), resgate da caverna de, 172
"tigres", pais, 129-34
tiroteios em escolas, 66, 183
tolerância, 244
Torres, Iris, 226
toxicodependência, 271-3
trabalhos domésticos, 238
tranquilização das crianças, 79, 136
traumas, 33, 47, 56, 172

UC Berkeley School of Education, 198
universidades, 269, 301

valores: cultura de confiança e, 67-8; da CRIAR, 50-4; refletir sobre, 47-8; transmissão de cultura e, 49-50
Varian Fry Foundation, 304
Verde (revista), 183
viagens, 83-5, 103, 214
Vicente Ferrara Foundation, 321
vício, 271-3
video games, 102, 284
violência, 47, 59, 65-6, 184, 255, 284, 315
visão dos pais para a vida dos filhos, 104
voluntariado, 292

Wallenberg, Marcus, 101-2
Wang, Michael, 73-5
Weisberg, Oliver, 167, 287
Whole Foods, 270
Winfrey, Oprah, 171
Wojcicki, Esther: ativismo social de, 298; casamento de, 42-3; como avó, 59-62, 120; garra de, 190-2; independência de, 38, 41; pais e infância de, 33-42, 48
Wojcicki, Franciszek, 298
Writely (programa), 206

YouTube, 160, 164, 185, 217; Kids, 160

Zappos, 270, 314
Zhang, Byron, 206
Zhong, Eddy, 160

TIPOGRAFIA Adriane por Marconi Lima
DIAGRAMAÇÃO Osmane Garcia Filho
PAPEL Pólen, Suzano S.A.
IMPRESSÃO Lis Gráfica, abril de 2024

A marca FSC® é a garantia de que a madeira utilizada na fabricação do papel deste livro provém de florestas que foram gerenciadas de maneira ambientalmente correta, socialmente justa e economicamente viável, além de outras fontes de origem controlada.